U0590904

法学学科新发展丛书
New Development of Legal Studies

民事诉讼法的新发展

叶自强 \ 著

中国社会科学出版社

图书在版编目（CIP）数据

民事诉讼法的新发展/叶自强著 . —北京：中国社会
科学出版社，2008.10
（法学学科新发展丛书）
ISBN 978 – 7 – 5004 – 7285 – 8

Ⅰ. 民… Ⅱ. 叶… Ⅲ. 民事诉讼法 – 研究 – 中国
Ⅳ. D925. 104

中国版本图书馆 CIP 数据核字（2008）第 156474 号

出版策划　任　明
特邀编辑　李　丽
责任校对　李　莉
封面设计　杨　蕾
技术编辑　李　建

出版发行　中国社会科学出版社
社　　址　北京鼓楼西大街甲 158 号　　邮　编　100720
电　　话　010 – 84029450（邮购）
网　　址　http：//www.csspw.cn
经　　销　新华书店
印　　刷　北京奥隆印刷厂　　　　　装　订　广增装订厂
版　　次　2008 年 10 月第 1 版　　　印　次　2008 年 10 月第 1 次印刷
开　　本　710 ×980　1/16
印　　张　12.75　　　　　　　　　插　页　2
字　　数　217 千字
定　　价　28.00 元

凡购买中国社会科学出版社图书，如有质量问题请与本社发行部联系调换
版权所有　侵权必究

总　序

　　景山东麓，红楼旧址。五四精神，源远流长。

　　中国社会科学院法学研究所位于新文化运动发源地——北京大学地质馆旧址。在这所饱经沧桑的小院里，法学研究所迎来了她的五十华诞。

　　法学研究所成立于1958年，时属中国科学院哲学社会科学学部，1978年改属中国社会科学院。五十年来、尤其是进入改革开放新时期以来，法学研究所高度重视法学基础理论研究，倡导法学研究与中国民主法治建设实践紧密结合，积极参与国家的立法、执法、司法和法律监督等决策研究，服务国家政治经济社会发展大局。改革开放初期，法学研究所发起或参与探讨法律面前人人平等、法的阶级性与社会性、人治与法治、人权与公民权、无罪推定、法律体系协调发展等重要法学理论问题，为推动解放思想、拨乱反正发挥了重要作用。20世纪90年代以后，伴随改革开放与现代化建设的步伐，法学研究所率先开展人权理论与对策研究，积极参与国际人权斗争和人权对话，为中国人权事业的发展作出了重要贡献；积极参与我国社会主义市场经济法治建设，弘扬法治精神和依法治国的理念，为把依法治国正式确立为党领导人民治国理政的基本方略，作出了重要理论贡献。进入新世纪以来，法学研究所根据中国民主法治建设的新形势和新特点，按照中国社会科学院的新定位和新要求，愈加重视中国特色社会主义民主自由人权问题的基本理论研究，愈加重视全面落实依法治国基本方略、加快建设社会主义法治国家的战略研究，愈加重视在新的起点上推进社会主义法治全面协调科学发展的重大理论与实践问题研究，愈加重视对中国法治国情的实证调查和理论研究，愈加重视马克思主义法学和中国法学学科新发展的相关问题研究……

　　五十年弹指一挥间。在这不平凡的五十年里，法学所人秉持正直精邃理念，弘扬民主法治精神，推动法学创新发展，为新中国的法治建设和法学繁荣作出了应有贡献。

　　法学研究所的五十年，见证了中国法学研究事业的繁荣与发展；法学研究所的五十年，见证了中国特色社会主义民主法治建设的进步与完善；法学研究所的五十年，见证了中国改革开放与现代化建设事业的成就与辉煌。

今天的法学研究所，拥有多元互补的学术背景、宽容和谐的学术氛围、兼收并蓄的学术传统、正直精邃的学术追求、老中青梯次配备的学术队伍。在这里，老一辈学者老骥伏枥，桑榆非晚，把舵导航；中年一代学者中流砥柱，立足前沿，引领理论发展；青年一代学者后生可畏，崭露头角，蓄势待发。所有的这一切，为的是追求理论创新、学术繁荣，为的是推动法治发展、社会进步，为的是实现公平正义、人民福祉。

在新的历史起点上，我们解放思想，高扬改革开放的大旗，更要关注世界法学发展的新问题、新学说和新趋势，更要总结当代中国法学的新成就、新观点和新发展，更要深入研究具有全局性、前瞻性和战略性的法治课题，更要致力于构建中国特色社会主义法学理论创新体系。

为纪念中国社会科学院法学研究所建所五十周年，纪念中国改革开放三十周年，我们汇全所之智、聚众人之力而成的这套法学学科新发展丛书，或选取部门法学基础理论视角，或切入法治热点难点问题，将我们对法学理论和法治建设的新观察、新分析和新思考，呈现给学界，呈现给世人，呈现给社会，并藉此体现法学所人的襟怀与器识，反映法学所人的抱负与宏愿。

五十风雨劲，法苑耕耘勤。正直精邃在，前景必胜今。

中国社会科学院法学研究所所长李林　谨识

二〇〇八年九月

序

我国民事诉讼法学最新一轮的发展是从 2001 年年底开始的。是年 12 月 6 日，最高人民法院审判委员会通过了《关于民事诉讼证据的若干规定》，并于 12 月 21 日公布。随后，民事诉讼法学界和民事司法界立即掀起了研讨的热潮。主要体现在三个方面：一是研究民事证据法；二是研究民事证据与民事诉讼程序之间的关系；三是研究民事证据与诉讼体制之间的关系。发表了为数极为可观的文章，涌现了一批有代表性的研究成果。

广泛且比较深入的学术研究有力地推动了民事诉讼法的立法工作。2008年 4 月，全国人民代表大会重新颁布了修订后的《中华人民共和国民事诉讼法》，着重就民事再审和民事执行作出了新的规定，这显然吸收了学术界的研究成果。我们民事诉讼法学界应该为此感到自豪。然而，毋庸讳言，民事诉讼法还存在不少问题，这是民事诉讼法学将来应该解决的问题。

2001 年以来，我秉承本人一贯的理论与实际相结合的作风，积极投入民事诉讼法和民事证据法的研究活动中。本书即收录了我从那时以来至现在的若干重要研究成果，其中五篇论文曾经公开发表过。

最后，我要特别感谢中国社会科学院法学研究所陈苏、李林、冯军等领导的关心与支持。感谢法学所科研处蒋熙辉同志的支持。感谢中国社会科学出版社任明编辑和李莉同志等的辛勤工作。

叶自强
2008 年 5 月 8 日

目　录

第一章　撤诉①的理论、制度
解释与立法建议

一、引言

　　近年来，随着某些超级明星不断涉讼，②"撤诉"这个公众昔日并不熟悉的词汇，一下子吸引了国内众多媒体的注意力，知名度一时陡增。③在"撤诉"借"明星效应"扩大知名度的同时，也暴露出不少问题。其一，撤诉后是否还能重新起诉？撤诉与放弃诉讼有无区别？其二，撤诉由法院完全控制的做法是否正确？被告在原告的撤诉中是否应该有发言权？其三，将诉讼调解率作为考核法院审判工作的指标，迫使法院不惜一切代价予以追求，以提高"诉讼调解率"，这种做法是否合理、科学？其四，在撤诉案件中，有的法院需要理由，有的法院不需要理由，到底有没有统一的标准？"理由"是不是撤诉的要件之一？这些问题不仅令当事人感到困惑，许多实务工作者也感到难以把握，迫切需要理论工作者作出回答。④

---

① 本章所论及的"撤诉"，专指撤回民事诉讼，以示与第二章的"撤回公诉"相区别。

② 在近年的一些案件，特别是涉及明星的案件中，屡屡出现这个词汇。见：《"飞人"刘翔诉北京媒体侵犯肖像权案败诉》，http：//www. sports. cn/ 2005 – 05 – 25 20：57：00，来源：新华网；《刘晓庆撤诉，光明日报出版社反诉索赔》，载《兰州晨报》2002 年 1 月 18 日；《饶颖撤诉法院没通过：撤诉内容看不出是自愿行为》，http：//www. qianlong. com/2004 – 11 – 27 09：48：03；《"撤诉风波"未了　饶颖不放弃将继续告赵忠祥》，http：//www. enorth. com. cn 2004 – 11 – 29 15：07；《双方均撤诉　赵本山诉物业公司侵权案庭外和解》，中安网，2005 – 03 – 17 11：25；《韦唯名誉权纠纷案悄悄撤诉　被告王学仁要变原告》，http：//ent. sina. com. cn/2005 – 11 – 15 04：43，来源：《北京晨报》；《朱军撤诉放弃 20 万索赔　被告停止了所有产品广告》，http：//www. qianlong. com，2004 – 12 – 20 16：37：38。

③ 另据统计，上海 2006 年上半年有 4.8 万件撤诉的案件。(《第一时间化解矛盾纠纷 上海法院上半年调解撤诉案件 4.8 万余件》，www. sh. gov. cn，2006 – 07 – 28。)

④ 此外，还有一些潜在的问题，或者已经暴露但没有引起关注的问题，如推定撤诉、代理人的撤诉、共同诉讼中的撤诉等等，都值得认真研究，以防患于未然。

上述问题涉及撤诉的不同方面，但都与撤诉的基本理论有关。由于没有准确把握撤诉的基本理论，立法机关作出了不当规定；基于同样的原因，有的法官将撤诉与放弃诉讼等同，以致有的当事人提出"撤诉之后还能重新起诉吗？"的疑问；有的法院甚至采取法律之外的措施，以追求较高的调解撤诉率，等等。因此，只有首先弄清撤诉的基本理论，才能有效地澄清撤诉实践中的各种疑团，并探讨相应的方法，较好地解决它们。

二、撤诉的基本理论

其实，关于撤诉的基本理论，国外学者早已进行了深入探讨，取得了成果。因此，我们在这里仅仅作些介绍，个别地方作点必要的评论。

（一）撤诉的概念和性质

撤诉，亦称诉的撤销或者诉的撤回，是指原告撤回自行提起的诉讼。具体而言，是指原告撤回诉讼上请求审理和判决的申请而向法院进行的意思表示。撤诉是单方法律行为，是原告单方撤回在诉讼法上的申请的行为。诉的撤回一旦实施，其诉讼视为未向法院起诉，从而终止诉讼程序，诉讼程序的终止是撤诉所引起的诉讼法上的效果。法国学者让·文森和塞尔日·金沙尔指出："撤回诉讼并不触及有争议的权利，原告所希望的仅仅是熄灭诉讼、熄灭诉讼程序，但仍保留其权利。"[1]

就撤诉的诉讼范围来说，中村一郎认为："诉的撤回可适用于所有诉讼类型（诉讼对象不能由当事人自由处分的诉讼也可实施诉的撤销）。撤诉可分为全部撤诉和部分撤诉。前者是指原告可诉的全部实施撤销行为；后者是指可就诉的一部分实施撤销行为。在诉成为可分的情况下，也可以就合并的数个请求中的某一个或一个请求中的某一部分实施诉的撤销。"[2]

① ［法］让·文森和塞尔日·金沙尔著，罗结珍译：《法国民事诉讼法要义》（下），中国法制出版社2001年版，第1044页。

② ［日］中村一郎著，陈刚、林剑峰、郭美松译：《新民事诉讼法讲义》，法律出版社2001年版，第244页。

（二）撤诉的要件及方式

一是撤诉须受到一定的时间限制。通说认为，在判决确定之前的任何阶段，均可撤诉。中村一郎说，诉在判决确定之前，也就是说从第一审至控诉审和上告审均可实施撤销。[①]

二是须经过对方同意。撤诉本是原告单方撤回在诉讼法上的申请的法律行为，为什么须经过被告同意呢？中村一郎认为，被告提交了书面材料，在辩论准备程序中已经作了申述，或在口头辩论中已经作过辩论，这表明被告已经进入应诉状态，其目的是要利用诉讼，谋求驳回原告请求的判决，因而诉的撤销须经过对方同意。[②] 中村一郎进一步指出："撤诉是原告对法院进行的意思表示。被告进入应诉状态后，为保护被告的利益，其撤销行为须经过被告的同意，在这种情形下，不是依原告、被告的合意而使诉的撤销成立，仅仅是以被告的同意为其效力发生要件。诉讼之外，原告即使向被告承诺撤销诉讼，也不能构成诉的撤销。诉的撤销是原告单方撤回在诉讼法上的申请，相应地发生诉讼终结这一诉讼法上的效果。诉讼的撤销尽管是一种诉讼行为，但它和一般的诉讼行为不同。"[③]

法国学者让·文森和塞尔日·金沙尔持有同样的观点，他们指出：一审撤诉是否有效，根本条件是其须经被告接受。这种观点被法国法律所采纳。《法国新民事诉讼法典》第 395 条规定："撤回起诉，仅在经被告接受时，始为完全。"[④] 被告接受撤诉得以任何形式为之，例如，可以采取与原告撤诉相同的形式（《新民事诉讼法典》第 397 条）。[⑤]

三是提起撤诉的当事人须具有诉讼能力。中村一郎说，原告须具有诉讼能力。若代理人实施撤销行为，需要给代理人特别授权或委托。[⑥] 让·文森和塞尔日·金沙尔说：在这里，并不是要求有"处分争议权利的能力"，而仅仅是要求有"进行诉讼的能力"。[⑦]

---

① ［日］中村一郎著，陈刚、林剑峰、郭美松译：《新民事诉讼法讲义》，法律出版社 2001 年版，第 245 页。

② 同上。

③ 同上。

④ 罗结珍译：《法国新民事诉讼法典》，中国法制出版社 1999 年 10 月第 1 版，第 81 页。

⑤ 同上。

⑥ ［日］中村一郎著，陈刚、林剑峰、郭美松译：《新民事诉讼法讲义》，第 245 页。

⑦ ［法］让·文森和塞尔日·金沙尔：《法国民事诉讼法要义》（下），第 1045 页。

四是通常应采用书面形式。中村一郎说，原则上要求以书面形式向法院提起。在口头辩论、辩论准备程序或和解的期日，也可以口头形式进行。①法国学者让·文森和塞尔日·金沙尔说，尽管《新民事诉讼法典》第397条规定"撤诉得为明示或为默示"，但最常见的情形还是"明示撤诉"，并且往往都使用一项司法性质的行为或司法外行为来表示这种明示撤诉：所谓用"司法性质的行为"来表示撤诉是指，诸如在法庭上口头提出一项撤诉声明（例如，在商事法院口头提出撤回诉讼）。法庭在此时将依据这种口头陈述作出判决，以认可当事人撤回诉讼。撤诉，也可以通过律师间的文书提出，这一文书应当由当事人本人以及律师签字。在这种情况下，律师被推定是依据专门的授权而（在撤诉文书上）签字（《新民事诉讼法典》第417条）。法国学者让·文森和塞尔日·金沙尔还说，如果是以司法外文书提出撤诉，这种文书可以是执达员送达的文书，也可以是经公证的文书，或者甚至是一份私署文书、一封由原告寄给被告的平信。在撤诉是通过信件或私署文书提出时，如果原告认为这样做有好处，则可以请求法院作出判决，对其撤诉予以确认。②

（三）撤诉的效果

中村一郎认为，诉的撤销一旦实施，诉讼就其撤销部分归属于未起诉。撤诉意味着诉讼从开始之初便归于消失，因而不妨碍就同一实践进行再次起诉。然而，为防止无谓诉讼审理的反复，致使同一事件前后判决矛盾现象的出现，本案终局判决作出后，撤销诉讼人不能就同一事件再次提起诉讼。依诉的撤销，时效中断效力溯及并消灭。③

让·文森和塞尔日·金沙尔持有大致相同的观点。他们指出，撤诉一经接受，便不可撤销地产生效果。撤诉的效果主要是，使诉讼当事人回到诉讼开始之前的状态，因此，诉讼时效视为从来未中断，至少在无条件撤诉的情况下是如此；同时，撤诉使延期的利息视为未发生。撤诉，仅产生消灭诉讼的效果，但并没有舍弃诉权。《新民事诉讼法典》第398条规定："撤回诉讼并不引起舍弃诉权，仅引起诉讼消灭。"（参见第385条）撤诉也可以是部分

---

① ［日］中村一郎：《新民事诉讼法讲义》，第245页。
② ［法］让·文森和塞尔日·金沙尔：《法国民事诉讼法要义》（下），第1045—1046页。
③ ［日］中村一郎：《新民事诉讼法讲义》，第246页。

撤诉：原告仅限于撤回其诉讼请求的某个争点，而其他请求争点仍然保留。①

（四）放弃请求与撤诉的区别

关于撤诉与放弃请求的区别，中村一郎作了极为精当的阐述。他说：

它们在原告撤回主张这一点上有所类似，在私法诉权说②占统治的时代，认为诉权是依据于实体法上的请求权，未将诉和请求加以区别，因而，诉的撤销与请求的放弃两者的区别不太明确。至公法的诉权说问世后，人们才清楚地认识到它们是两个不同的概念。公法诉权说③认为，诉是面向被实体法分割的法院的一种公权，从而使长期以来诉与请求模糊不清的局面得到了彻底改变，将两者作了明确的区分。进而使人们认识到诉的撤销与请求的放弃是两个不同的东西。即诉的撤销是指当事人从法院撤回审判要求；而请求的放弃是指原告撤回并放弃向被告提出的诉讼上的请求，这是他们间本质性的差异，与之相应的，在程序上也产生如下差别：

（1）诉的撤销一旦实施，诉讼从开始之初便属于未起诉，而请求的放弃将产生与原告败诉确定判决相同的效力。

（2）本案终局判决作出后，若实施诉的撤销，再诉将被予以禁止，但可再次进行同一诉讼的提起。而请求的放弃决定作出后，由于受既判

---

① ［法］让·文森和塞尔日·金沙尔：《法国民事诉讼法要义》（下），第1048页。

② 诉权私权说（亦称实体诉权说、私权解释说）认为，诉权是基于私法而产生的权利，是当事人所享有的实体权利的直接内容，它的主观指向是实体权利所对应的义务主体。这一学说的创始人萨维尼认为，诉权具有与债相近似的实体法的本性。在诉讼提起前，是债的法律关系的胚胎；在提起诉讼后，便成为真正的债。把诉权视为私权的观点早在罗马时期就已经形成。因此，诉权私权说与其说是德国学者的学术成就，倒不如说是萨维尼等历史法学派学者对民族主义尊崇的结果。（柴发邦主编：《中国民事诉讼法学》，中国人民公安大学出版社1992年版，第275—276页。）

③ 包括抽象诉权说和具体诉权说。抽象诉权说从自由主义立场出发，主张诉权是不依赖任何实体条件而存在的公法权利，是人权不可缺少的组成部分。它第一次揭示了诉权的公法性质，同时，就对抗封建司法制度而论，有一定的历史进步意义。但是在普鲁士专制国家强大封建势力面前，这种学说并不产生很大的实际效果。继之而起的是具体诉权说。具体诉权说的基本观点是：诉权是公法性质的权利，但它是以实体权利为基础，私人请求国家给予利己判决的权利。这一学说是同19世纪末强化国家权力的思想相呼应的。与既往的学说相比，它强调了国家对于诉权存否的决定作用和国家在民事纠纷解决中的主导地位，从而使诉权的意义与国家主权的基本观念相吻合。（柴发邦主编：《中国民事诉讼法学》，第276页。）

力的对抗，新诉将被驳回。

（3）被告应诉后，要撤销诉讼，须取得其同意，而请求的放弃则无此要求。①

以上区别极为重要，它使我们更能看清和精确掌握撤诉的性质和特征，从而准确地用于司法实践。反之，就很容易将两者混同，从而铸成难以弥补的错误。

三、撤诉是否须经过被告同意

通说认为，原告撤诉一般须经过被告同意。德、法、日本及我国澳门特区的民事诉讼法均就此作出明确规定。

《德意志联邦共和国民事诉讼法》（以下简称《德国民事诉讼法》）第269条规定："（1）原告只能在被告未就本案开始言词辩论前，可以不经被告同意而撤回诉讼。（2）撤回诉讼以及使撤回生效的必要的被告的同意，应向法院表示。未在言词辩论中表示的撤回诉讼，须提出书状而表示之。（3）诉经撤回后，视为未发生诉讼系属；如判决已经宣誓而尚未确定，判决失其效力，无须经过明白的撤销。关于诉讼费用，如未经判决确定，原告有负担费用的义务。没有减免诉讼费用的规定。前两种效力，依申请，以裁定宣誓之。此裁定不经言词辩论为之。对此裁定可以提起即时抗告。（4）诉（在撤回后）如重新提起时，被告在收到诉讼费用的偿付前，可以拒绝应诉（法国、日本没有此规定）。"② 根据上述规定，原告撤诉是否必须经过被告同意不能一概而论，必须根据一定的诉讼阶段才能确定。具体而言就是：（1）言词辩论之前撤回诉讼，不经被告同意。可以采用口头或者书面形式，且应向法院表示。（2）言词辩论之中撤回诉讼，要经被告同意。可以采用口头或者书面形式，且应向法院表示。（3）言词辩论结束之后，以及判决作出并宣誓之后，而尚未确定（不具有既判力）的，撤回诉讼，要经被告同意。只能采用书面形式，且应向法院表示。

法国法与德国法基本一致。《法国新民事诉讼法典》第395条规定："撤回起诉，仅在经被告接受时，始为完全。但是，如在原告撤诉时，被告

---

① ［日］中村一郎：《新民事诉讼法讲义》，第254页。
② 谢怀栻译：《德意志联邦共和国民事诉讼法》，中国法制出版社2001年版，第65页。

尚未提出任何实体上的辩护，或者未提出不受理的请求，被告只接受并非必要。"①　根据该条规定，一般来说，经被告同意是撤回起诉的要件之一。但是，如果在原告撤诉的时候，被告尚没有提出任何实体上的辩护，或者没有提出不受理的请求，在这种情况下，原告的撤诉不一定经过被告的同意，这就是说，可经过被告的同意，也可不经过被告的同意。无论是否经过被告的同意而撤诉，都是民事诉讼法所认可的行为，无须由法官来裁定，法官均应予以认可。

必须指出，尽管经被告同意是撤回起诉的要件之一，但不能绝对化，因为在另一些情况下，原告撤诉不需要经被告同意。为了更好地理解第395条，还需要根据撤回起诉的时间来进一步作出细致分析：（1）在被告进行辩护之前，原告可以不经被告同意而撤回起诉（与德国法相同）。（2）在被告辩护之后，原告必须经被告同意才能撤回起诉（与德国法相同）。（3）在被告进行辩护之前，如果被告未提出不受理请求，则原告可以不经被告同意而撤回起诉（德国法无此规定）。（4）在被告进行辩护之后，如果被告未提出不受理请求，则原告可以不经被告同意而撤回起诉。（德国法无此规定）（5）在被告进行辩护后、法院判决之前，原告撤回起诉，必须经被告同意（与德国法相同）。（6）原告在法院作出判决后，但该判决尚未确定时撤回起诉，必须经被告同意（与德国法相同）。

从上面可以看出，总的来说，在被告"辩护之前"，原告撤诉可以不经被告同意。在被告"辩护之后"，原告撤诉必须经被告同意。而且一旦"被告进行辩护"，就意味着诉讼进入言词辩论阶段。从这个意义上说，法、德关于"是否经过被告同意"的撤诉要件，其规定是一致的。不过，由于两者之间存在些微的差别（如法国法对"被告未提出不受理请求"的情况作了规定，而德国法则没有），所以在司法实践中，仍需要正确地区分不同诉讼阶段，才能准确适用。

《日本民事诉讼法》第261条规定："（一）在判决确定之前，诉讼可以撤回其全部或一部分。（二）撤回诉讼，如果是在对方当事人对于本案已经提出准备书状或在辩论准备程序中已经陈述或者已经开始口头辩论后提出的，非经对方当事人的同意，不发生其效力。但是，在本诉撤回的情况下，撤回反诉，则不在此限。（三）撤回诉讼，应以书状进行。但是，在口头辩论、辩论准备程序或和解的期日，不妨以口头进行。（四）在本条第二款本

---

①　罗结珍译：《法国新民事诉讼法典》，中国法制出版社1999年版，第81页。

文规定的情况下，应当向对方当事人送达以书面撤回诉讼的书状或在口头辩论等期日以口头撤回诉讼（对方当事人该期日出庭的除外）的笔录副本。（五）自受撤回诉讼的书状送达之日起两周以内，如果对方当事人不提出异议，则视为同意撤回诉讼。在口头辩论等期日以口头撤回诉讼的情况下，如果对方当事人于该期日出庭，自撤回诉讼的当日起，视为同意；如果对方当事人未出庭该期日，从本条前款副本送达之日起两周以内对方当事人不提出异议时，亦同。"①

　　根据上述规定，在原告起诉后、判决确定之前的这段时期，大致可分为以下七个不同的阶段。在这些阶段里，原告撤诉的要件分别有不同要求。具体言之：（1）对方当事人对于本案提出准备书状（答辩状）之前，无须经过对方当事人同意，即可撤诉。（2）对方当事人对于本案已经提出准备书状（答辩状）；须经过对方当事人同意，方可撤诉。（3）对方当事人在辩论准备程序中已经陈述；须经过对方当事人同意，方可撤诉。（4）对方当事人在辩论程序中已经开始口头辩论；须经过对方当事人同意，方可撤诉。（5）辩论结束之后、判决之前，须经过对方当事人同意，方可撤诉。（6）判决之后，但尚未确定；须经过对方当事人同意，方可撤诉。（7）在判决之后，但尚未确定的任何阶段都可以和解，此时允许撤诉。但是须经过对方当事人同意，方可撤诉。

　　通过上述分析，可以对撤诉的要件得出如下结论：在上述七个阶段中，除第（1）个阶段，即被告对于本案提出准备书状（答辩状）之前，无须经对方当事人同意即可撤诉之外，其余各个阶段都须经过对方当事人同意，方可撤诉，否则，撤诉无效。它是原告撤诉的一个必要条件。由此可见，就"是否需要经过被告同意"这个主题来说，日本与法国、德国的规定基本一致。②

　　我国《澳门特区民事诉讼法典》第238条第1款规定："诉之撤回与被告作出答辩（既可以指被告提出答辩状，也可以是在审判期间进行口头辩论——笔者注）后申请者，须经被告同意方得为之。"根据该规定，在原告起诉之后、被告作出答辩之前，原告撤诉可不经被告同意。但是，在被告答辩之后，则必须经过被告同意。这种规定与法、德、日的规定也是完全一致的。

　　我国民事诉讼法典没有就撤诉是否需要经过被告同意这一重要问题作出

① 白绿铉编译：《日本新民事诉讼法》，中国法制出版社2000年5月第1版，第97页。
② 但日本也有个别例外，即在原告撤回本诉的同时，对方当事人撤回反诉，此时原告撤诉不必经过对方当事人同意。（《日本民事诉讼法》第261条第2款）这是法国、德国所没有的。

规定。在后来最高人民法院的一项司法解释，即《民事诉讼法若干问题的意见》第 161 条中规定："当事人申请撤诉或者依法可以按撤诉处理的案件，如果当事人有违反法律的行为需要依法处理的，人民法院可以不准撤诉或者不按撤诉处理。"可见，人民法院对于当事人的撤诉享有准予权。当事人申请撤诉，且依法可以按撤诉处理的案件，如果当事人有违反法律的行为需要依法处理的，人民法院可以不准撤诉或者不按撤诉处理。

这一规定表明，我国撤诉要件存在严重的偏差，它完全轻视对方当事人的同意，而以法院的批准取而代之。从民事诉讼的本质上说，撤诉是当事人的诉讼权利，当事人对自己是否撤诉享有当然的自由处分权。但是在我国法律的规定中，这项权利并不能最大限度的自由行使。当事人可以申请撤诉，但是要经过法院批准，由法院作出裁定。如果不合法，是不准撤诉的。这反映了我国的立法是以维护国家权威为中心、而不是以保护当事人意思自治为中心的传统思想。

在德国等国家和地区的撤诉制度中，当事人申请撤诉不要求具有合法要件，当然也就不需要法院来审查这样的合法要件。只要提出申请，多数情况下经被告同意（是站在被告的立场上来考虑问题），即可撤诉。只要被告同意即可，法院完全尊重他们的意愿，绝不干预。与此相比，我国法律不仅赋予法院审查合法要件的权利，而且赋予其撤诉的批准权，使当事人处处看到和感受到法院在撤诉许可上的权威。其实这并不意味着这种制度具有多少积极的意义，相反，它只意味着法院的干预权限过多。因此，同德国等国家和地区相比，将法院的批准而不是对方当事人的同意作为撤诉的要件，在 21 世纪的今天，已经变得非常不合时宜。

四、撤诉是否要提出"合法理由"

通说认为，原告撤诉不需要提出理由。德国、法国、日本以及我国澳门地区的民事诉讼法均无此要求。

值得一提的是法国民事诉讼法的规定。该法典对原告撤诉没有明确提出要"合法理由"的强制性规定，但是对于被告拒绝原告的撤诉，却要其提出合法理由。《法国新民事诉讼法典》第 396 条规定："如被告并无任何合法理由为依据而不接受原告撤诉，法官得宣告撤诉为完全。"[1] 根据该规定，

---

[1]　罗结珍译：《法国新民事诉讼法典》，第 104 页。

被告拒绝原告的撤诉，要有合法理由；如果没有合法的理由，或者理由虽然合法但不充分，则法官可作出裁定，准予原告撤回起诉。根据反对解释，假如原告请求撤诉，是不需要"合法理由"的，只要其作出撤诉的意思表示即可，以便促进诉讼的尽快解决。通过这一对比，我们可以推断，法律之所以规定，被告拒绝原告的撤诉请求要有合法根据，显然是为了排除撤诉的阻力，促进诉讼的解决，这表明了法国新民事诉讼法典的一种加速诉讼解决的价值取向。

通说认为，撤诉是否有效，根本条件是其须经被告接受。至于原告是否提出合法理由，在所不问。只要被告同意，法院就予以准许。从上面的规定来看，法国法显然忠实地执行了通说的旨意。与此相比，我国司法解释的规定以及司法实践中许多法院的实际做法，均要求原告撤诉要有合法理由，否则法院不予准许。这种做法值得反思。它显然受到了我国学术界的误导。许多年来，我国有的学者认为，"撤诉应具有一定的事实和理由。撤诉的事实和理由，只能是自己合法处分。① 撤诉合法的，法院可裁定准予撤诉。否则，超越了合法原则，法院应裁定不准撤诉"②。撤诉"在实体上不得有规避法律的行为，不得有损于国家、集体和他人的利益的事实"。"人民法院应依法进行审查。"③ 这样，至少从 20 世纪 80 年代民事诉讼法（试行）颁布以来，撤诉要有"合法理由"和法院可裁定不准撤诉，就像两道厚厚的高墙，横亘在民事诉讼当事人意思自治的理想和自由意志面前，使之不可能有自由发挥的空间。这种理论和实践中的错误必须纠正。

五、撤诉的时间范围

从德国、日本和我国澳门特区的规定（《德国民事诉讼法》第 269 条、《日本民事诉讼法》第 261 条、《澳门民事诉讼法典》第 237 条第 2 款）看，撤诉的时间范围，总的来说，在判决作出并宣誓之后，而尚未确定之前。在这期间，原告都可以撤诉。在判决确定之后，绝不允许。《中国民事诉讼法》第 131 条规定："宣判前，原告申请撤诉的，是否准许，由人民法院裁定。人民法院不准许撤诉的，原告经传票传唤，无正当理由拒不到庭的，可

---

① 即由撤诉人在法律范围内自行选择或决定。
② 柴发邦主编：《中国民事诉讼法学》，第 374—375 页。
③ 同上书，第 375 页。

以缺席判决。"

《澳门民事诉讼法典》第 237 条第 2 款规定："诉之撤回仅使已提起之诉讼程序终结。"一般来说，一个完整的诉讼程序包括起诉、受理、开庭前的准备、开庭审理、法庭辩论、法庭评议和判决等阶段。在正常情况下，法庭作出判决意味着关于该案件的诉讼程序宣告终结。根据第 237 条第 2 款的规定，在作出判决之前，诉的撤回可使诉讼程序宣告终结，则意味着"判决之前"的任何阶段、任何时间，原告都可以申请撤诉。就此而言，与德国和日本相比，撤诉的时间范围显然被压缩了一些，因为根据德、日的规定，撤诉的时间范围，是在判决作出并宣誓之后，而尚未确定之前。

根据《中国民事诉讼法》第 129 条和第 131 条的规定，在开庭之后、判决宣告之前，都可以撤诉。那么，在起诉之后、开庭之前的这段时间里，是否可以撤诉呢？民事诉讼法没有作出明确的规定。我认为应当准许。因为从第 131 条的规定来看，它只是规定了撤诉的时间底线，虽然没有规定撤诉的时间起点，但根据诉讼常识，撤诉的前提是起诉，据此应该推断，撤诉的时间起点是起诉之后、宣告判决之前的任何时间。由于明确规定了撤诉的时间终点，因此我们可以推断，在判决宣告之后，是不允许撤诉的。我国内地的规定与澳门特区相同，而与德、日有差异。德国、日本所确立的撤诉时间范围，与既判力理论具有密切关系。鉴于既判力理论在我国尚不发达，维持撤诉时间范围的现状并无大碍。

六、撤诉的方式

从国外或境外的立法来看，大体有两种立法例：一种是以书面方式为主、口头方式为辅；另一种是严格的书面形式。前者以德国为代表，后者则以日本为代表。

关于撤诉的表达方式，《德国民事诉讼法》第 269 条规定可以采用书面和口头两种方式。然而严格说来，应该是以书面方式为主，口头方式为辅。具体言之，言词辩论结束之前撤回诉讼，可以采用口头形式或者书面形式，且应向法院表示。在言词辩论结束之后，以及判决作出并宣誓之后，而尚未确定（不具有既判力）的，撤回诉讼，则只能采用书面形式，且应向法院表示。

日本采用严格的书面形式。《日本民事诉讼法》第 261 条对撤回起诉的表达形式作了概括性规定，只有通过细致分析，才能揭示隐藏在枯燥而玄妙的法条之后的立法意图。分述如下：

(1) 对方当事人对于本案提出准备书状（答辩状）之前，无须经过对方当事人同意，即可撤诉。（采用书面形式。这与德国不同，后者规定可以采用口头形式或者书面形式。）

(2) 对方当事人对于本案已经提出准备书状（答辩状），须经过对方当事人同意，方可撤诉。（采用书面形式。）

(3) 对方当事人在辩论准备程序中已经陈述，须经过对方当事人同意，方可撤诉。（采用书面形式，或者口头形式。向对方当事人送达撤诉的书状；如果以口头形式撤诉，则送达该口头撤诉的笔录副本。）

(4) 对方当事人在辩论程序中已经开始口头辩论；须经过对方当事人同意，方可撤诉。（采用书面或者口头形式。向对方当事人送达撤诉的书状；如果以口头形式撤诉，则送达该口头撤诉的笔录副本。）

(5) 辩论结束之后、判决之前，须经过对方当事人同意，方可撤诉。（采用书面形式。）

(6) 判决之后，但尚未确定，须经过对方当事人同意，方可撤诉。（采用书面形式。）

(7) 在判决之后，但尚未确定的任何阶段都可以和解，此时允许撤诉。但是须经过对方当事人同意，方可撤诉。（采用书面或者口头形式。向对方当事人送达撤诉的书状；如果以口头形式撤诉，则送达该口头撤诉的笔录副本。）

由此可见，在日本，在绝大多数情况下撤诉要求采用书面形式。只有在个别情况（被告在辩论准备程序中已经陈述或者被告在辩论程序中已经开始口头辩论）下，才允许采用口头形式。即使在允许口头撤诉的情况下，也要求法庭作出并送达该口头撤诉的笔录副本，而这也无非是强调"书面形式"的一种表现。当然，在被告在辩论准备程序中已经陈述或者被告在辩论程序中已经开始口头辩论的情况下，亦是和法庭作出相应的笔录副本，由此不难看出立法者倾向书面形式、反对口头形式的价值观。这自然是日本司法正规化的一种鲜明的表现。

我国澳门特区似乎倾向于日本的做法。《澳门民事诉讼法典》第 242 条规定："一、认诺、诉之撤回、请求之舍弃或和解得在符合实体法在形式上之要求下，以公文书或私文书作出，亦得在诉讼中以书录作出。二、只要利害关系人提出口头请求，办事处即须作出书录。三、作成书录或附具有关文件后，须根据认诺、诉之撤回、请求之舍弃或和解之标的及作出该等行为之人之资格，查核该等行为是否有效；如属有效，则以判决宣告有效，并完全按行为之内容作出判处或驳回有关请求……"根据该条规定，撤诉原则上以书面方式进行，不论采用公文书还是私文书。也可以采用口头形式，但必须由法院的办事处人员作出书录（书面笔录——笔者注）。

然而，严格的书面形式对于我国处于现代化初期的审判来说，显然难以适应，因此建议采用德国的以书面方式为主、口头方式为辅的立法模式。

七、撤诉的法律后果

通说认为，撤诉行为一旦实施，诉讼就其撤销部分归属于未起诉。撤诉意味着诉讼从开始之初便归于消灭，因而不妨碍原告就同一事件进行再次起诉。德国、法国、日本等国立法均遵从此说。

根据《德国民事诉讼法》第 269 条的规定，撤回起诉具有如下后果：其一，撤回诉讼后，可以重新起诉。但是费用上，被告有发言权，即有权要求原告承担诉讼费用。其二，判决作出并宣誓之后，而尚未确定的，撤回诉讼，则判决无效。形式上无须法院明确宣布撤销判决。

《法国新民事诉讼法》规定，撤诉具有两种效果：一是终止诉讼，使该诉讼消灭。《法国新民事诉讼法典》第 385 条规定："诉讼，因应当进行诉讼的期间已过、撤回诉讼、传唤失效而消灭。"[①] 根据该条规定和第 394 条规定，撤诉的效果之一是终止诉讼；撤回诉讼是诉讼消灭的方式之一。原告放弃其诉讼请求或者放弃上诉，消灭相应的诉讼，一般情形，并不消灭原告的诉权，但撤回上诉则意味着对原判决（一审判决）的承认。二是原告可以重新提起同一诉讼。《法国新民事诉讼法典》第 398 条规定："撤回诉讼，并不引起舍弃诉权，仅引起该诉讼消灭。"根据该规定，在终局判决作出之前，原告撤回诉讼的，引起该诉讼消灭，但并不意味着原告放弃诉权，因此，原告可以重新提起同一诉讼。（这与日本不同，见下段。）由于没有特别规定，我们可以推断，在终局判决作出之后，原告撤回诉讼的，引起该诉讼消灭，也不意味着原告放弃诉权，因此，原告也可以重新提起同一诉讼。（这与日本不同，见下段。）

日本民事诉讼法规定了撤回起诉的效果及其与既判力的关系。《日本民事诉讼法》第 262 条规定："（一）诉讼，对撤回诉讼的部分，视为自

---

① 罗结珍译：《法国新民事诉讼法典》，第 80 页。

始未系属。(二) 对于本案已作出终局判决后撤回诉讼的, 不得提起同一诉讼。"① 从本条第 (二) 款来看, 就时间而言, 撤回诉讼可以在判决宣告之前, 或者判决宣告之后但尚未确定的阶段。如判决已上诉, 则为确定; 已过上诉期限而产生执行力的, 则为确定。这些条款足以说明, 撤诉必须遵守既判力原则。

根据上述规定, 撤回诉讼的效果分为两种情况: 一是终局判决作出之前; 另一种是终局判决作出之后。在前一种情况下, 视为诉讼从未开始, 故可以提起同一诉讼。在后一种情况下, 则视为本诉已经提起过, 并作出了终局判决, 要受到既判力的拘束, 故双方不得提起同一诉讼。但是, 值得注意的是, 此终局判决只要经过宣布, 不一定确定, 即有此效力。也许可以上诉, 但不得提起同一诉讼。就此而言, 日本与法国的规定有很大区别。

这里不妨就德国、法国与日本在撤诉效果方面进行比较, 可以发现它们之间存在十分微妙的差异: (1) 两者的相同点。在终局判决作出之前, 或者作出之后, 但尚未确定的, 都可以撤诉。一旦确定, 则不能撤诉。(2) 两者的不同点。在日本, 在终局判决后撤诉的, 以后不得提起同一诉讼。这是撤诉的效果之一。但是在德国和法国, 这种情况是可以撤诉的。(《德国民事诉讼法》第 269 条第 4 款) 法国人从诉权的角度对此进行了解释, 德国没有, 日本也没有。

我国澳门特区民事诉讼法典对于撤诉之后是否可以重新起诉的问题, 没有作出明确规定。但我们可以比照该法典第 237 条第 1 款和第 2 款规定进行分析。第 1 款规定: "请求之舍弃使欲行使之权利消灭。"第 2 款规定: "诉之撤回仅使已提起之诉讼程序终结。" 由此可以看出, 诉权的消灭与诉讼程序的终止是两个不同的概念, 具有质的区别。只有舍弃请求, 才能消灭诉权; 而诉之撤回并不能使当事人的诉权消灭。因此, 原告撤回诉讼之后, 仅仅能够终止诉讼程序, 其诉权仍然予以保留, 此后还可以重新起诉。由于没有特别规定, 故可以推断其与德国、法国具有相同的意义。

我国 1991 年颁布的民事诉讼法典没有规定撤诉的效果, 而是后来的司法解释作出补充规定的。最高人民法院公布的《民事诉讼法若干问题的意见》第 144 条规定: "当事人撤诉或人民法院按撤诉处理后, 当事人以同一

---

① 白绿铉编译:《日本新民事诉讼法》, 第 97 页。

诉讼请求再次起诉的，人民法院应当受理。原告撤诉或者按撤诉处理的离婚案件，没有新情况、新理由，六个月内又起诉的，可比照民事诉讼法第111条第7项的规定不予受理。"根据该条规定，撤诉的后果之一是：仅仅终止诉讼程序，并不使诉权消灭，因此，撤诉后，如果当事人以同一诉讼请求再次起诉的，人民法院应当受理。仅就此而论，我国的规定与德国等国家的规定是一致的，亦符合通说。为加强其法律效力，宜由民事诉讼法典作出规定。

同时也要看到，根据我国民事诉讼法的规定，撤诉的这一后果在离婚案件中也受到了限制。这种规定是否科学合理，是可以结合我国婚姻家庭的历史和现状重新进行研究的。

八、撤诉的无效问题

根据国外和境外立法，撤诉在以下情况下是无效的：

首先是时间上的限制。撤诉的时间范围是有法律规定的，违反法定的期间而撤诉当然是无效的，此为各国通例。

其次是对方当事人提起使撤诉行为无效的诉讼时。根据《澳门民事诉讼法典》规定，当一方当事人撤诉后，另一方享有撤销权，可以提起使撤诉行为无效的诉讼。该法典第243条规定："一、认诺、诉之撤回、请求之舍弃及和解，得一如性质相同之其他行为般被宣告无效或予以撤销；《民法典》第352条第2款之规定，适用于认诺。二、就认诺、诉之撤回、请求之舍弃及和解所作之判决即使已确定，以不妨碍提起旨在宣告该等行为无效或旨在撤销该等行为之诉讼，只要撤销权仍未失效。三、如无效仅因诉讼代理人无权力或有关诉讼委任之不当所致，则须将作出认可之判决通知委任人本人，并告诫该人如无任何表示，则视有关行为已获追认及无效已获补正。"[1]根据该条规定，原告的撤诉行为可以被宣告无效或者被撤销；即使关于撤诉的判决已确定，对方当事人仍可以提起使这种撤诉行为无效的诉讼。

在上述两种情况中，我国澳门特区的规定非常独特和罕见，建议不予采纳，因为它与设立撤诉制度的目的不符合，不仅没有达到减少诉讼环节、节

---

① 中国政法大学澳门研究中心、澳门特区政府法律翻译办公室编：《澳门民事诉讼法典》，法律出版社1997年版，第79页。

省时间和快速消灭诉讼的目的，反倒新添一个诉讼，犹如一个新的累赘。至于前一种情况，当然可以作为撤诉无效的原因。

我国的情况要复杂得多。由于主流民事诉讼理论上仍然坚持撤诉要有合法理由，法院还要对其进行实体审查，然后再作出准许撤诉或者不准撤诉的判断。这样就增加了撤诉无效的比率。解决这一问题首先需要民事诉讼学术界在新的时代环境下重新检讨自己的理论，其次需要立法和司法实际部门重新考虑公正与效率的关系，对撤诉重新定位。

九、撤回上诉或控诉的后果与既判力的关系

通说认为，撤回上诉或控诉的后果是：一是使已经提起的上诉或控诉无效；二是撤回上诉或控诉后，不可以重新提起上诉或控诉。对此，德、法、日等国均作了规定。

《德国民事诉讼法》第515条第1款规定："在被控诉人开始言词辩论之前，控诉人可以撤回控诉，不须经被控诉人同意。"根据文义解释和反对解释，在被控诉人开始言词辩论之后，控诉人可以撤回控诉，须经被控诉人同意。因此，撤回控诉的时间范围，应当可推及控诉审终局判决作出之前的任何时间。由于二审判决一旦作出，即产生法律效力（确定力和执行力），因此，我们不可以想象二审判决作出之后还可以撤回控诉的情况出现。这与一审判决作出之后还允许撤回起诉的情况是完全不同的，因为一审判决作出并宣誓之后，还存在一个控诉期限，在此期限届满之前，判决尚未确定（未生效），此时原告撤回诉讼，经被告同意，是完全可以的。

《法国新民事诉讼法》规定，撤回上诉的后果，就是承认原判决。《法国新民事诉讼法》第403条规定："撤回上诉即告认诺（承认）原判决；如此后另一方当事人本身依照合法程序提起上诉，撤回上诉视为不曾发生。"①该规定的后半句所指的情况意味着，双方当事人都提起上诉，其中上诉人撤回自己的上诉，但是被上诉人没有撤回自己的上诉，在这种情况下，上诉人的撤回上诉等同于没有撤回上诉；如果被上诉人也撤回自己的上诉，那么上诉人的撤回上诉即产生"承认原判决"的效力。

在撤对缺席判决的异议的情况下也是如此。第404条规定："不加保

---

① 罗结珍译：《法国新民事诉讼法典》，第81页。

留条件撤回对缺席判决的异议，即告认诺（承认）原判决。"① 提出该异议的主体可能是本诉的原告（上诉案件中的上诉人），也可能是本诉的被告（上诉案件中的被上诉人）。无论哪一方撤回对缺席判决的异议，只要另一方没有相反的行为，即说明承认原判决。

《日本民事诉讼法》规定，撤回控诉之后，将发生三方面的效果：（1）上诉无效；（2）视为未上诉；（3）可以提出上诉。《日本民事诉讼法》第262条规定："（一）诉讼，对撤回诉讼的部分，视为自始未系属。（二）对于本案已作出终局判决后撤回诉讼的，不得提起同一诉讼。"② 从本条第二款来看，就时间而言，撤回诉讼可以在判决宣告之前，或者判决宣告之后，但未确定的阶段。如判决已上诉，则为确定；已过上诉期限而产生执行力的，则为确定。这些条款足以说明，撤诉必须遵守既判力原则。

第292条规定："（一）在控诉审作出终局判决之前，控诉可以撤回。（二）本法第261条第3款、第262条第1款以及第263条的规定，准用于撤回控诉。"③

根据第262条第2款的规定，在一审程序中，如已经作出一审终局判决后，原告撤诉，那么，此后原告不得再提起同一诉讼。根据第292条第2款的规定，上诉的撤回不受此条的约束。第262条第2款不是撤回上诉的准用条款。因此，根据反对解释，在二审程序中，如果上诉人撤回其上诉，则仍可以再提起同一内容的上诉。不过，当二审终局判决作出之后，判决即被确定，那时是不能撤回上诉的。

应当特别注意的是，第262条第2款对终局判决看得很重。根据该条的规定，当一审终局判决作出之后，可以撤回起诉，但是，起诉一旦被撤回，即不得再提起同一诉讼。而在一审终局判决作出之前，不但可以撤回起诉，而且还允许再提起同一诉讼。

问题是：撤回控诉之后，视为未上诉。那么，一审判决是否应该生效呢？我们认为应该生效。既然生效，那么就不可再提出上诉，这是符合逻辑的结论。所以，就这一点来看，日本与德、法两国法条所包含的意义是一致的。

---

① 罗结珍译：《法国新民事诉讼法典》，第81页。
② 白绿铉编译：《日本新民事诉讼法》，第97页。
③ 同上书，第103页。

十、共同诉讼中的撤诉

从国外或境外的立法看，只有我国澳门特区对此作了规定。《澳门民事诉讼法典》第240条规定："一、如属普通共同诉讼，个人得自由作出个别之认诺、诉之撤回、请求之舍弃及和解，但以各人在案件中各自所占之利益为限。二、如属必要共同诉讼，任一共同诉讼人之认诺、诉之撤回、请求之舍弃或和解，仅在诉讼费用方面产生效力。"① 通说认为，所谓普通共同诉讼，是指当事人一方或者双方为二人以上，其诉讼标的是同一种类的，法院将其合并审理的诉讼。所谓必要共同诉讼，是指当事人一方或者双方为二人以上，其诉讼标的是同一的共同诉讼。② 根据第240条规定，在共同诉讼中，诉的舍弃分两种情况来处理：一是在普通的共同诉讼中，每个人都可以撤诉，但是他撤诉所涉及的利益是极其有限的，即仅涉及他本人在案件中所占的一份利益。如果其他人仍然保持自己的利益，并坚持不撤诉，那么这个案件便不能终止诉讼程序。而在必要的共同诉讼中，只有全体共同诉讼人申请撤诉，本案才可终止诉讼程序。其中某个人的申请撤诉是不能终止诉讼程序的。

我国内地民事诉讼法典与澳门特区立法的内容基本一致。第53条第2款规定："共同诉讼的一方当事人对诉讼标的有共同权利义务的，其中一人的诉讼行为经其他共同诉讼人承认，对其他共同诉讼人发生效力；对诉讼标的没有共同权利义务的，其中一人的诉讼行为对其他共同诉讼人不发生效力。"不仅如此，我国民事诉讼法还就集团诉讼中代表人撤诉的问题作了规定。《民事诉讼法》第54条规定："当事人一方人数众多的共同诉讼，可以由当事人推选代表人进行诉讼。代表人的诉讼行为对其所代表的当事人发生效力，但代表人变更、放弃诉讼请求或者承认对方当事人的诉讼请求，进行和解，必须经被代表的当事人同意。"《民事诉讼法》第55条第3款规定："代表人的诉讼行为对其所代表的当事人发生效力，但代表人变更、放弃诉讼请求或者承认对方当事人的诉讼请求，进行和解，必须经被代表的当事人同意。人民法院作出的判决、裁定，对参加登记的全

---

① 中国政法大学澳门研究中心、澳门特区政府法律翻译办公室编：《澳门民事诉讼法典》，第78页。

② 柴发邦主编：《中国民事诉讼法学》，第219、224页。

体权利人发生效力。未参加登记的权利人在诉讼时效期间提起诉讼的，适用该判决、裁定。"

　　通说认为，所谓变更诉讼请求，是指当事人起诉后，以新的诉讼请求来代替原先的请求。变更诉讼请求包含部分变更和全部变更两种情况。① 撤诉是变更诉讼请求的一种特殊形式，是使已经提出的诉讼请求全部消灭或部分消灭的状态。根据民事诉讼法第 54 条、第 55 条第 3 款规定，在人数众多的代表人诉讼中，代表人在征得被代表的当事人的同意后，也可以作为撤诉的主体。然而，从上面可以看到，无论是我国澳门特区的法律，还是内地的法律，在一般共同诉讼和集团诉讼中，撤诉都受到法律的严格限制，这主要是由共同诉讼和集团诉讼的特殊性（人数在二人以上或者众多，因而涉及较为复杂的利益关系）所决定的。

十一、诉之撤回的推定

　　在民事诉讼法上，视为撤诉亦称为诉的撤回的推定或者撤诉的推定。《日本民事诉讼法》第 263 条规定："当事人双方在口头辩论或口头辩论准备程序的期日不出庭或者在辩论或辩论准备程序中不进行陈述而退庭或退席时，如果在一个月以内不提出指定期日的申请，则视为撤回诉讼。当事人双方连续两次在口头辩论或辩论准备程序的期日不出庭或者在辩论或辩论准备程序中不进行陈述而退庭或退席时，亦同。"② 该规定设立了诉之撤回的推定，但是，从文义上来说并不好理解。为了更好地弄清其意义，下面分五种情形来进行讨论：（1）原告不出庭、退庭或退席，同时，被告也不出庭、退庭或退席。在这种双方均不出庭、退庭或退席的情况下，应当视为撤回诉讼。（2）原告出庭，但被告不出庭、退庭或退席。在这种情况下，笔者认为不应当视为撤诉。但从日本民事诉讼法的规定来看，可以"视为撤诉"，因为它没有作出限定。这是立法者的疏忽，还是另有其意？（3）原告不出庭、退庭或退席，但被告出庭。如果被告没有提出反诉，应当视为原告撤诉。（4）原告提起本诉且出庭，被告提出反诉但不出庭、退庭或退席。在这种情况下，笔者认为，原告的本诉不能视为撤回，但被告的反诉可视为撤回。但从日本民事诉讼法的规定来看，原告的本诉可以"视为撤诉"，因为它没有作出限定。这是立法

---

① 柴发邦主编：《中国民事诉讼法学》，第 290 页。
② 白绿铉编译：《日本新民事诉讼法》，第 98 页。

者的疏忽，还是另有其意？（5）原告提起本诉但不出庭、退庭或退席，被告提出反诉但出庭。在这种情况下，不应当视为撤诉。

从上面可以看到，在一方当事人出庭，但另一方被告不出庭、退庭或退席［包括第（2）、（4）、（5）三种情况］的情况下，都可以"视为撤诉"。严格地说，这不利于保护出庭一方的诉讼利益。也许日本立法机构仅仅考虑了诉讼效率才作出这样的规定。这种规定与我国国情不合，不应采纳。

根据我国民事诉讼法和《民事诉讼法若干问题的意见》的规定，诉的撤回的推定可分为如下四种情况：

第一，一方不到庭或者中途退庭。现行民事诉讼法第129条规定："原告经传票传唤，无正当理由拒不到庭的，或者未经法庭许可中途退庭的，可以按撤诉处理；被告反诉的，可以缺席判决。"根据该规定，"视为撤诉"包含两种情况：一是，一方不到庭或者中途退庭的，视为撤诉；二是，一方不到庭或者中途退庭的，视为撤诉，但另一方提出反诉的，则一方的撤诉不能准许，也可以说，一方的撤诉视为没有发生。在尊重被告意志的前提下，应该将民事诉讼法第129条规定修改为："原告经传票传唤，无正当理由拒不到庭的，或者未经法庭许可中途退庭的，可以按撤诉处理，如果被告同意的话；被告反诉的，原告不得撤诉，如原告不到庭，可以缺席判决。"

第二，原告应当预交而未预交案件受理费，或者申请减、缓、免未获人民法院批准而仍不预交。《民事诉讼法若干问题的意见》第143条规定："原告应当预交而未预交案件受理费，人民法院应当通知其预交，通知后仍不预交或者申请减、缓、免未获人民法院批准而仍不预交的，裁定按自动撤诉处理。"

第三，无民事行为能力的当事人的法定代理人，经传票传唤无正当理由拒不到庭的，如该法定代理人属原告方，则按撤诉处理。《民事诉讼法若干问题的意见》第158条规定："无民事行为能力的当事人的法定代理人，经传票传唤无正当理由拒不到庭的，如属原告方，可以比照第129条的规定，按撤诉处理；如属被告方，可以比照民事诉讼法第130条的规定，缺席判决。"这条规定反映了两个问题：其一，法律对待原告方与被告方是不平等的。因为同样的行为，应该得到同样的处理结果。但依据该规定得到的却是不同的结果，对待被告方的处理结果要重，而对待原告方则轻一些，因为原告方撤诉还可以重新起诉，并不损失什么，而对于被告方来说，得到的是缺席判决，由于他没有出席法庭进行申辩，该判决通常不会对他有利。其二，对无民事行为能力的当事人是不公平的。法律应该保护无民事行为能力的当事人。如果其法定代理人不到庭，法院可指定代理人进行诉讼代理。如果按撤诉处理，就剥夺了无民事行为能力的当事人的诉权，不利于保护诉讼当事人本人——无民事行为能力的当事人——的利益。在我国经济日益增长、法律援助服务日益扩大的今天以及未来，这些不合时宜的规定都应该取消。是否采用撤诉措施，主要考虑的是诉讼效率，但是提高诉讼效率不应该以损害当事人现实的或者潜在的利益为代价。在尊重被告意志的前提下，应该将《民事诉讼法若干问题的意见》第158条规定修改为："无民事行为能力的当事人的法定代理人，经传票传唤无正当理由拒不到庭的，如属原告方，可以按撤诉处理，如果被告同意的话；如被告不同意，则缺席判决；如属被告方，可以缺席判决。"

　　第四，有独立请求权的第三人经人民法院传票传唤，无正当理由拒不到庭的，或者未经法庭许可中途退庭。《民事诉讼法若干问题的意见》第159条规定："有独立请求权的第三人经人民法院传票传唤，无正当理由拒不到庭的，或者未经法庭许可中途退庭的，可以对该第三人比照民事诉讼法第129条的规定，按撤诉处理。"这种情况按撤诉处理难以理解。因为，其一，诉讼发生在原告和被告之间，并不发生在有独立请求权的第三人与原告或者被告之间，有独立请求权的第三人不是原告，不拥有撤诉权，怎么撤诉？其二，如果是针对原告来撤诉，则对原告不公平，因为原告并没有不到庭或者退庭。对被告的反诉进行撤诉也是如此。总之，因为有独立请求权的第三人经人民法院传票传唤，无正当理由拒不到庭的，或者未经法庭许可中途退庭的，按撤诉处理，此规定不妥。建议修改为：有独立请求权的第三人经人民法院传票传唤，无正当理由拒不到庭的，或者未经法庭许可中途退庭的，如果原告和被告双方均同意，则按撤诉处理；如果原告和被告有一方不同意的，则缺席判决。

　　从上面可以看到，我国民事诉讼法所规定的推定撤诉的种类较多，仅就条文本身来看问题不少。有的没有尊重被告的意志（第一类）；有些类别体现了鲜明的职权主义（第二类），有剥夺诉讼当事人诉权之虞；有些类别剥夺了正当当事人的合法诉讼权利（第三类），完全可以采用其他替代措施。以上一一作了分析，供参考。

十二、因撤诉申请"涉及争议中的实体权利"
因而不准原告撤诉的问题

以撤诉申请"涉及争议中的实体权利"为由，不准原告撤诉，在我国司法实践中并非个别现象。在刘翔撤诉案①中，海淀区法院在拒绝刘翔撤诉的裁定书中写道："本院认为，刘翔撤诉理由涉及案件诉讼争议事实，在法院尚未作出判决认定之前，其以未经法院判决认定的事实作为撤诉理由，有悖于撤诉限于对自身权利处分的原则，亦可能有损他人利益，故本院不予以支持。"这里，法院把原告的撤诉行为等同于原告处分争议中的实体权利，进而拒绝原告的撤诉申请，确实存在对撤诉性质的根本误解，因为撤诉纯粹是诉讼法上的行为，根本不涉及争议中的实体权利本身。

至于"可能有损他人利益"，也必须有确切的判断标准，不能主观臆断。例如，在广东省吴川县足彩头奖被"注销"案②中，当事人的撤诉行为"有损国家利益"，故法院拒绝其撤诉申请，其判断标准和事实依据十分明确。③ 而在刘翔撤诉案中，尽管法院提出了原告的撤诉"可能有损他人利

---

① 　基本案情如下：2004 年 10 月，北京《精品购物指南》在一期封面上采用了刘翔在雅典奥运会上跨栏比赛的图片，北京中友百货在这一期报纸上做了封面广告，《精品购物指南》网站刊登了这期报纸的封面。刘翔委托其律师在 2004 年 11 月 24 日，以侵犯其肖像权为由将《精品购物指南》及其网站经营者、商标持有人和北京中友百货有限责任公司告上法庭，提出了索赔 125 万元等要求。

2005 年 5 月 18 日，刘翔曾申请撤诉，但被海淀区法院驳回。2005 年 5 月 25 日，（2005）海民初字第 2938 号民事裁定书写道：

本院在审理原告刘翔与被告《精品购物指南》报社、北京精品卓越科技发展有限公司、北京中友百货有限责任公司肖像权纠纷 案中，原告刘翔于 2005 年 5 月 18 日以"根据审理情况，申请人认为依法可以确认被申请人《精品购物指南》报社使用申请人的肖像确未经申请人同意，而且申请人也未私自为被申请人作宣传"为由，向本院提出撤诉申请。

本院认为，刘翔申请撤诉理由涉及案件诉讼争议事实，在法院尚未作出判决认定之前，其以未经法院判决认定的事实作为撤诉理由，有悖于撤诉限于对自身权利处分的原则，亦可能有损他人利益，故本院不予支持。（《"飞人"刘翔诉北京媒体侵犯肖像权案败诉》，http：//www. sports. cn，2005－05－25 20：57：00，来源：新华网。）

② 　关家玉、陶然：《足彩头奖被"注销"销售点与彩民要私了》，http：//www. nen. com. cn，2003－04－19，来源：《信息时报》。

③ 　"法官评议时一致认为，虽然原告申请撤诉符合一般条件，但鉴于此案情况特殊，如：本案应交的 3058.80 元个得税金（奖金 15294 元的 20%）至今无人承担，有损国家的利益；再者，该售票点坚称欧的"中奖"彩票已被注销，是张废票，但开奖前，既未见到销售点按规定在该张彩票票面上加盖"注销章"字样，也未见张榜公布注销号码，仅作口头说明。直至彩民诉诸法院后，销售点老板才主动给付了奖金，此中疑点不少；况且，调查显示该销售点每期注销票额约占销售额的 13.5%，个中有否蹊跷，是否涉嫌"食票"（欺骗彩民，私吞票款）等等。这些问题只有等待审理后才能查清。因此，尽管原告撤诉，但法院经组成合议庭评议，并提交审委讨论后，还是坚持要继续审理此案，拒绝撤诉请求。2003 年 4 月 18 日，吴川法院正式发出了《民事裁定书》，通知一度达成和解的当事人，因该案涉及偷逃国家税金等问题，不准原告撤回起诉，要求继续开庭审理。"（同上）

益"这样的法律标准，但是却缺乏相应的事实依据，显然不妥。

在王江令离婚撤诉案①中，法院认为，原告在诉讼过程中有隐瞒夫妻共同财产的过错行为，被告在庭审中明确要求与原告离婚，并就主张的夫妻共同财产部分交纳了诉讼费用，实际为被告交纳的财产保全费用，如允许原告撤诉，则不利于保护被告的合法权益。2004 年 10 月 9 日，法院一审判决原、被告离婚。② 从上面可以看到，法院裁定不准撤诉的理由有二：其一，原告在诉讼过程中隐瞒了夫妻共同财产；其二，被告就主张的夫妻共同财产部分交纳了诉讼费用，实际为被告交纳的财产保全费用，如允许原告撤诉，则不利于保护被告的合法权益。可见，根本原因是法院要"保护被告的合法权益"。

然而，法院不准撤诉的理由违背了撤诉的一般理论。通说认为，撤诉不触及争议中的实体权利。但在本案中，法院裁定不准撤诉的两点理由均涉及争议中的实体权利。

十三、混淆撤诉与放弃诉权的区别，把撤诉当做放弃诉权来处理的问题

一位读者在给律师的信中写道：

> 胡某欠了我一笔钱，担保人周某，我到法院起诉了，法院的审判长找我，再三做我的工作，叫我撤回对周某的起诉，我最后答应了，撤诉申请是这样写的"我要求撤回对周某的起诉，不再要求周某承担连带责任"。
>
> 法院裁定同意撤诉后，没想到周某跑了，我又重新起诉了周某，法院驳回了我的诉讼请求，说我的撤诉申请里已经放弃了对周某的权利。当时也是法院的审判长教我这样写的撤诉申请啊，可惜没证据。③

---

① 基本案情是：2004 年 6 月，在北京工作的原告王江令向山东某市法院起诉要求与其妻子离婚。在诉讼过程中，法院依据被告的申请查封了原告在北京的两处房产。后在成年子女的劝说下，原告于 8 月 7 日申请撤诉，但被驳回。（曾献文：《不准原告撤诉：强迫离婚？合法保护？》，载《检察日报》2004 年 10 月 19 日。）

② 曾献文：《不准原告撤诉：强迫离婚？合法保护？》，载《检察日报》2004 年 10 月 19 日。

③ 《被法院规劝撤诉后还能重新起诉吗?》，中国网 2004 年 4 月 29 日。

在本案中，撇开其他因素（如"法院的审判长找我，再三做我的工作，叫我撤回对周某的起诉"，等等），"我"写出了撤诉的申请交给法院，申请书上载明："我要求撤回对周某的起诉，不再要求周某承担连带责任。"根据通说，这可以理解为撤诉，并不意味着其放弃诉权。因为放弃诉权是无条件的单方行为。所谓放弃是对其争议权利（实体权利）的放弃，是行使权利（实体权利）的处分权，无须他方同意或者法院批准。从这个意义上说，在撤诉申请中，"我"并没有放弃诉权。假如"我"放弃诉权的话，还用得着向法院写申请、请求法院同意吗？基于放弃诉权的这一特征，可以认定"我"在撤诉申请中所表示的意思仅仅是撤诉而已。

十四、起诉之后因证据不足而撤诉、收集充分的证据后再起诉的问题

有的当事人于起诉之后因证据不足而撤诉，其目的是为了收集补充更多的证据，进而再提起诉讼。这是诉讼实践中出现的一种新情况。在华纳唱片公司诉钱柜"郭富城 MTV"侵权案①中，华纳已向法院撤诉。但华纳代理人却说："撤诉并不是放弃诉讼行为，相反，在我们获取到新的证据后，将再次提起诉讼。"关于为什么要撤诉后再起诉的问题，华纳代理人告诉记者，是由于调取到新的证据后，却过了诉讼法上规定的举证期，导致新的证据无法提交法庭。所以只好先撤诉，再过十多天后重新提起诉讼。

诚然，撤诉并不消灭诉权，撤诉之后可以重新起诉，这是通说的观点，亦为我国民事诉讼法理论和实践所采纳。因此，这种因证据不足而撤诉、当收集补充更多的证据之后再起诉的行为，不具有滥用诉权的性质。不过，虽然撤诉制度预留了再起诉的机会，但是，法律设置撤诉制度的旨意并非为了再起诉，而是为了尽快结束诉讼，避免因繁琐的诉讼程序增加更多的诉讼成本（包括当事人的诉讼成本和法院的审判资源负担）。从法律经济学的角度而论，撤诉后再起诉，与撤诉后不再起诉相比，只会增加诉讼成本，绝不会

----

①2004 年 11 月 18 日，华纳唱片公司以钱柜公司将其制作的三首郭富城 MTV，以卡拉 OK 形式向观众放映，侵犯了华纳著作权为由，向北京市一中院提起诉讼，要求钱柜立即停止侵权，公开道歉，赔偿华纳每首 MTV 作品 5 万元。据了解，此案争论的焦点在于 MTV 到底是"作品"还是"制品"，如果是音像制品，那么钱柜则不会构成侵权，但如果是唱片公司独创性的作品，唱片公司理所当然就拥有著作权。（《取证时间太长超过举证期 华纳撤诉钱柜暂歇口气》，http：//fm974. tom. com，2004 年 12 月 07 日 11 时 20 分，来源：东方网、《新闻午报》。）

减少。从节约诉讼成本的角度考虑，以起诉为目的的撤诉显然不符合撤诉制度的宗旨。可见，根据我国民事诉讼法及有关司法解释，此种形态的撤诉之目的不违法，不为法律所禁止，但它有违撤诉制度的宗旨，这说明我国撤诉制度存在法律漏洞。

本案是一个罕见的例子，华纳唱片公司公开表达了"撤诉后再起诉"的愿望及原因。而在现实诉讼实践中，人们因证据不足而撤诉，其将来的意图一般不会直截了当地表白，因此难以作出判断，也就难免再次发生此种行为。为了防止或减少此种撤诉行为的发生，节约诉讼成本和司法资源，有必要作出新的法律规定，以弥补法律漏洞。

根据通说，被告提交答辩状之前，原告撤诉不需要经过被告同意。然而，当被告提交答辩状之后，原告撤诉必须经过被告同意。在本案中，华纳唱片公司已经起诉，被告已经提出答辩状。只是在原告调取新证据的阶段，该公司过了诉讼法上规定的举证期，导致新的证据无法提交法庭，所以只好先撤诉。遗憾的是，居然得到了法庭的允许。而按照通说，该公司是无权享受撤诉便利的，因为其撤诉显然对被告不利，故必须经过被告同意，方可撤诉。建议法律规定："当被告作出答辩后，原告撤诉须经被告同意"，这样绝不至于留下上述漏洞，让原告钻空子。

十五、追求较高"调解撤诉率"的问题

在撤诉的司法实践中，法官尤其注重与之相关的司法政策，准确地说，就是近年来各级法院普遍强调所谓"调解撤诉率"，它已经成为衡量法院或法官工作的一个重要考核指标。许多法院为了提高调解撤诉率，将撤诉作为一个解决纠纷的目标，不惜代价予以追求。例如，一则报道写道：

> 上海法院加大诉讼调解力度，使许多社会矛盾和纠纷在第一时间得到化解。（2006 年——笔者注）7 月 27 日举行的市高院新闻发布会透露：今年 1 月至 6 月，全市法院调解撤诉案件达 4.8 万余件。目前，全市每年诉讼调解撤诉率均占审结民事案件的六成左右。①
>
> 由于大部分民事案件特别是婚姻家庭、邻里、物业管理、小额债务

---

① 《第一时间化解矛盾纠纷　上海法院上半年调解撤诉案件 4.8 万余件》，www.sh.gov.cn，2006 - 7 - 28。

和小额损害赔偿案件等，法律关系比较清晰，争议数额较小，上海法院积极开展诉讼调解。各级法院还通过邀请行业协会、医学专家等参与调解，让当事人心服口服地接受调解结果；法院还通过减免诉讼费等举措，引导当事人接受调解、化解纠纷。下半年，上海法院将启动律师参与诉讼调解机制，调动社会资源，共同化解矛盾纠纷，从而进一步降低当事人诉讼成本。[①]

另据统计，2005 年，新疆维吾尔自治区高院调解撤诉民事案件 95 起，创调解撤诉案件数五年来的新高。[②]广东省佛山市中级人民法院民三庭 2004 年 1—7 月审结的 196 件案件中，裁定准许当事人撤诉的为 105 件，占结案数的 53.6%。必须指出的是，绝大多数的撤诉案件是由于在庭审过程中当事人双方达成了庭外和解协议所致（在实质内容上与调解无异），单纯的因当事人举证不能或胜诉无望而撤诉的案件并不多见。[③]

笔者认为，上述做法值得商榷。首先，这种办法已经暴露出一定问题，有违法的嫌疑。本来，减免诉讼费用是一种法律规定的照顾有困难的当事人的措施。《民事诉讼法》第 107 条第 2 款明确规定："当事人交纳诉讼费用确有困难的，可以按照规定向人民法院申请缓交、减交或者免交。"根据该规定，减免诉讼费的前提要件是"当事人交纳诉讼费用确有困难"。在前提要件成立的情况下，由当事人提出申请，法院予以审查和确认。

然而，如果法院"通过减免诉讼费等举措，引导当事人接受调解，化解纠纷"，那就意味着在减免诉讼费的问题上，法院由被动转为主动，当事人则由主动变为被动，意味着这项措施已在实施中走样了。不管当事人有无困难，法院主动减免诉讼费对当事人加以引导，这无论如何都不符合法律规定的精神。如果把邀请行业协会、医学专家、律师等来调解，使"诉讼调解与社会大调解实现无缝对接"，那就完全有可能使法律规定的"自愿合法调解"变成一种变相的强迫调解。

其次，这是一种急功近利的、不稳定的司法政策，旨在实现一种以调解

①　《第一时间化解矛盾纠纷　上海法院上半年调解撤诉案件 4.8 万余件》，www. sh. gov. cn，2006 – 7 – 28。

②　聂勇、沙涛、孙万：《新疆高级人民法院调解撤诉 95 起案件　创 5 年新高》，载《乌鲁木齐晚报》2005 年 12 月 7 日。

③　吕倩雯：《是什么令民三庭案件的调解撤诉率高达 69.4%？》，佛山市中级人民法院网 2004 – 9 – 2 8：18：18。

占主流的法律解决机制。这种注重"调解撤诉率"的司法政策与法院或者法官的经济利益和政治利益具有直接联系。由于我国撤诉制度本身很不完善，缺乏与这种司法政策相抗衡的正常法律手段，因此这种司法政策对法官处理撤诉案件时的影响就更大了。例如，在撤诉实践中，经常出现一些奇怪的现象（如强迫撤诉、诱骗撤诉，或者无理由却不准撤诉、或无理由却任意随撤等），深究其原因，乃是"调解撤诉率"等司法政策直接影响了法官的心理，削弱了其依法办事的观念，扭曲了其正常司法行为。

再次，不利于保持经过几个五年普法规划而初步培养起来的国人的法律信仰，其长期的负面作用不容低估。上面我们已经看到，法院追求"调解撤诉率"的冲动已经成绩斐然。然而在涉外案件中却遭遇到一定困难。一篇文章写道：

> 在涉外案件中，总体来说，案件判决率高，和解率低。上述案件判决率超过40%，明显高于普通知识产权案件30%左右的判决率。这主要与较多外国当事人希望以公开判决的形式获得对讼争事项的法律定性有关；撤诉率为38%，但因和解而撤诉的不超过撤诉案件的30%，大多是因外方缺乏公司主体证明、律师授权手续不完备、未经公证认证等而最终自行撤诉，故实际和解率还是明显低于普通知识产权案件。①

显然外国当事人具有不同于国人的法律追求，即"希望以公开判决的形式获得对讼争事项的法律定性"，外国人要求明确、确定，不喜欢模棱两可，不喜欢灰色的东西。这种追求是坚定的，因为其撤诉的原因，"大多是因外方缺乏公司主体证明、律师授权手续不完备、未经公证认证等"诉讼证据上的"硬伤"。假如能够克服这些"硬伤"，我断定他们不会撤诉。

从这里不难看出，一个有坚定法律追求或者法律信仰的当事人，是不会轻易选择撤诉或者屈从撤诉诱导的。反过来可以说，强调提高"调解撤诉率"，以及为了实现此目的所采用的不当的具体措施，也许能够一时发挥效用，但是从长远来看，它不但不利于培养人们对法律的确定性的追求，反而会使已经有法律信仰但不坚定的那部分人放弃其法律信

---

① 上海第二中级法院：《近年来涉外、涉港澳台知识产权案件情况分析》。上海第二中级法院网 www. shezfy. com/ljfy/gzdt_ view. aspx？ id = 4301，2006 - 03 - 03。

仰。这部分人如系法官，那么，为了追求调解率，他们会失去追求法律真谛的兴趣，甚至扭曲法律，抛弃法律，长期下去会降低他们运用法律的能力。这部分人如系当事人，则会降低他们对法律的信念，"法律无用论"便拥有滋生的土壤。

最后，这种政策的理论渊源是民事诉讼目的的"纠纷解决说"。其提出者是日本学者兼子一。他认为民事诉讼的目的在于解决纠纷。然而，这是一种不完善的、有较大局限性的学说，其科学性从未得到实践检验。正如中村一郎所说的那样："在我国最初倡导纠纷解决说的兼子教授，在战前却是法秩序维持说的积极支持者，由于到了战后法秩序维持说越发不能适应时代的需要，以至于提出了纠纷解决说。但是，兼子教授的纠纷解决说，仅仅在民事诉讼制度目的这一抽象领域进行哲学性、概论性的叙说，而并未涉及诉讼对象论等具体问题（兼子教授的诉讼对象论还是采用旧诉讼标的理论）。三月章教授等的纠纷解决说也仅仅是在诉讼对象论领域加以利用的理论，而并未涉及其他的民事诉讼领域。纠纷解决说之诉讼制度目的只是在与其相符的民事诉讼部分领域加以利用，这也说明在规范出发型的我国民事诉讼制度下，该说不能成为一贯于我国民事诉讼制度的制度目的论。"[①] 因此，未经深入研究和科学分析而引进"纠纷解决说"是不慎重的，以该学说为依据制定的倡导"调解撤诉率"的司法政策是不具有科学性的。

毫无疑问，撤诉可以减轻当事人的诉讼成本。但是，把"调解撤诉率"当做一项考核指标来追求则是另一回事。如前所述，为了提高"调解撤诉率"，某些法院采取法律外的行动，[②] 这就脱离了正常的法律轨道，不符合建立法秩序的目标，容易引起非议。如果能够在法律的框架内采取行动，以达到或者实现较高的撤诉率的目标，就不应当在法律之外寻找办法。事实上，通过法律手段提高撤诉率并非无法实现的梦想，法国的做法就可以供我

---

① ［日］中村一郎：《新民事诉讼法讲义》，第118页。
② 2007年以来有的地方提出了"社会大调解"的口号。这使我回想起过去搞运动的年代。"文革"从1976年结束到现在才30年，喊口号，搞运动，我们对此并不陌生。但是，我们现在所处的时代已经发生了巨大变化，这种搞运动的方式早已过时。我们应当学会用法律手段，而不是采用所谓运动的方式处理法律纠纷。诚然，提高调解撤诉率，确有其好处，例如可以降低当事人的诉讼成本。但应该通过正当的法律途径去争取这样的好处，而绝不是通过类似搞"运动"的方式来实现。尤其是法院以审判为职责，应当以追求法律的确定性作为自己的价值追求，而不应当屈从迎合社会上大众的价值观。

们参考。

《法国新民事诉讼法典》第 396 条规定："如被告并无任何合法理由为依据而不接受原告撤诉，法官得宣告撤诉为完全。"[①] 根据该规定，被告拒绝原告的撤诉，要有合法理由。如果没有合法的理由，或者理由虽然合法但不充分，则法官可作出裁定，准予原告撤回起诉。根据反对解释，假如原告请求撤诉，是不需要"合法理由"的，只要其作出撤诉的意思表示即可，以便促进诉讼的尽快解决。通过这一对比，我们可以推断，法律之所以规定，被告拒绝原告的撤诉请求要有合法根据，显然是为了排除撤诉的阻力，促进诉讼的解决，这表明了法国新民事诉讼法典的一种加速诉讼解决的价值取向。因此，我认为可以借鉴法国的做法，规定被告拒绝原告的撤诉，要提出合法理由。

此外，还可借鉴德国的做法，对二审以上阶段的撤诉，加重其后果的严重性。《德国民事诉讼法》第 515 条规定："……（3）撤回控诉使已提起的控诉失去效力，撤回的当事人应负担因控诉而生的费用。这种效力，以对方当事人的申请，以裁定宣誓之；对方当事人在控诉审未委任诉讼代理人时，申请可以由控诉法院所未许可的律师提出。这种裁定，不经言词辩论为之，对之不得声明不服。"[②] 该条款对撤回控诉的后果等作出了规定。撤回控诉的后果，一是，已经提起的控诉无效；二是，撤回控诉后，不可以重新提起控诉。这与撤回起诉的后果存在根本区别，因为撤回起诉之后，可重新起诉；但是撤回控诉之后，不可重新提起控诉，这意味着提起控诉者之诉权的消灭。明眼人自然可由此看出，当规定了上述后果之后，撤回上诉或者撤回再审之诉，无疑能够提高撤诉率。因此不妨可仿效德国的做法，作出如下规定："撤回上诉使已提起的上诉失去效力，撤回的当事人应负担因上诉而生的费用。这种效力，以裁定宣誓之；这种裁定，不经言词辩论为之，对之不得声明不服。"

大力倡导提高"调解撤诉率"的司法政策，恐怕与人们没有全面而深入地学习和掌握撤诉的基本理论有关。在撤诉的基本理论没有被学术界准确解释和准确引进、撤诉之法律要件没有被法律详细规定或合理规定的情况下，面对数量急剧上升的诉讼案件，实务工作者难免感到束手无策，从而给弹性很强的所谓"调解撤诉率"司法政策提供可发挥作用的空间和时机。这是可以理解的。但是，加强司法政策的作用，必然会排挤撤诉制度的作用

---

① 罗结珍译：《法国新民事诉讼法典》，第 104 页。
② 谢怀拭译：《德意志联邦共和国民事诉讼法》，第 118 页。

空间。在撤诉实践中，法官很容易在我国既有的重调解、轻规则的传统影响下，借助司法政策的推动作用，忽视甚至抛弃有关撤诉的法律制度、抛弃对该制度的精神和本质的追求，久而久之，这种制度便形同虚设，就有可能倒退到过去的"以政策代替法律"的老路上去。这对逐步培育人们（包括法官）的依法治国观念，建立社会主义法治秩序，实现社会主义法治国家，无疑具有十分消极的影响。为了阻止司法政策对撤诉制度的进一步侵蚀以及由此造成的长期负面影响，我们必须认真学习和准确掌握撤诉制度的本质、法律要件以及其他相关理论。在此基础上，尽快地完善我国撤诉制度，只有这样，才能够减弱"调解撤诉率"的司法政策对法官的直接影响，降低法官在撤诉问题上的明显违法的统计概率。

十六、结论

以上对撤诉的理论，尤其是德国、法国、日本和我国澳门特区的撤诉立法，以及我国撤诉立法、司法实践进行了详细考察，发现了不少问题，指出了改进意见。最后对此作一个总结。

首先，必须准确把握撤诉的性质，这是解决与撤诉有关的一切问题的根本出发点。就性质而言，撤诉是原告撤回在诉讼法上的申请的单方法律行为，是原告对法院进行的意思表示。但被告提出答辩状而进入应诉状态后，为保护被告的利益，其撤销行为须经过被告的同意，在这种情形下，不是依原告、被告的合意而使撤诉成立，仅仅是以被告的同意为其效力发生要件。基于这一根本的特征，尽管撤诉是原告在诉讼法上的单方法律行为，但撤诉却不能仅仅因为原告的单方行为而发生效力；同样，尽管撤诉是原告对法院进行的意思表示，但撤诉的生效却以"被告的同意"为条件，因此，撤诉不需要法院进行实体审查，也不需要原告提出合法理由。从撤诉的结案方式来说，中外学说和立法均采用裁定方式，而裁定仅用来解决程序事项的争议。如果法院要对撤诉申请进行实体审查，而对审查的结果却用裁定宣告，这岂不是违背了裁定的功用？如果严格执行关于裁定功能的立法，那么法院对撤诉申请的实体审查岂不是多此一举？只有尊重撤诉的本质和法律规定的要件，才能符合逻辑地解决上述矛盾现象；也只有这样，才能合理地解决撤诉的推定、撤诉的无效和司法实践中采用宣传动员或者强迫方式进行调解等问题。

其次，撤诉与放弃诉讼请求是不同的。撤诉是指当事人从法院撤回审判要求，但并没有放弃权利，这是撤诉的性质使然。而放弃诉讼请求是指原告撤回并放弃向被告提出的诉讼上的请求。具体而言，两者在程序上主要有两个区别：第一，撤诉一旦实施，诉讼从开始之初便属于未起诉，由于没有放弃权利，故有再起诉的可能性；而放弃诉讼请求将产生与原告败诉确定判决相同的效力。第二，本案终局判决作出后，若实施撤诉，不可以继续上诉，但可就同一诉讼再起诉。而放弃诉讼请求决定作出后，由于受既判力的对抗，新诉将被驳回。上述区别更加清楚地显示出撤诉的法律后果。明确了上述差异，便不难解决司法实践中把撤诉当做放弃诉权来处理的问题，以及起诉之后因证据不足而撤诉、收集充分的证据后再起诉的问题。

　　最后，关于我国撤诉的立法建议。本文依据通说，参考德、法、日等国及我国澳门特区立法，结合我国法制现状，提出了若干建议及其理由，均散见于有关细目之尾部。限于篇幅，恕不一一抽出。

第二章 撤回公诉的制度解释和立法完善

一、引言

与起诉、上诉相比，撤诉并不是刑事诉讼的一个必经程序。它只是一种附带诉讼事件，[①] 是诉讼消灭的一种方式。但在诉讼实践中，由于案件纷繁复杂，撤诉的情况时有发生，因而许多国家的刑事诉讼法典均就此加以规定。

我国撤回公诉案件总体上呈现逐年上升趋势。据江苏省宿迁市中级人民法院1997—2003年9月份撤回公诉案件情况的统计，撤诉案件总体上逐年上升。1997年宿迁市共计有撤诉案件39件，1998年有撤诉案件50件，1999年有撤诉案件54件，2000年有撤诉案件53件，2001年有撤诉案件62件，2002年有撤诉案件82件，2003年1—9月份有撤诉案件51件。[②] 据北京市顺义区人民检察院2002—2004年撤案情况的统计，2002年撤案数27件29人，2003年撤案数30件37人，2004年撤案数59件75人。[③] 深圳市检察机关2003—2005年撤回起诉的案件总数为347件，其中2003年是127件，2004年是138件，2005上半年是82件。[④] 从以上资料可以看出，在公诉阶段撤案数量，除个别年份有所下降之外，总体上呈现逐年递增的趋势。另据统计，仅从2001—2005年五年间，全国共计7112余件刑事公诉案件被作撤诉处理，相继

[①] 附带诉讼事件是相对诉讼事件（如起诉、上诉、申诉）而言的。如诉的合并与分离、诉讼中断、诉讼中止、诉讼消灭等，都属于附带诉讼事件。

[②] 刘怀、尚召生：《关于公诉案件撤诉情况的调查分析》，www. chinacourt. org，2003 - 12 -05 16：30：12。

[③] 王立德、李旺城：《透视"撤案"程序危机 提高法律监督能力——对顺义区近三年公诉阶段公安机关撤回案件的实证研究》，www. juristunion. com，2005 - 7 - 27。

[④] 李淼：《深圳市检察机关2003年至2005年上半年期间撤回起诉案件的调查报告》。本文获深圳市第12届检察理论研讨会论文一等奖，深圳检察网2005 - 12 - 26 11：03。

有十余万人曾经被不合法或不合理地送上法庭接受审判而后又撤回起诉。① 撤回公诉的数量如此庞大是不容忽视的问题。

　　然而值得注意的是，我国现行刑事诉讼法典（1996 年）未就撤回公诉作出规定。在司法实践中，为提高公诉案件的质量，最高人民法院和最高人民检察院于 1998 年分别对公诉案件的撤回起诉做了详细规定，② 规定人民检察院可以因为公诉案件的事实、证据有变化而撤回起诉。这一规定实施以来，它对保护诉讼当事人的合法权利、有效配合司法机关的执法活动起到了积极的作用，但也存在不少缺陷，从而给撤回公诉的实践带来了不少困难，并因此遭到诘难。③

　　无论是撤回公诉，还是民事撤诉，都具有撤诉的共通性，都应当符合撤诉的基本理论。然而，由于刑事诉讼自身的特殊性，撤回公诉确有不同于民

----

　　① 郝银钟：《"撤回起诉"现象应予废止》，http：//www. yfzs. gov. cn/ 2006 – 09 – 29 09：23：00。

　　② 是指最高人民法院《关于执行〈中华人民共和国刑事诉讼法〉若干问题的解释》（1998 年 6 月 29 日最高人民法院审判委员会第 989 次会议讨论通过）；最高人民检察院《人民检察院刑事诉讼规则》（1998 年 12 月 16 日最高人民检察院第九届检察委员会第 21 次会议修订）。

　　③ 一种观点认为，"两高"通过司法解释所建立的撤回公诉制度具有违法性。一位作者指出："1996 年刑事诉讼法废除了公诉案件撤回起诉制度，并不是立法上的疏忽，二是其已没有存在的价值。1979 年刑事诉讼法第 108 条、第 109 条规定，人民法院对公诉案件的审查，既包括程序性审查，也包括实体性审查。但法院实际上是将主要精力放在庭外调查和庭前审查上，开庭审理只不过是把在庭前已经得出的结论合法化，这使庭审成为过场。为防止法官先入为主，使庭审流于形式，修改后的刑事诉讼法，将庭前审查限定为程序性审查，使符合开庭审判形式要件的案件都能进入法庭审理，并在庭审中解决案件实体问题。严格体现了控审分离原则，同时也为彻底废止'先定后审'创造了条件。我国将庭前审查限定为程序性审查，也是一种顺应世界庭前审查制度改革趋势的立法选择。有学者为了论证撤回起诉在我国刑事诉讼中的合法地位，列举了世界各国刑事诉讼制度中的有关规定，如日本、德国、我国的台湾地区等，都对撤回起诉的范围、条件、时间作出界定。可他们却忽视了一个根本性的问题，即刑事诉讼法是立法机关制定的法律，立法机关将撤回起诉制度予以废除，说明撤回起诉已不再适应新的诉讼活动……这就是修改后刑事诉讼法废除撤回起诉的立法原意。""事实上，两高的司法解释已经超越了立法规定，将立法机关废除的制度用司法解释的形式重新纳入刑事诉讼轨道，违背了刑事诉讼法'程序法定'原则的基本要求。"（姚侠：《谈谈公诉案件的撤回起诉》，十度论文 2006 – 9 – 27 11：02：08。）另一种观点指出："撤回起诉使被告人由此失去了获得公正审判的机会，直接损害了被告人的诉讼权利和诉讼利益。""撤回起诉实际上是将由于控诉一方的失职所必然导致的司法代价和诉讼风险不公正地转嫁到了被告人一方，被告人往往因此被迫重新回到被调查的诉讼阶段，有的甚至被继续羁押，有的还有可能面临重新被起诉和审判，徒增被告人一方的讼累，而司法的救济功能和权利保障功能则丧失殆尽。""依照法律的效力高于司法解释及国家机关行为必须有法律明文授权的一般原则，一切越权司法解释均应当属于无效解释。显然，在刑事诉讼法没有明确规定的情况下，撤回起诉制度明显属于越权解释，应予废止。"（郝银钟：《"撤回起诉"现象应予废止》，http：// www. yfzs. gov. cn/ 2006 – 09 – 29 09：23：00。）

事撤诉或撤回刑事自诉的特点。我们不仅需要认真研究这些特点，而且需要设计出一套符合这些特点的撤回公诉制度，以便更好地用于司法实践。否则，就可能因撤回公诉的制度缺陷而带来操作不便或操作失误，影响司法公正和妨碍司法效率。因此，探讨撤回公诉的原理和基本制度，对于正确理解和完善我国撤回公诉制度仍具有重要的现实意义。

二、撤回公诉的时间范围

撤回公诉从何时开始到何时终止，是任何一部刑事诉讼法都必须首先回答的问题。对此有两种截然不同的立法例。第一种是判决确定之前准许撤诉，绝大多数国家均采取此立场，如日本、法国、美国、意大利等等。日本刑事诉讼法第257条规定："公诉，可以在作出的一审判决前撤回。"① 根据该规定，公诉人在提起公诉之后，可以在一审判决之前的任何阶段撤回其公诉。这里，所谓"判决前"，根据日本学术界的观点，应该是指判决确定之前，即判决的既判力确定之前。具体来说，包括法院受理案件到作出判决之前的阶段，也包括法院作出判决并宣誓之后，但尚未确定的阶段。②

美国联邦刑事诉讼规则第48条第1款规定："总检察长或联邦检察官经法庭许可可以撤销大陪审团起诉书或者控告书，终止起诉。在审判期间，未经被告人同意，不可以撤销。"第48条第1款规定："如果在向被告人发出检察官起诉书时存在不必要的迟延，或者如果在将被告人交付审判时存在不必要的迟延，法庭可以撤销大陪审团起诉书、检察官起诉书或控告书。"根据上述规定，检察官在判决作出之前（审判前和审判期间），可以撤诉。

我国澳门特区刑事诉讼法的规定与美国相同。第40条第2款规定："如该撤回在侦查期间撤回公诉知悉，则由检察员认可之；如在预审或审判期间知悉，则分别由预审法官或主持审判之法官认可之。"③根据该规定，审判程序开始前的侦查阶段可以撤回公诉，预审阶段和法庭审判阶段也可以撤回公诉。也就是说，直到判决确定之前，都准许撤诉。可见，其撤回公诉的时间

---

① 宋英辉译：《日本刑事诉讼法》，中国政法大学出版社2000年版，第60页。

② 通说认为，在判决确定之前的任何阶段，均可撤诉。中村一郎说，诉在判决确定之前，也就是说从第一审至控诉审和上告审均可实施撤销。（［日］中村一郎著，陈刚、林剑峰、郭美松译：《新民事诉讼法讲义》法律出版社2001年版，第245页。）

③ 中国政法大学澳门研究中心、澳门特区政府法律翻译办公室合编：《澳门刑事诉讼法典》，第148页。

范围就起点而言，比日本还要靠前。

　　另一种是审判程序开始后不准撤诉，此立法模式以德国为代表。《德国刑事诉讼法》第156条规定："审判程序开始后，对公诉不能撤回。"① 一般来说，当检察机关向法院提交公诉书时，意味着审判程序开始。因此，根据第156条规定，在提交公诉书之前，检察机关可以撤回公诉。这是德国与日本式撤诉的明显区别。可见其刑事诉讼法对时间范围的掌握极其严格，反映了刑事公诉的严肃性、庄重性，同时对检察官的办案水平提出了很高的要求。从保障被告人的合法权益的角度来看，刑事公诉不准撤回的立场无疑具有重大的历史进步意义，是刑事公诉的发展方向之一。然而，在我国法制现代化初期，采取这种立场显然不太实际，故仍应继续采用日本式的做法。

　　前已述及，根据德国刑事诉讼法，原则上，审判程序开始后，对公诉不能撤回。但是，在特殊情况下可以撤回诉讼，而且不受审判阶段的限制。所谓"特殊情况"是指对于涉及国家行为和政治原因的特殊案件。《德国刑事诉讼法》第153条c规定："（三）业已起诉的，在前款的一、二项以及第二款情形中，如果启动程序将给联邦德国造成严重的不利情况或者有其他的重大公众利益与追溯相抵触的，检察员可以在程序的任何一个阶段撤回起诉，停止程序。"② 根据上述规定，对于以下两类案件，可以不受审判阶段的限制而撤回诉讼：一是涉及德国国家利益的刑事案件；二是涉及其他的重大公众利益的刑事案件。这体现了国家利益和重大的公共利益至上的原则。

　　《德国刑事诉讼法》第153条d规定，对于政治性质的案件："（三）业已起诉时，在前款所述前提条件下联邦最高检察官可以在程序的任何一个阶段撤回起诉，停止程序。"③ 这条规定确实意味深长，体现了立法者的良苦用心。因为，现代德国的政治是政党政治。各个党派之间既存在共同的利益，又存在不同的各党派自身的利益。政治生活的复杂性说明，运用司法手段，特别是刑事司法手段解决具有政治性质的案件，是不合时宜的，有时是极其危险的。鉴于德国近代和现代史上曾经有过这样的惨痛教训，因此，德国刑事诉讼法严格恪守司法中立的原则，规定了上述条款。这对于保持国家的政治生活的稳定性、政党和政治家的人身安全，都具有极其重要的意义。对于涉及国家行为和政治原因的特殊案件，可以撤回诉讼，且不受审判阶段

---

① 李昌珂译：《德国刑事诉讼法典》，中国政法大学出版社1995年4月版，第78页。
② 同上书，第74页。
③ 同上书，第75页。

的限制，这种立法例在现代各国刑事诉讼法上极为罕见。但笔者认为，在现代政治越来越复杂的今天，立法者应该高瞻远瞩，洞察其精义，为规范司法与政治的关系设定合理的限度。就这个层面来说，德国的上述立法无疑具有一定的参考价值。

我国"两高"的司法解释对何时可以提出撤回起诉的请求未作出明确规定。理论界和司法实务中存在三种不同看法：

一种观点认为，提起公诉之后、法庭辩论结束之前可以撤回公诉。在法庭调查中追诉权尚未得到完全的实现之前，控方提请撤诉，可以得到法庭的许可，但控方在法庭调查阶段充分地出示了在侦查和审查起诉阶段已经获得的合法证据，在法庭调查完毕后申请撤诉将一概不予批准。① 因为"法庭的审查以一审程序中公诉机关是否实现追诉权为标准。在法庭调查中追诉权尚未得到完全的实现之前，控方提请撤诉，可以得到法庭的许可，但控方在法庭调查阶段充分地出示了在侦查和审查起诉阶段已经获得的合法证据，在法庭调查完毕后申请撤诉将一概不予批准，检察机关无权再补充在侦查及审查起诉阶段就应获得的证据去证明侦查、起诉行为的合法性，否则，被告人将遭遇'双重危险'。法官应在法庭辩论后及时就法庭调查中控、辩双方出示，并用经过交叉询问等方式质证的现有合法证据做出权威判决。检察机关在撤诉后就同一被告人的同一行为再行提起公诉将视为非法而不被接受。这是因为，案件一旦进入第一审程序法庭审理阶段，法庭的任务是经过法庭调查、法庭辩论就被告人是否犯罪、犯何罪作准确的判断，而公诉机关所要做的是充分展示证明被告人有罪、罪重、罪轻的证据，印证起诉书指控的罪行，推翻认为被告人无罪的先前假设，达到控制犯罪的诉讼目的。当公诉方所提供的证据不足以证明被告人有罪，或不足以对抗辩方所提供的证明被告人无罪的证据，将承担不利的诉讼后果。法院径直依据无罪推定原则宣告被告人无罪，而不是公诉机关规避法律的撤诉权的启动"。②

另一种观点认为，撤回起诉的时间应当限定在提起公诉后、法院审理前的阶段。"公诉机关未提起诉讼当然谈不上撤诉；法院审理过程中，公诉机关也不得撤回起诉。这是因为案件一旦进入法庭审理程序，检察机关就应积极地提出证据，承担举证责任，通过证明被告人有罪来推翻无罪推定，从而

---

① 贾红、朱锡平：《公诉机关的追诉权应适当限制》，http：//www.dffy.com，2005 - 9 - 10 17：02：32。

② 同上。

达到在法庭上胜诉的目的。如果检察机关以某一理由为名撤回起诉，然后再重新起诉，即意味着案件由审理阶段退回到审查起诉，甚至是侦查阶段，被告人受到的是多次重复的刑事追诉。况且，毕竟在案件起诉到法院之后，法庭所要做的就是通过展开法庭审理活动就起诉书的指控是否成立问题做出权威的法律裁断。特别是检察机关以事实不清、证据不足为由撤回起诉就意味着一个本来应当由法庭按照无罪推定原则判决被告人无罪的案件，无法在法庭上获得权威的法律裁决。从而使被告人的地位、命运一直处于不确定甚至有待判定的状态。而在检察机关提起公诉后审理前的阶段，这时法庭尚未进入案件的实质审理阶段，大多是处于对案件进行程序性的审查阶段。此时检察机关发现某种不应对被告人起诉的或是有其他情况如遗漏罪行和被告人的，可以将案件撤回再行处理。这时的撤回起诉没有侵犯法院的审判权，而是公诉权的正常行使，也是行使起诉裁量权的表现。"①

把撤回公诉的时间限定在提起公诉后法院审理前的阶段，与德国的做法比较接近②，但考虑问题过于简单，难以切合实际。事实上，我国撤回公诉的原因很多，例如，由于办案人员对案件的审查和判断能力不足，难以严格把好起诉关；由于审判人员和检察人员对案件事实和证据的认识不一致，导致审判人员在审理过程中建议撤诉；由于办案人员不能够预料或控制的因素，如案件证据在审判阶段发生明显变化，或是管辖异议，或是延长审理期限等而导致撤诉。③上述问题在提起公诉后法院审理前的阶段，往往发现不了，因而检察官不可能提出撤诉申请。

第三种观点认为，"检察院提出撤回起诉的时间应在法院一审开庭之后判决之前，因为经过法庭调查和质证这一环节，检察院可以更加全面判断案件的事实和证据"④。这种观点在司法实践中居多数，⑤ 其法律依据是最高人民法院《关于执行〈中华人民共和国刑事诉讼法〉若干问题的解释》第

---

① 林志标：《建议修改公诉案件撤回起诉时间范围》，载《法制日报》2006年8月21日。

② 德国刑事诉讼法规定，提起公诉后，不得撤回。而这里的观点是，提起公诉之后到法院审理之前，还有一段时间，这段时间可以撤回公诉。由此可以看出其中的差别。

③ 李淼：《深圳市检察机关2003年至2005年上半年期间撤回起诉案件的调查报告》。

④ 同上。

⑤ 据深圳市检察院统计，撤回起诉的环节多在一审开庭审理之后和判决之前，这类案件占所有撤诉案件的97%以上。这主要是因为法院没有退回补充侦查权，一般情况下对于证据不足、事实不清的案件采取建议延期审理或是撤回起诉的方式，而经过一审撤回起诉的案件，经过处理一般不会在二审或再审期间出现类似的问题。（李淼：《深圳市检察机关2003年至2005年上半年期间撤回起诉案件的调查报告》。）

177 条的规定，与日本等国家的做法是一致的，比较合乎我国撤回公诉的运作情况。

我国司法实践中还存在一个与撤回公诉相关的、《撤回起诉决定书》何时生效的问题，是以检察委员会作出决定、办案人员制作好的《撤回起诉决定书》为生效时间，还是以人民法院作出准许的裁定为生效时间？有的同志认为，既然法律规定了法院具有是否准许撤回起诉的裁定权，那么就应当以裁定结果生效之日起计算时效，即撤回起诉决定书生效的时间应以人民法院裁定是否准许撤回起诉时间为生效时间。检察院《撤回起诉决定书》送到法院后，法院经审查如果裁定不准许撤回起诉，应按照一审程序正常进行；如果裁定准许撤回起诉，制作裁定书，送达被告人，一审程序暂时中止。撤回起诉后，检察院的办案期限应从收到法院裁定之日起算。① 诚然，这种解释是具有说服力的。不过，这反映了一个矛盾的问题：撤回公诉是以法院的准许撤回起诉的裁定为准，还是以人民检察院的撤回起诉决定书为准？上述有关撤回起诉决定书生效时间的解释，显然是以法院的准许撤回起诉的裁定为前提的。既然如此，撤回公诉的生效时间应当以法院的准许撤回起诉的裁定生效时间为准。

三、撤回公诉的方式

撤回公诉须采用书面方式，是各国的一致立场。日本最高法院制定的《刑事诉讼规则》第 168 条规定："撤回公诉，应当以记载理由的书面提出。"② 根据该规定，撤回公诉必须用书面方式提出，并且要在书面文件上记载撤回公诉的理由。如果仅以书面方式撤回公诉而缺乏撤诉理由或者撤诉理由不充分，都是不允许的。③

另外，根据日本刑事诉讼法第 360 条规定，公诉方撤诉须经过被告同意，而被告的同意要采用书面方式，而不是口头同意的方式。其目的在于防止被告反悔。根据文义解释和刑事公诉的严重性，如果检察官、被告人或者第 352 条规定的人撤回上诉，同样需要采用书面方式，而不能采用口头方式，同时也必须将其意思表示向法官作出。这一点与放弃上诉是一样的。根

---

① 李淼：《深圳市检察机关 2003 年至 2005 年上半年期间撤回起诉案件的调查报告》。
② 宋英辉译：《日本刑事诉讼法》，第 166 页。
③ 同上书，第 77 页。

据日本刑事诉讼法第 360 条第 3 款的规定，无论何人，其"放弃上诉的声明，应当以书面提出"。

撤回公诉必须采用书面方式，而不是书面方式和口头方式并用，这说明刑事公诉的撤回比民事诉讼的撤回在形式上要求更加严格，这是完全必要的。

四、撤回公诉的后果

撤回公诉后是否可以重新起诉，是一个争议较大的问题。通说认为，撤诉具有终止诉讼程序的效果，但并未消灭诉权。因此，撤诉后还可以重新起诉。多数国家在撤回公诉后是否可以重新起诉的问题上，基本遵从通说，但是在具体规定和严格程度上并不完全一致。

《意大利刑事诉讼法》第 380 条第 3 款规定："如果属于告诉才追诉的犯罪，只有当提出告诉，包括向在现场的司法警官或警员提出口头告诉时，才执行当场逮捕。如果享有告诉权的人宣布撤回告诉，则将被逮捕人立即释放。"[①] 根据该规定，所谓撤回告诉的主体是指享有告诉权的人。在一种属于"告诉乃追诉"的犯罪类型中，且已经执行当场逮捕的情况下，如果享有告诉权的人宣布撤回告诉，则将被逮捕人立即释放。就是说，撤回告诉的后果是，立即释放被逮捕者。这里虽然没有明确规定终止诉讼程序，但我们从"如果享有告诉权的人宣布撤回告诉，则将被逮捕人立即释放"的条文可以推出这个结论，因为"将被逮捕人立即释放"是"终止诉讼程序"的合乎逻辑的必然结果。此外，美国联邦刑事诉讼规则第 48 条第 1 款规定，撤诉后立即终止起诉程序。我国澳门刑事诉讼法第 40 条第 1 款规定，检察官撤回告诉或自诉后，立即终止诉讼程序。

与意大利、美国和我国澳门特区等较简略的规定相比，日本的规定不仅严格，而且较为详细，值得仿效。根据日本刑事诉讼法的规定，撤回公诉后一般不可以再起诉，除非又发现了有关犯罪事实的重要证据[②]。日本刑事诉讼法第 340 条规定："因撤回公诉而作出的公诉不受理的裁定已经确定时，以在撤回公诉后对犯罪事实重新发现重要证据时为限，可以就同一案件再提

---

① 黄风译：《意大利刑事诉讼法典》，中国政法大学出版社 1994 年版，第 135 页。

② 显然，这种证据不仅与犯罪事实有关，且是新的、重要的证据。

起公诉。"① 根据该规定，撤回公诉后可以再起诉，但是这必须满足两项条件：第一，因撤回公诉而作出的公诉不受理的裁定已经确定。如果该裁定尚未作出，或者作出之后尚未生效，那么都不可以重新起诉；第二，撤回公诉后又发现了有关犯罪事实的重要证据。日本刑事诉讼法要求发现了有关犯罪事实的重要证据，作为撤回公诉之后再起诉的要件，这是比较特殊的，它反映了刑事诉讼与民事诉讼的重要区别。实际上这是对公诉的一条重要限制，反过来可以解释为对犯罪嫌疑人的一种强制性保护。在民事诉讼中，一般说来撤诉后都可以再起诉，无论是否发现了与案件有关的新的重要证据，这是基本原则，而这也符合民事诉讼中当事人意思自治的要求。

我国《刑事诉讼法若干问题的解释》第117条规定："……（四）依照本解释第176条规定，人民法院裁定准许人民检察院撤诉的案件，没有新的事实、证据，人民检察院重新起诉的，人民法院不予受理；……"根据该规定，撤诉的法律后果是，没有新的事实或者新的证据不得再行起诉，重新起诉的人民法院不予受理。具体来说，第一，撤诉后，应当终止诉讼程序；第二，撤诉后，允许检察院重新起诉，但条件是要有新的事实和证据；第三，如果没有新的事实、证据，人民检察院重新起诉的，人民法院作出不予受理的裁定。

表面看来，该规定所包含的内容与日本的撤回公诉制度基本一致，但实际上存在重要差异。第一，日本刑事诉讼法规定，撤回公诉后又发现了有关犯罪事实的重要证据，是再起诉的要件之一。显然，这种证据不仅与犯罪事实有关，且是新的、重要的证据。反观我国《刑事诉讼法若干问题的解释》第117条的规定，它虽然要求有新的证据，但不一定是"重要证据"。也就是说，这个新的证据可能是"重要的"，也可能是"不重要的"。同样，它虽然要求有新的事实，但不一定是"重要事实"。也就是说，这个新的事实可能是"重要的事实"，也可能是"不重要的或者一般的事实"。由于对新的事实和证据的范围不作出严格限定，首先会导致不同司法人员或不同司法机关对此作出不一致的解释，甚至是任意的解释，这不符合刑事诉讼的法定原则和严格性要求。例如在司法实践中，公诉机关作出撤诉决定采用的是填充式的格式文书，理由是固定语式，一律表述为"事实、证据发生变化"。② 这里所谓"事实"、"证据"都没有作出限定，既然如此，就无法避免对此

---

① 宋英辉译：《日本刑事诉讼法》，第78页。
② 《也谈公诉机关的撤诉》，学习资料网 2006 – 4 – 11 02：28：18。

作出任意解释。其次，可能导致司法人员在审查哪些案件可以再次起诉时，对"新的事实和证据"的条件不好严格把握，从而使应该再起诉的案件不再起诉，而不应该再起诉的案件却又再次起诉。这样必然带来一些消极后果。因此，应该将所谓"新的事实和证据"限定为"重要的"事实和证据。

第二，根据日本刑事诉讼法的规定，因撤回公诉而作出的公诉不受理的裁定已经确定，是可以再起诉的要件之一。这里，所谓"公诉不受理的裁定已经确定"包含如下几层意思：其一，法院对于撤回公诉的行为，要作出公诉不受理的裁定。其二，该裁定可以依法提起上诉。其三，该裁定在法定期间已经确定。所谓确定是指，该裁定作出之后，非经法定程序不得随意更改；更改该裁定的有效的法定途径应该是上诉，只有通过上诉审法院才有可能更改；不上诉或者上诉法院维持原裁定，就意味着该裁定被确定。反观我国《刑事诉讼法若干问题的解释》第 117 条，却没有类似的规定。可以说这是一项严重的欠缺。因为没有这样的规定，所以，法院可以不作出不受理的裁定；既然不作出裁定，有关当事人便无法提起上诉，从而其上诉权被剥夺；既然可以不作出不受理的裁定，公诉方就可以随意撤诉，而不受到法院的限制。

第三，我国最高法院的司法解释没有明确作出"撤诉后应当终止诉讼程序"的规定。这样就造成了混乱局面。因为"撤诉的法律效力不明确，诉讼难以终结"。有的同志痛心地写道：

> 　　司法审判都应该有一个终结的结论，没有结论的审判是不公正的，也是没有存在的价值的。既然撤诉的条件是"不存在犯罪事实、犯罪事实并非被告人所为或者不应当追究被告人刑事责任"，因此，撤诉的法律效力是终止诉讼。由于法律没有明确规定撤诉的效力，实践中检察机关往往将撤诉作为其办错案件的"退路"，或者是无法避免无罪判决，而与法院妥协的选择。如提起公诉开庭审理后，法院认为被告人无罪的，检察院为了顾及面子而撤诉。但是问题在于撤诉后并没有终止诉讼，有的是退回补充侦查，有的是以罪轻作出不起诉决定，有的是随意改变管辖使案件又进入新一轮诉讼程序，有的是改变罪名又重新起诉等等。这不仅严重削弱审判的权威性，而且大大有损于法律的严肃性。[①]

---

① 　陈德明：《刑事公诉案件撤诉程序存在的问题与立法完善》。

　　笔者认为，从保障被告人的诉讼权利，维护国家检察和审判秩序出发，可以借鉴日本刑事诉讼法对撤回公诉的后果作出如下规定：撤诉后应当终止诉讼程序。撤回公诉后再起诉的条件是：发现了新的重要的犯罪事实和证据；公诉不受理的裁定已经确定。

五、撤回公诉须有理由

　　撤回公诉须有理由，这是撤回公诉的一大特征，也是它与民事撤诉的一项重大差别。后者一般不需要附有理由。这种区别反映了法条背后价值观的根本差别。在现代社会，对某个具有行为能力和责任能力的自然人，被指控其犯有刑事罪，这是十分严重的和不名誉的事情。被指控者除了人身自由受到限制，其精神上也会遭受创伤，甚至导致终生无法弥补的损害。因此，不到万不得已，是不能提起刑事诉讼的。撤诉是指检察官在提起刑事诉讼之后，由于某种法定的原因而撤回起诉。根据一般理论，撤诉并不能消灭公诉权，一旦有了更加可靠的犯罪证据，检察机关是有权再提起公诉的。因此，从撤诉后到再起诉的这一段期间，撤诉有可能像一支"达摩克利斯"剑一样，始终悬在被指控者的头上，就像一道魔影挥之不去，首先会给被指控者造成严重的精神损害，这是必须考虑的问题。为了尽可能减少这种损害，必需要求检察官提出理由，避免被指控人遭受这种长期的精神损害。与此不同，在民事撤诉中，当事人双方是完全对等的。一方的诉讼投入通常不会增加另一方的诉讼投入。民事撤诉的法律规定着眼于快速解决纠纷，减少诉讼成本。因此，当事人申请不需要理由。

　　公诉方撤诉必须有正当理由，有的国家对此作出明确规定。日本最高法院制定的《刑事诉讼规则》第 168 条规定："撤回公诉，应当以记载理由的书面提出。"[①] 根据该规定，撤回公诉必须在书面文件上记载撤回公诉的理由。缺乏撤诉的理由或者撤诉理由不充分，都是不允许的。

　　美国刑事诉讼规则对公诉方撤诉是否需有理由未作出规定，但是美国刑事审判实践对此作出了回答。在美国刑事审判实践中，受指控方要求检察官撤诉必须有正当理由。2004 年 7 月，中国天津籍女子赵燕到美国洽商，在水牛城无故遭到海关警员洛德斯的野蛮殴打，身上多处受伤，此案当时在美

---

① 宋英辉译：《日本刑事诉讼法》，第 166 页。

国造成轰动。在该案件中，2005 年 2 月 11 日，被告人洛德斯以同性恋受歧视为由要求撤诉，被告提出的动议已遭法官否决。法官认为，洛德斯遭逮捕时，办案人员并不知道他是同性恋者，所以没有歧视他的理由。法官否决被告的动议，意味洛德斯必须找出证明自己确实受到歧视的证据，才能进一步反驳法庭的决定。在刑事诉讼中，撤诉必须有正当理由。这与民事诉讼中的撤诉是有很大区别的。民事诉讼中，撤诉不存在严格限制，特别是撤诉的理由限制。① 从上述案例不难作出这样的推断：公诉方撤诉也须有理由。因为受指控方要求检察官撤诉，可视为检察官被动撤诉，而公诉方撤诉则是检察官主动撤诉，两者的性质是完全相同的。既然被动撤诉要有理由，主动撤诉同样也应当要有理由。

我国《刑事诉讼法若干问题的解释》第 177 条规定："在宣告判决前，人民检察院要求撤回起诉的，人民法院应当审查人民检察院撤回起诉的理由，并作出是否准许的裁定。"可见，在撤回公诉须有理由上，我国与日本、美国持一致的立场，应予以肯定。

撤诉理由应当合法、具体、明确。最高人民检察院《人民检察院刑事诉讼规则》第 351 条规定："发现不存在犯罪事实，犯罪事实并非被告人所为或者不应当追究被告人刑事责任的，可以要求撤回起诉。"可见，该条规定所述的三种情形是公诉机关撤诉理由的具体分解。但实践中，检察机关撤诉的理由往往表述为"因案件事实、证据有变化"。实践中，公诉机关作出撤诉决定采用的是填充式的格式文书，理由是固定语式，一律表述为"事实、证据发生变化"，只需填写上具体案由即可。这种理由不仅不符合最高人民检察院《人民检察院刑事诉讼规则》第 351 条规定，而且十分抽象、笼统。② 在司法实践中，证据变化而导致案件事实发生转变，这是撤回起诉案件原因最多的一项。有的案件起诉到法院后，由于公安机关抓获同案犯，法院认为并案处理更有利于定罪量刑，因而建议检察机关撤回起诉。有的案件由于被告人在取保候审期间潜逃，没有按时到庭接受审判而引起撤回起诉。还有些案件是关于犯罪嫌疑人的年龄不确定而导致案件证据发生变化等。③ 但是，"证据变化"并不是撤回公诉的唯一原因。根据《深圳市检察

---

① 齐跃斌：《美国法官证实已驳回殴打赵燕的美警员撤诉请求》，中安网 2005 - 02 - 12 10：27。

② 陈德明：《刑事公诉案件撤诉程序存在的问题与立法完善》。

③ 李淼：《深圳市检察机关 2003 年至 2005 年上半年期间撤回起诉案件的调查报告》。

机关2003年至2005年上半年期间撤回起诉案件的调查报告》，该市市、区两级检察院因证据问题而撤回起诉的案件基本上占据了所有撤诉案件的大部分，主要表现为证据不足。证据不足发生的时间有时也不可预料，有的在审查起诉阶段就存在，有的是案件起诉后证据发生变化，如被告人翻供、证人翻证、需要对伤情作重新鉴定、需要对犯罪数额重新认定等。[①] 可见，格式化的撤回公诉理由是有局限性的。在有的案件中，不仅撤诉的理由含糊不清，撤诉后竟又作出有罪认定，不仅违反法律规定，而且掩盖了错案，违背了法律的正义。[②]

六、法院对撤回公诉的准许权和审查权

日本、意大利和我国澳门特区均规定，对于检察官撤回公诉的请求，法院要进行审查，看其他诉讼参与人是否有异议，是否有不同意撤回起诉的情况，因为撤回起诉可能引起检察官与被告人或被害人的诉讼利益冲突。法院对撤回公诉的审查具有重要意义，一方面可以避免检察官与被告人或被害人的诉讼利益冲突，另一方面可以防止侦查机关和检察机关将撤回起诉作为逃避错案追究的护身符。

《日本刑事诉讼法》第312条规定，法院应当就检察官提出的准许追加、撤回或者变更的请求进行认真审查，如果认为合理即给予认可；否则便予以拒绝。

与日本相比，意大利对法院的审查权和允许权的规定十分详细，具有明显的可操作性。第一，如果法官接受撤销案件的要求，他将作出命令（附理由）并将有关文书退给公诉人。第二，如果法官不接受撤案要求，他将确定讨论的日期，并通知公诉人、被调查人和犯罪被害人。有关程序依照意大利刑事诉讼法第127条的规定进行。在讨论日之前，文书储存在法官的文书室。法官还将合议讨论的日期通知驻上诉法院的检察长。第三，在进行讨论后，如果法官认为需要进一步的侦查，他以裁定的形式告知公诉人，为实施新的侦查活动确定必要的期限。第四，当法官不接受撤销案件的要求时，裁定公诉人应在10日内提出指控。在提出指控后的两日内，法官以命令的形式确定初步庭审的时间。在可适用的范围内，遵守第418条和第419条的

---

① 李森：《深圳市检察机关2003年至2005年上半年期间撤回起诉案件的调查报告》。

② 陈德明：《刑事公诉案件撤诉程序存在的问题与立法完善》。

规定。第五，只有在第 127 条第 5 款规定的无效情况下，才能针对撤销案件的裁定向最高法院上诉。[①]

《澳门刑事诉讼法典》第 40 条规定："一、在第 38 条及第 39 条所指之情况下，检察院在诉讼程序中之参与随告诉或自诉之撤回被认可而终止。二、如该撤回在侦查期间知悉，则由检察员认可之；如在预审或审判期间知悉，则分别由预审法官或主持审判之法官认可之。三、如该撤回系在预审或审判期间知悉，则有权限作出认可之法官须通知嫌犯，以便其于三日内，在无须说明理由下，声明是否反对撤回；不作出声明等同于不反对撤回。"[②] 上述条款规定了检察官在撤诉中的地位、撤诉的认可权、撤诉的后果等问题，具体来说，第一，检察官在撤诉中的地位。在我国澳门特区刑事诉讼中，诉的撤回分为告诉的撤回和自诉的撤回。然而，这种区别似乎没有意义，因为，无论告诉或者自诉，检察官都有权参与，而且检察官是作为撤诉的主体进行活动的。第二，撤诉的认可权。在我国澳门特区刑事诉讼中，撤诉可分为三个阶段：一是侦查阶段，二是预审阶段，三是审判阶段。认可权相应地分别属于检察官、预审法官和法官。如该诉的撤回在侦查期间知悉，则由检察员认可之；如在预审或审判期间知悉，则分别由预审法官或主持审判的法官认可之。第三，嫌疑犯的知情权。关于告诉或者自诉的撤回决定要通知嫌疑犯。如该撤回系在预审或审判期间知悉，则有权限作出认可之法官须通知嫌犯，以便其于三日内，在无须说明理由的情况下，声明是否反对撤回；不作出声明等同于不反对撤回。

与日本、意大利以及我国澳门特区一样，我国法院亦享有对撤回公诉的审查权和决定权。《最高人民法院司法解释》第 177 条规定："在宣告判决前，人民检察院要求撤回起诉的人民法院应当审查检察院撤回起诉的理由，并作出是

---

① 黄风译：《意大利刑事诉讼法典》，第 146 页。《意大利刑事诉讼法》第 409 条规定："1. 除根据第 410 条规定提出异议的情况外，如果法官接受撤销案件的要求，他宣告附理由的命令并将有关文书退给公诉人。2. 如果法官不接受撤案要求，他确定合议讨论的日期，并通知公诉人、被调查人和犯罪被害人。有关程序依照第 127 条的规定进行。在讨论日之前，文书储存在法官的文书室。3. 法官还将合议讨论的日期通知驻上诉法院的检察长。在进行讨论后，如果法官认为需要进一步的侦查，他以裁定的形式告知公诉人，为实施新的侦查活动确定必要的期限。4. 除第 4 款规定的情况外，当法官不接受撤销案件的要求时，裁定公诉人应在 10 日内提出指控。在提出指控后的两日内，法官以命令的形式确定初步庭审的时间。在可适用的范围内，遵守第 418 条和第 419 条的规定。5. 只有在第 127 条第 5 款规定的无效情况下，才能针对撤销案件的裁定向最高法院上诉。"

② 中国政法大学澳门研究中心、澳门特区政府法律翻译办公室合编：《澳门刑事诉讼法典》，第 148 页。

否准许的裁定。"第 241 条规定:"检察院在抗诉期限内撤回抗诉的,第一审法院不再向上一级法院移送案件;如果是在抗诉期满后二审法院宣告裁判前撤回抗诉的,二审法院可以裁定准许,并通知一审法院和当事人。"

然而问题在于,法院是否切实履行了自己的审查权。事实上,在我国撤回公诉实践中,法院对公诉案件撤诉的干预形同虚设,怎样干预没有明确的规定,也无具体的操作程序。实践中,检察机关一提出撤诉,人民法院一般均作出准许撤诉的裁定。由于法院对撤诉案件审查把关不严,导致检察机关滥用撤诉权,主要体现在两方面:一是撤诉案件中许多撤诉理由不合法,但仍被准许撤诉。经统计,1997—2003 年 9 月,江苏省宿迁市法院所有撤诉案件的撤诉函均是制式的,撤诉理由均是"因事实、证据有变化",但这一理由过于笼统、含混,导致一些实质上不合法的理由成为案件撤诉的实质性依据,此类情形占到撤诉案件的 20% 左右。① 二是从不准许撤诉的绝对数量看,1997—2003 年 9 月,江苏省宿迁市中级人民法院共有 391 件撤诉案件,其中仅有一起强奸案公诉机关撤诉后,法院裁定不准撤诉。②

不准撤诉的案件数占撤诉案件总数的比例极低,至少可以说明法院的审查职能形同虚设。1996 年修订后的刑事诉讼法改变了以往法院、法官职权主义浓厚的形象,突出了法院、法官居中裁判的地位和公正的形象。但在司法实践中,法院、法官的传统角色定位没有及时转变,没有确立法院、法官居中裁判的角色认识和定位,仍停留在原来那种只强调与公诉机关、公诉人协调、配合,联手打击犯罪,忽视相互制约的基础上,因而导致在审判中不讲原则地一味迁就撤诉,不管撤诉理由是否合法,大多裁定准许撤诉。这种做法具有明显的副作用:其一,不可能体现法官居中裁判地位和司法公正。如对于无罪的被告人没有依法作出无罪判决,必然使人们怀疑审判的权威性。③ 其二,助长了检察机关滥用撤诉权,降低了办案质量的责任心,无形

---

① 刘怀、尚召生:《关于公诉案件撤诉情况的调查分析》,www.chinacourt.org,2003 - 12 - 05 16:30:12。

② 同上。

③ 有的同志指出,在我国撤诉实践中,检、法两家由于同属国家机关性质,基于打击犯罪共同理念,倾向于站在同一立场考虑问题。在撤诉的处理上,双方一般采取合作的方式,即法院经开庭审理后,认为事实、证据有重大缺陷,可能宣告无罪;会向检察机关提出意见和看法,指明其可能面对的不利局面,检察机关通常会和法院交换意见,然后决定是否撤诉。这样,撤诉往往是两家协商、讨论的产物,而且法院事实上扮演了启动撤诉的角色。应当看到,这种做法混淆了控、审职责分工,有违法院的中立性原则,是不可取的。(《也谈公诉机关的撤诉》,学习资料网 2006 - 4 - 11 02:28:18。)

中将撤诉作为检察机关的一条"退路"。这种做法本身在一定程度上是对侦查取证、审查起诉过程中违法行为的默认和纵容，会给侦查人员、检察员造成潜在的心理认识误区，即侦查取证马虎一点、审查起诉粗心一点无所谓，抱着"试试看"的心理，将案件移送或起诉，能行就行，不行就撤回。其三，对于提高侦查、审查起诉水平极为不利，会导致部分人员不注重业务学习，制约着侦查、起诉水平的提高。① 其四，使人们怀疑撤诉的正当性，人们会认为它是法院与检察院之间的一种不正当"交易"，是照顾检察机关的"面子"。其五，直接侵犯了被关押被告人的人权，因为撤诉后的继续关押没有法律依据。在司法实践中，撤诉后在押的被告人往往是继续关押一段时间，直至采取取保候审或作出不起诉决定后才予以释放。② 这不仅剥夺了犯罪嫌疑人救济权和求偿权，也导致了检察机关监督权和公安机关个案复议、复核权的丧失，使得个案处理在公正性和权利保障方面的危险性增加。

因此，法院应当加强对撤回公诉的职权干预。在检察机关撤回起诉时，当检察机关和被告人、被害人之间出现意见分歧时，法院作为一个中立的裁判者有责任在衡量、协调各方利益的基础上作出裁决。法院要分别听取被告人和被害人的意见，但这种审查完全是程序上的审查，不涉及实体内容，对被告人是否应承担刑事责任以及被害人是否受到犯罪行为的侵犯，法院均不予以考虑。法院审查后，如果被告人、被害人对撤诉没有异议，应当裁定准许撤诉；如果被告人或被害人不同意撤诉的，法院应当裁定不准许撤诉。③

七、撤回公诉的结案方式

撤回公诉一般采用裁定方式。如《日本刑事诉讼法》第 339 条规定，撤回公诉时，法院应当通过裁定的方式宣告公诉不受理。④

根据通说，对于准许撤回公诉的裁定，如果被告人不服，应该允许其上诉。首先，对判决和裁定的上诉权是被告人的基本诉讼权利，法律对准许撤诉裁定的上诉没有例外规定，只应理解为其上诉权已涵盖了这种诉讼情形，而不宜推定其不享有上诉权。其次，被告人上诉权和实体权益存在一定关

---

① 刘怀、尚召生：《关于公诉案件撤诉情况的调查分析》，www. chinacourt. org，2003 – 12 – 05 16：30：12。
② 陈德明：《刑事公诉案件撤诉程序存在的问题与立法完善》。
③ 姚侠：《谈谈公诉案件的撤回起诉》，十度论文，2006 – 9 – 27 11：02：08。
④ 宋英辉译：《日本刑事诉讼法》，第 77 页。

系。当案件事实清楚，证据充分，有可能判决无罪，或者经补充侦查后证据依然不足，同样可能宣告无罪时，法院却可能因为配合意识，对撤诉理由疏于审查，对撤诉申请一应准许。这样，被告人期望法院对其名誉和人身权利的及时救济，就被中断和延宕，如果被告人不享有上诉权，就不能通过二审纠正一审可能存在的失误，从而丧失争取自身实体权利救济的主动性、及时性。①

八、撤回公诉须经过对方当事人同意

在现代刑事诉讼中，检察官撤回公诉要经过对方当事人同意，这是诉讼中两造平等的必然要求。如德国刑事诉讼法第303条规定，对于法律救济案件来说，在审判开始后，检察院要撤回诉讼时，须经对方当事人同意。② 美国联邦刑事诉讼规则第48条第1款规定，撤诉的要件包括四个方面：一是审判期间撤诉，必须经过被告同意。根据相反解释，审判前撤诉可不必经被告同意。二是撤诉的申请一般须经检察官提出，而不是法官提出。只有在特殊情况下，即公诉人在向被告人发出检察官起诉书时存在不必要的迟延，或者如果在将被告人交付审判时存在不必要的迟延，法庭才可以撤销诉讼。三是须经法庭许可。四是撤诉必须有正当理由。日本刑事诉讼法第360条规定，公诉方撤诉须经过被告同意，而被告的同意要采用书面方式，而不是口头同意的方式。其目的在于防止被告反悔。《日本刑事诉讼法》第360条规定："第353条或者第354条规定的人，经被告人书面同意后，可以放弃或者撤回上诉。"③ 根据该条规定，对于被告人的法定代理人或者保佐人，以及在已经告知羁押理由时曾经提出该项告知请求的人，这些人撤回上诉必须具备两个要件：一是被告人主观上表示同意；二是被告的同意要采用书面方式，而不是口头同意的方式。

关于检察官撤回公诉是否须经过对方当事人同意，我国最高法院的司法解释未作出任何规定。在司法实践中，检察官撤回公诉通常不经过对方当事人同意。这就孕育着侵害犯罪嫌疑人和被告人的诉讼权益的危险。从理论上讲，检察机关撤回公诉意味着国家对被告人追诉活动的终止，被告人可以避

---

① 《也谈公诉机关的撤诉》，学习资料网 2006 - 4 - 11 02：28：18。
② 李昌珂译：《德国刑事诉讼法典》，第117页。
③ 宋英辉译：《日本刑事诉讼法》，第82页。

免因审判结果的不确定性而可能对其错误定罪的风险。这显然有利于被告人。但也存在例外情况。如刑事诉讼法第 15 条的六种情形中，第 2 项"犯罪已过追诉时效的"，要注意到这是在已经构成了犯罪的前提下免于刑事责任的，即对此人已经作了有罪的法律评价。倘若被告人认为自己根本就是无辜的，没有任何违法犯罪行为而是被错误起诉，那么，为了彻底洗清自己的冤屈，被告人就会坚持要求接受法院审判，希望通过公开、公正的法庭审判，通过法院的最终无罪判决来证明自身的清白。被告人的异议是客观存在但却是最容易被忽视的，少数检察机关甚至是法院错误地理解和利用手中的权力，在一审程序中检察机关在案件证据不足、胜诉无望的情况下提出撤回起诉的要求，法院经常以裁定的方式予以准许，根本不会考虑被告人的利益，而在检察机关对同一被告人的同一行为再次提起公诉时，法院也会轻易地予以接受。在这里，提起重复追诉的尽管不是法院，而是检察机关，但法院本身却成为检察机关任意实施重复追诉的协助者，同时撤回起诉就成为逃脱错案追究的托词，成为逃避错案追究的护身符。①

九、检察官的迅速告知义务

《日本刑事诉讼法》对检察官的迅速告知义务作出了详细的规定。第259 条规定："检察官对案件作出不提起公诉的处分时，如果被疑人提出请求，应当迅速告知不起诉的旨意。"② 第 260 条规定："检察官对经告诉、告发或者请求的案件，在作出提起公诉或者不提起公诉的处分时，应当迅速将其旨意通知告诉人、告发人或者请求人。在撤回公诉或者将案件移送其他检察厅的检察官时，亦同。"③第 261 条规定："检察官对经告诉、告发或者请求的案件，在作出不提起公诉的处分时，如果告诉人、告发人或者请求人提出请求，应当迅速告知告诉人、告发人或者请求人不提起公诉的理由。"④第 312 条规定："法院在检察官提出请求时，以不妨碍公诉事实的同一性为限，应当准许追加、撤回或者变更记载于起诉书的诉因或者罚条。"（第 1款）"法院在已经追加、撤回或者变更诉因或者罚条时，应当迅速将追加、

---

① 姚侠：《谈谈公诉案件的撤回起诉》，十度论文，2006 - 9 - 27 11：02：08。
② 宋英辉译：《日本刑事诉讼法》，第 60 页。
③ 同上。
④ 同上。

撤回或者变更的部分通知被告人。"（第 3 款）①

从上面可以看到，日本立法机关非常重视用法律的手段，抑制检察官可能滥用职权进行拖延，要求他们尊重被告知人的要求迅速断案的权利。同时也明确地向被告知人表明，他们拥有被告知的权利，这实际上赋予了被告知人与检察官相抗衡的一种手段。这也是刑事撤诉与民事撤诉的重大区别之一。这些内容值得我们借鉴。

十、上诉的撤回

日本刑事诉讼法对撤回上诉作了规定。第 359 条规定："检察官、被告人或者第 352 条规定的人，可以放弃或者撤回上诉。"② 可见，检察官或者被告人具有上诉权。（第 351 条亦有规定）被告人的法定代理人或者保佐人，可以为被告人的利益提起上诉。（第 353 条）另外，检察官和被告人之外的人（如案件的被害人）受到裁定的，可以提起抗告。（第 352 条）关于羁押，在已经告知羁押理由时，曾经提出该项告知请求的人，也可以为被告人的利益提起上诉。对该上诉不受理的裁定，亦同。（第 354 条）

《澳门刑事诉讼法典》第 40 条规定："一、将卷宗送交裁判书制作人以作初步审查前，检察院、嫌犯、辅助人及民事当事人的撤回已提起之上诉。二、撤回系通过声请或卷宗内之书录为之，并在评议会中判定。"③ 根据该规定，其一，无论刑事诉讼或者刑事附带民事诉讼中，都可以撤回上诉。其二，撤回上诉的主体是检察院、嫌犯、辅助人（刑事诉讼）及民事当事人（刑事附带民事诉讼）；但从公诉的角度而言，主体应该是指检察院、嫌犯、辅助人（刑事诉讼），与日本的规定相同。其三，撤回上诉的时间范围是将卷宗送交裁判书制作人（法官）以作初步审查前。一旦将卷宗送交法官手中，即失去撤回上诉的机会。提出上诉申请的时间与将卷宗送交法官的时间是不同的。两者之间通常有一个阶段。在此期间，提出上诉申请者有一个考虑是否撤回上诉的时间。其四，撤回上诉可采用口头形式或者书面方式。其

---

① 宋英辉译：《日本刑事诉讼法》，第 71 页。

② 同上书，第 82 页。

③ 中国政法大学澳门研究中心、澳门特区政府法律翻译办公室合编：《澳门刑事诉讼法典》，第 287 页。

五，在法院评议会上，由法官集体评议后决定。

如果将日本与我国澳门特区的撤回上诉制度加以比较，可以看到，两者均给予被害人一个申述自己权利的机会。如日本允许被害人可以提起抗告；我国澳门特区规定刑事诉讼的辅助人可以上诉。在我国撤回公诉实践中，被害人是否具有上诉权是一个有争议的问题。日本和我国澳门特区的规定或许会有所裨益。此外，我国澳门特区明确规定了撤回上诉的时间范围，对于反对诉讼拖延是有好处的。

十一、撤回上诉的效果

根据日本刑事诉讼法规定，撤回上诉将产生两个效果：一是不能再上诉。"放弃或者撤回上诉的人，不得对该案件再行上诉。同意放弃或者撤回上诉的被告人，亦同。"[1] 根据该规定，无论是检察官还是被告人，或者是其他人撤回上诉，均不得对该案件再行上诉。这与撤回起诉是有区别的。首先，虽然检察官撤回起诉后一般不得重新起诉，但是，如果发现了有关犯罪嫌疑人的犯罪事实的重要证据，仍可以再起诉。其次，被告人或其他支持被告利益的人在刑事诉讼中不具有起诉权。撤回上诉的另一效果是，使得第一审法院的裁判重新生效，并应得到执行。《日本刑事诉讼法》第372条第2款规定："上诉法院的裁判或者因撤回上诉而执行下级法院的裁判时，由与上诉法院相对应的检察厅的检察官指挥。但诉讼记录在下级法院或者在与该法院相对应的检察厅时，由与该法院相对应的检察厅的检察官指挥。"[2] 日本刑事诉讼法关于撤回上诉效果的规定完全符合通说，我们应该完全采纳。

十二、上诉的推定和撤回上诉的推定

《日本刑事诉讼法》第366条规定："在监狱的被告人，在上诉期间向监狱长或者他的代理人提出上诉申请书时，视为已在上诉期间内提起上诉。被告人不能自行书写上诉申请书时，监狱长或者他的代理人应当代为书写，

---

① 宋英辉译：《日本刑事诉讼法》，第82页。
② 同上书，第106页。

或者使其所属的职员代为书写。"① 第367条规定："前条的规定，准用于在监狱的被告人放弃或撤回上诉，或者请求恢复上诉权。"② 根据上述规定，第一，被告人在上诉阶段具有上诉权和撤回上诉权；第二，被告人在上诉期间向监狱长或者他的代理人提出上诉申请书时，推定其已在上诉期间内提起上诉；第三，被告人在上诉期间向监狱长或者他的代理人提出撤回上诉申请书时，推定其已在上诉期间内撤回上诉。上述规定是一项比较实在的、具有人性化的制度设计，因为被告人在上诉期间，人身受到拘禁，难以直接将自己的声音传达给法院，只能通过监狱长或者他的代理人这个中间环节转达，而这种转达应该被赋予法律上的效果。

十三、再审请求的撤回

1. 撤回再审请求的效果

《日本刑事诉讼法》第443条规定："再审的请求，可以撤回。撤回再审请求的人，不得以同一理由再行提出再审的请求。"③ 这意味着，第一，对于再审请求，请求人有撤回的权利。第二，同一理由只能提出一次再审请求，不能有第二次。第三，如果出现了新的理由，撤回再审请求的人有权再行提出再审的请求。就是说，在撤回再审请求之后，其请求权并未消灭，仅仅是终结再审程序。这与撤回上诉是不同的。对于后者来说，撤回上诉不仅意味着上诉程序的终结和对一审判决的承认并生效，而且意味着上诉权的消灭。

2. 受理再审请求的要件及处理方式

《日本刑事诉讼法》第446条规定："再审的请求违反法令上的方式，或者在请求权消灭后提出时，应当作出不受理的裁定。"④ 第447条规定："再审请求没有理由时，应当作出不受理的裁定。已经作出前款的裁定时，任何人不得以同一理由再行提出再审的请求。"⑤ 根据上述规定，第一，提出再审请求的方式具有法定性。只能采用法令所规定的方式，否则，法院将不予受理；第二，再审请求必须在再审请求权消灭之前提出，否则法院将裁

---

① 宋英辉译：《日本刑事诉讼法》，第98页。
② 同上。
③ 同上。
④ 同上。
⑤ 同上。

定不予受理；第三，再审请求必须有理由，否则也不被受理；第四，如果一项再审请求曾经被法院拒绝受理，再审请求人必须找到新的理由才能向法院提出，否则也会被法院拒绝。可见，再审条件是十分严格的。

3. 再审请求的推定和撤回再审请求的推定

《日本刑事诉讼法》第 444 条规定："第 366 条规定，准用于再审的请求及其撤回。"① 根据第 366 条规定，第一，在监狱的再审请求人，在上诉期间向监狱长或者他的代理人提出再审请求申请书时，推定为已在再审请求期间内提起再审请求。再审请求人不能自行书写再审请求申请书时，监狱长或者他的代理人应当代为书写，或者使其所属的职员代为书写。第二，在监狱的再审请求人，在上诉期间向监狱长或者他的代理人提出撤回再审请求申请书时，推定为已在再审请求期间内提起撤回再审请求。

再审是继一审、二审之后的第三道救济程序，设置此制的目的在于，一方面不关闭救济的闸门，另一方面也不至于因为打开这道闸门而让许多案件进入再审程序，增加法院的负担。因此再审程序应当是特别程序，而不是普通程序；提起再审请求的条件应当十分严格。日本刑事诉讼法对撤回再审请求的效果、受理再审请求的要件及处理方式、再审请求的推定和撤回再审请求的推定等方面作出了详细规定，符合再审制度的性质和目的，可供我们参考。②

十四、被害人对撤案要求的异议

刑事案件的被害人通常有着强烈的要求惩罚犯罪的愿望。如果检察机关撤回起诉不再追诉，则被害人会认为自己的利益没有得到应有的保护，可能继续向检察机关申诉或者向法院起诉，甚至是上访。这样，撤诉不仅没有起到终结案件的作用，反倒会迫使被害人投入大量的精力、财力，这不仅会消耗大量的司法资源，而且不利于保护受害人的正当权利。假如在公诉案件的撤诉问题上给被害人一个提出异议的权利，不仅

---

① 宋英辉译：《日本刑事诉讼法》，第 98 页。

② 我国司法实践中存在再审期间撤回起诉的案件。据深圳市检察院统计，再审期间撤回起诉的案件共计 1 件，但未发现撤回再审请求的案件。（李淼：《深圳市检察机关 2003 年至 2005 年上半年撤回起诉案件的调查报告》，本文获深圳市第 12 届检察理论研讨会论文一等奖，载深圳检察网 2005－12－26 11：03。）

有利于保护他们的利益，也有利于减少诉累。① 有的国家就明确规定了被害人提出异议的权利。如意大利刑事诉讼法第 409 条规定："1. 在对撤案要求提出异议时，犯罪被害人要求继续进行侦查，指出补充侦查的事项和有关的证据材料，否则其要求不可接受。2. 如果意义是不可接受的并且犯罪消息没有根据，法官以附理由命令的形式决定撤销案件，并将文书退给公诉人。3. 除第 2 款规定的情况外，法官依照第 409 条第 2 款、第 3 款、第 4 款和第 5 款的规定处理，但是，如果存在数名被害人，关于庭审的通知只向提出异议者送达。"② 由此可见，意大利的上述规定充分照顾到被害人的利益，是比较可取的做法。

十五、撤回公诉的三则案例及其分析

案例1："月饼事件"③

（案情）沈阳消费者吴征因怀疑自己购买的月饼内有陈馅，向月饼厂家要求索赔。当他拿到厂家给付的 4000 元赔偿金时，被冲出来的警察戴上了手铐。不久，检察机关以敲诈勒索罪对其提起了公诉。后来，由于证据不充分，沈阳市人民法院作出了撤诉的刑事裁定书。然而，根据记者的调查，本案似乎远没有结束。第一，本案没有最终了结，是所谓的"留尾巴案件"。公诉人和主审法官均持这种观点。第二，在本案公诉人和主审法官看来，被告恐怕仍然是有罪的，如果发现和搜集到新证据的话。此案的公诉人说："撤诉不代表无罪！在重新调查后，我们可能还会起诉。"此案的主审法官也说，到现在还不能说消费者无罪了！鉴于此案并未最终

---

① 姚侠：《谈谈公诉案件的撤回起诉》，十度论文，2006 - 9 - 27 11：02：08。有人认为，应当赋予被害人上诉权。理由是："1958 年，最高人民法院《关于公诉案件的被害人对判决不服可否提起上诉问题的复函》中对公诉案件的被害人上诉权予以了认可，但是 1979 年我国刑事诉讼法没有赋予被害人上诉权。而实际上，赋予被害人上诉权是符合我国刑事诉讼目的的。我国刑事诉讼的目的是惩罚犯罪和保障人权。被害人是犯罪活动的直接受害者，已经受到精神上、身体上、心理上、物质上的极大损伤，如果被害人对判决不服而不能行使上诉权，那就于情于理都是对被害人权利的再次伤害，其心理自然难以平衡，为其以后对不合法的冲突解决方法的选择埋下了隐患，这不利于刑事诉讼目的的实现。"（《公诉案件被害人诉讼地位须完善》，http：//www. legalinfo. gov. cn/gb/school/2003 - 05/21/content_ 28435. htm。）但是，这种主张却不符合刑事诉讼的基本理论。在公诉案件中，诉讼的双方当事人分别是公诉人和被告人。被害人不具有诉讼当事人资格，因而不具有起诉权和上诉权。

② 黄风译：《意大利刑事诉讼法典》，第 1147 页。

③ 王欢：《"月饼事件"突变 检察机关撤诉》，载《华商晨报》2005 年 3 月 5 日。

了结，检察官和法官均拒绝回答其他问题，给人以神秘的气氛，似乎不久还能将被告人定罪。被告人的代理律师也认为，按照法律规定，检察机关如果没有新的证据不得再行起诉。检察机关不起诉，公安方面彻底销案，吴征就真正无罪了。

公诉人、法官，甚至被告的辩护律师所持的观点如此一致，不能不对被告人造成巨大压力。难怪被告人说："我做了打长仗的准备，可是……不过现在的结果对我来说就是'胜诉'！我始终坚信自己无罪，我是在维权！"

由此看来，刑事诉讼中的撤诉具有一定的后遗症，这是被告人万万没想到的。假如被告是一个商人，这可能对他的商业信誉造成严重影响。他将面对随时可能到来的公诉，不可能安心工作。他将不可能顺利地获得银行贷款，因为他随时面临着刑事指控，这自然影响到他的企业的生存和发展。假如被告是一个普通人，他在所属社会中的地位和信誉会受到质疑和损害，因为他是一个潜在的有罪之人，这种罪名是随时都可能戴在他头上的。

被告人之所以恐惧撤诉，除了传统的有罪推定思想根深蒂固地存在于他本身和某些司法人员头脑中之外，与人们不懂得撤诉的本质及其效果也有很大关系。实际上，只有深刻理解了撤诉的本质及其效果等内容，就会从"撤诉后依然可能有罪"的有罪推定模式中彻底解脱出来。

案例2：原联想"高管"涉嫌挪用资金案[①]

（案情）2002年5月，微软（中国）有限公司支付了249万元的宣传费用于联想（北京）有限公司暑期促销活动的宣传。徐刚，原联想（北京）有限公司市场营销总监，利用职务之便，擅自将这笔资金转走，并将其中的213万元转给自己的朋友郭某进行经营活动。这笔款项到达郭某手中时只剩下198万元了，郭某将其中的60万元用于了联想公司的广告宣传。联想公司认为徐刚在没有经过公司同意的情况下，将钱转给朋友郭某个人使用，涉嫌挪用资金罪，于是向检察机关举报。2004年1月5日，徐刚被羁押，2月13日被逮捕。

此案曾于2004年11月16日在海淀法院开庭审理。35岁的徐刚在庭审中称，自己在公司主要负责媒介宣传，包括电视、报纸媒体，他转给朋友郭某的款项是用做广告费用，是其职权范围内的行为。他只承认自己违反了财

---

① 孙思娅：《证据不足　原联想"高管"涉嫌挪用资金案撤诉》，载《京华时报》2005年1月18日第A10版。

物制度，不承认自己的行为违法。

检察机关认为，现有的证据不足以证明徐刚具有非法挪用资金的主观故意，对徐刚作出了存疑不予起诉的决定。在海淀法院裁定准许后，徐刚现已重获自由。尽管如此，对徐刚来说，"存疑不予起诉"的决定，其负面作用不可低估。为什么裁定撤诉还要"存疑"呢？这是不是意味着即使"存疑"，或者及时查明确实存在犯罪的证据，也不予以起诉呢？

案例 3：残疾女遭前夫强奸案①

（案情）2005 年 7 月 26 日上午，浦口区珠江镇一名残疾女子被前夫强奸后又被人逼得当众自杀。记者在事发当地，在一间小平房里找到了自杀女子李某。在她的左手腕上，记者看到一条大约 15 厘米长新鲜的刀痕，提到这道刀痕的来历，李某眼泪扑簌扑簌直掉。她说，那是她在众人的逼迫下用刀片划的。原来，一年前，丈夫嫌弃她残疾，强烈要求离婚，她在多次求和无果下只好同意了。不料，今年 7 月 14 日夜里，前夫朱某翻窗入室强行与她发生了性关系，她在反抗时还被勒住了脖子。李某说她担心朱某还有第二次，更担心他使用暴力，就向派出所报警了。不料，朱某的家人得知情况后，三天两头找上门来，强烈要求她撤诉。星期天，朱某亲戚再次上门要求撤诉时，她感到走投无路了，只好"以死表清白"。

本案中，朱某与李某已经离婚，朱某在未征得李某的同意下，强行行事是违法的，涉嫌强奸。李某以法律手段捍卫自己的权利应该得到尊重，这是农村女性法律意识提高的表现，然而，那些村民们却用自己的"评判"标准来指责李某，赤裸裸地强迫受害人在一起公诉案件中撤诉，以致受害人被逼到绝境，足见这些村民是多么无知和顽固！

联系到前两例发生的情形，我们不禁感到，在我们这个具有悠久历史的社会，撤诉绝不仅仅是一种无足轻重的诉讼权利。撤诉制度的有无、健全或者匮乏，对于能否保障被告人或者被害人的权益，对于能否矫正警官、检察官和法官的落后思想意识都具有重要影响。因此，我们迫切需要健全此制，并加以科学的解释和宣传，以维护被告人或者被害人的权益，减轻乃至卸去因撤诉而加在他们身上的沉重精神负担，消除人们的无知和偏见。

以上我们大致探讨了三则案例。我们认为，在"月饼案"中，公诉方撤诉没有经过被告同意，是被告有心理压力的直接原因。但是更重要的原因

---

① 《残疾女遭前夫强奸报警　儿子邻居齐声要其撤诉》，载《现代快报》2004 年 7 月 27 日。

却来自法律的缺漏，法院之所以允许不经过被告而撤诉，是因为法律没有此项要求。如果法律作出了明确规定，就可以使被告摆脱这项烦恼。在"徐刚案"中，检察机关作出了"存疑不起诉"的决定，法院裁定予以准许。我们看不出这项裁定与检察机关的决定之间有何直接的因果联系，因为检察机关已经不起诉，法院就不可能受理，怎能就此作出裁定呢？结果，法院还是作出了裁定撤销此案，这与撤诉相似。但公诉机关在裁定之前就作出了"存疑不起诉"的决定，这与撤诉又存在明显的区别。法院的裁定与检察机关的决定之间互不联系的缺陷如何消除，还有待学术界的研究和立法的完善。第三起案件具有自己的特点：第一，它属于"告诉乃论"的犯罪类型，是公诉案件；第二，是被控诉方的亲属要求受害人撤诉。被控诉方的亲属似乎懂得，要撤诉必须有受害人的同意才行，尽管我国刑事诉讼法没有就此作出规定。根据美国的案例，这种情况下要求撤诉一定要有合法的理由。我国最高法院的司法解释也规定，有理由才能撤诉，这就赋予受害人、公诉方以及法院（有审查权）一件有力的武器，以抗衡无理的要求。从上面可以看到，这三则案例触及我国刑事公诉的撤回中的一些实质性问题，需要在参考国外或境外先进立法的基础上作出规定。

十六、我国撤回公诉的制度缺陷与完善

最高人民法院《关于执行〈中华人民共和国刑事诉讼法〉若干问题的解释》（1998 年 6 月 29 日最高人民法院审判委员会第 989 次会议讨论通过，以下简称《刑事诉讼法若干问题的解释》）中，第 117 条规定："案件经审查后，应当根据不同情况分别处理：……（四）依照本解释第 176 条规定，人民法院裁定准许人民检察院撤诉的案件，没有新的事实、证据，人民检察院重新起诉的，人民法院不予受理；……"第 157 条第 3 款规定："法庭宣布延期审理后，人民检察院在补充侦查的期限内没有提请人民法院恢复法庭审理的，人民法院应当决定按检察院撤诉处理。"第 177 条规定："在宣告判决前，人民检察院要求撤回起诉的人民法院应当审查检察院撤回起诉的理由，并作出是否准许的裁定。"第 241 条规定："检察院在抗诉期限内撤回抗诉的，第一审法院不再向上一级法院移送案件；如果是在抗诉期满后二审法院宣告裁判前撤回抗诉的，二审法院可以裁定准许，并通知一审法院和当事人。"

最高人民检察院《人民检察院刑事诉讼规则》（1998 年 12 月 16 日最高

人民检察院第九届检察委员会第 21 次会议修订，以下简称《刑事诉讼规则》）中，第 348 条规定："在法庭审理过程中，有下列情形之一的，公诉人应在要求法庭延期审理获准后，在补充侦查的期限内提请法院恢复法庭审理或撤回起诉。（一）发现事实不清，证据不足，或者遗漏罪行，遗漏同案犯罪嫌疑人，需要补充侦查或补充提供证据的；（二）发现遗漏罪行或遗漏同案犯罪嫌疑人，虽不需要补充侦查或补充提供证据，但需要提出追加或变更起诉的；（三）需要通知开庭前未向人民法院提供名单的证人、鉴定人或经人民法院通知而未到庭的证人出庭陈述的。"第 349 条规定："法院宣布延期审理后，检察机关应当在补充侦查的期限内提请法院恢复法庭审理或撤回起诉。"第 351 条规定："……发现不存在犯罪事实、犯罪事实并非被告人所为或者不应当追究被告人刑事责任的，可以要求撤回起诉。"第 353 条规定："变更起诉或撤回起诉应当报经检察长或检委会决定，并以书面方式在法院宣告判决前向法院提出。撤回起诉后，没有新的事实或新的证据不得再行起诉。"

上述条款规定了人民检察院撤回公诉的时间范围、实质要件、撤回的方式、撤回公诉的后果等，具体分析如下：

（1）时间范围。根据《刑事诉讼法若干问题的解释》第 177 条规定，在公诉案件中，当人民检察院起诉之后，法院作出判决之前的任何阶段，检察院都可以撤回公诉。

（2）实质要件。根据《刑事诉讼法若干问题的解释》第 117 条和第 177 条规定，公诉的撤回须有理由，该理由须受到人民法院的审查。一般说来，这个理由就是：提起公诉的案件缺乏事实或者证据不充分。根据最高人民检察院《刑事诉讼规则》第 348 条规定，检察机关要求撤诉的理由是，不存在犯罪事实，犯罪事实并非被告人所为或者不应当追究被告人刑事责任。

（3）形式要件。根据最高人民检察院《刑事诉讼规则》第 353 条的规定，撤回起诉应当报经检察长或者检察委员会决定，以书面方式向人民法院提出。因为书面形式不仅能够持久的承载撤诉的理由，还可以供人民法院来审查。

（4）撤诉具有两种情形，一为检察机关要求撤回起诉，人民法院裁定是否准许；二为法庭宣布延期审理后，检察机关在补充侦查的期限内没有提请人民法院恢复法庭审理，人民法院决定按撤诉处理。

（5）准予撤诉须采用裁定的方式。根据《刑事诉讼法若干问题的解释》

第 177 条规定，法院具有撤回公诉的认可权和决定权。法院经审查人民检察院撤回公诉的理由，认为理由充分的，应作出准予撤回的裁定，否则，作出不予撤回的裁定。

（6）撤回公诉的后果。从理论上说，撤回公诉具有终止诉讼程序的后果。没有新的事实或者新的证据不得再行起诉，重新起诉的人民法院不予受理。

（7）撤回公诉之后重新起诉的条件。一般来说，撤回公诉之后，并没有绝对消灭该案件，公诉方仍然保持对该案件的公诉权。在一定条件下，该案件还可能重新提起。根据《刑事诉讼法若干问题的解释》第 117 条第 4 款的规定，如果人民检察院发现了新的事实、证据，可以重新起诉，人民法院应当受理。

从上面可以看到，至少从制度层面上说，我国撤诉公诉制度基本上符合通说，也具有与日本等国家同类制度一样的先进性。然而也不能完全否认其存在的缺陷，如在撤诉的实质要件方面，没有规定要经过被告人同意，没有给被害人提供异议权等，这是必须弥补的。此外，对于上诉的撤回和撤回上诉的推定等内容均无规定，须加以弥补。另外，从体例上讲，如果能够将检、法两家的规定加以整合，消除文字和语义分歧，避免解释上的各自为政，会给司法实践带来很大便利。

十七、结论

其一，从德国、日本、法国、美国等（本文所选定的比较对象）的刑事诉讼法典来看，刑事公诉的撤回一般要符合通说：撤回公诉采用书面形式、结案采用裁定方式、撤回主体是公诉人即检察官、撤回公诉需要被告人同意、被害人也可提出异议等。我国也不应有例外。不仅在制度设计上要遵循理论通说，而且在法律解释上也要依据通说。

其二，刑事公诉的撤回与民事诉讼的撤回相比，明显要严格些。例如撤回公诉需要理由，而民事撤诉是不需要理由的。其所以如此，是为了保护被指控者免受不正当侵害的需要，从根本上说是无罪推定原则的要求。就这一点来看，刑事公诉的撤回与民事撤诉有着实质性差别。

其三，与德国、日本等国家的撤回公诉制度相比，我国公诉撤回制度存在不少缺陷，一则因为我国刑事诉讼法未就撤回公诉作出规定，二则"两高"的撤回公诉的司法解释确有不周之处，并因此而饱受诘难，但我们认为，从我国法制现代化的初级阶段的实际出发，规定此制还是很有必要的，① 还不到完全废除撤回公诉制度的时候。何况像废除公诉制度的德国，也在某些特殊案件中保留了撤回公诉制度。我们应该积极借鉴比较成熟的学术研究成果和总结撤回公诉的司法实践经验，扎扎实实地予以完善。

---

　　① 其实，从制度设计要求来看，撤诉是适应控辩制、提升公诉品质的需要。随着控辩制的推行，公诉案件起诉门槛无形中会大幅提高，这是迈向司法精致化的一个必然走向。检察官在办理案件时，绝不预设立场，所有一切以证据为本。检察官为使起诉案件在法庭上通过严格证据法则的考验，案件品质势必提升，提起公诉务必认真。检察机关因应控辩制要求，对起诉案件严格把关，要求检察官对起诉案件充分了解案情及证据情况，检察官必须搜集足够证据才予起诉。同理，庭审中，检察官对于起诉的犯罪事实，应负提出证据及说服的实质责任，如果所提出指控证据，不足以形成法官对被告人有罪的心证，检察机关当然会撤诉（《撤回起诉制度：规范还是一废了之?》，www. fayixing. com 2006 - 11 - 06，来源：《检察日报》）。
　　有的同志在分析撤回公诉的弊端及其原因之后提出了一些正确建议："鉴于我国目前实际状况，在不取消撤诉规定前提下，对撤诉的理由、时间、次数、重新起诉条件等作出更加明确、细致、具体的规定，以及相应的禁止性规定，限制撤诉权和准许撤诉权的滥用。另外上级法院要加强对撤诉案件的监督检查，对被告人对准许撤诉裁定不服提出上诉的案件严格把关，对不符合撤诉条件的案件裁定不准撤诉，要求原审法院继续审理。"（刘怀、尚召生：《关于公诉案件撤诉情况的调查分析》，www. chinacourt. org，2003 - 12 - 05 16：30：12。）

第三章　放弃请求诉讼的理论、
制度解释和立法建议

一、引言

"放弃诉讼请求"作为一个独立的民事诉讼法上的概念，已经存在了很长时间。[①]但是，在司法实践中，它却没有取得自己独立的地位。对于当事人全部放弃诉讼请求，实践中一般采用两种方式：一是告知当事人撤诉，或按撤诉处理；另一种就是裁定案件终结。[②]从表面上看，通过撤诉和裁定的方式处理"放弃诉讼请求"的事项，似乎就是"放弃诉讼请求"没有取得独立地位的原因。其实不然。根本的原因是民事诉讼法典的规定十分简单和笼统。民事诉讼法颁布以来，"放弃诉讼请求"作为一个课题似乎早已被人遗忘，极少有人关注它，更不用说提出有价值的观点了。当然，司法实践中，经常把放弃诉讼请求视为撤诉，通过裁定来处理，更加重了其丧失独立地位的不利态势。这种不利境遇，必然导致审判实践中不少有关"放弃诉讼请求"的问题，例如：（1）如何对待放弃诉讼请求的默示方式？（2）无独立请求权的第三人在二审程序中是否有权放弃诉讼请求？（3）放弃诉讼请求的目的在于迅速结案，但必须由法院审查批准，这两者之间的矛盾如何解决？（4）二审中，被

---

① 例如一部权威教科书写道："放弃诉讼请求是当事人在人民法院受理案件后，放弃自己对被告所提出的实体请求。放弃诉讼请求是当事人行使处分权的一种行为。这一行为有助于案件的快速终结，人民法院应当依法承认其效力。放弃诉讼请求分为全部放弃和部分放弃两种情况，当事人可根据具体情况决定作全部放弃或部分放弃。由于放弃诉讼请求的行为直接影响到当事人的重要利益，所以，这一行为必须由当事人本人实施。由代理人代理诉讼的，代理人只有依据当事人的特别授权才能实施这种行为。对当事人放弃请求的行为，法院必须予以严格审查，防止当事人任意放弃请求而损害国家或社会利益。当事人放弃诉讼请求的行为对于人民法院不产生绝对的制约力。"（柴发邦主编：《中国民事诉讼法》，中国人民公安大学出版社1992年版，第290—291页。）

② 一审胜诉对方上诉后在二审中放弃诉讼请求案，www.chinalawedu.com，2003-12-30，9：53：28。

上诉人（一审原告）放弃诉讼请求，是否应当征得被上诉人的同意？在上诉人不放弃上诉权的情况下，法院是否有权作出准许放弃诉讼请求的决定？（5）一审中，原告放弃诉讼请求，是否应当征得被告的同意？（6）放弃诉讼请求的时间范围如何确定？二审和再审中是否允许放弃诉讼请求？等等。

为了解决上述问题，完善我国的放弃诉讼制度，提高诉讼效率，我们将首先简要介绍大陆法系国家关于放弃诉讼请求的一般理论，其次选择德国、法国、日本等发达国家以及我国澳门特区的放弃诉讼制度，采用比较法进行，力争获得关于该领域的基本知识和正确认识。我们将运用上述理论知识分析我国立法和司法实践中的问题，并为完善我国的放弃诉讼制度提出若干立法建议。

二、放弃诉讼请求的性质和特征

放弃诉讼请求是指在民事诉讼中，当事人放弃法律所赋予的、其可以向法院提起诉讼请求保护的权利，从而导致其诉权消灭的一种诉讼行为。放弃请求制度是指民事诉讼法所规定的关于放弃诉讼请求的要件、方式、后果等一系列内容在内的制度。与撤诉相比，它具有如下几个特点：

其一，对当事人来说，放弃诉讼请求通常意味着自己的申请无理由、自己的权利主张不正确，因此，在舍弃合法的诉讼情况下，要作出实体裁判。[1] 撤诉则不同，原告之所以撤诉，可能是因为暂时缺乏足够的证据。当他撤回诉讼之后，一旦掌握了充分的证据，且又有开诉讼的必要，他有权再次提起诉讼。

其二，从结案方式来说，在放弃诉讼请求的情况下，要驳回诉讼，需要法院以判决的形式作出。撤回诉讼则不用判决形式。在原告撤诉的情况下，法院不是作出实体裁判，而是以裁定撤回起诉。

其三，放弃诉讼请求不能直接结束诉讼，但法院应当依据被告的申请而驳回诉讼。因为这涉及实体裁判，所以事前应当审查诉讼要件。相反，不允许进行实体审查，不允许审查"舍弃是否与真实法律状况相一致"。这里，法院也不应考虑自己确信与否而直接作出裁判。[2] 撤诉则不

---

[1] ［德］奥特马·尧厄尼西著，周翠译：《民事诉讼法》，法律出版社 2003 年版，第 249 页。
[2] 同上。

同，它不涉及实体裁判，不进行实体审查，甚至不进行诉讼要件的审查。

其四，放弃诉讼请求需要当事人有处分争议权利的能力。正如一位法国学者指出："舍弃诉权是一种比撤回诉讼要严重得多的行为，因为舍弃诉权涉及权利本身。撤回诉讼仅要求有进行诉讼的能力，这是唯一的要求，而舍弃诉权则要求有处分争议权利的能力。"① 因此，在当事人不能亲自而为，需要委托他人代为进行的情况下，需要有特别授权。如《沈阳市中级人民法院民事诉讼风险提示书》指出："当事人委托诉讼代理人代为承认、放弃、变更诉讼请求，进行和解，提起反诉或者上诉等事项的，应在授权委托书中特别注明。没有在授权委托书中明确、具体记明特别授权事项的，诉讼代理人就上述特别授权事项发表的意见不具有法律效力。"② 撤诉则不同，不需要当事人有处分争议权利的能力，只需要当事人有实施诉讼行为的能力。

其五，放弃诉讼请求不需要对方当事人同意。③ 撤回诉讼则不同，原则上需要对方当事人同意。

其六，放弃诉讼请求是一种诉讼行为，而不是实体法律行为。放弃诉讼请求的人，虽然放弃了法律的诉权，但不是放弃了权利。在这一点上，撤诉

---

① 让·文森、塞尔日·金沙尔著《法国民事诉讼法要义》（下），中国法制出版社 2001 年版，第 1050 页。

② 《沈阳市中级人民法院民事诉讼风险提示书》，沈阳市中级人民法院网。

③ 放弃诉讼请求的这个特征充分体现了民事诉讼的处分原则。对此，日本学者谷口安平写道：

处分权是当事人所专有的权能。只有当事人才能以请求一定内容的判决、变更主张或者取消请求等形式行使这项权能。法院不能根据职权自己去寻找纠纷、主动开始诉讼程序，这被称为"不告不理"原则。必须等待当事人把纠纷提交法院才能开始诉讼，反映了司法权的被动性质。

不仅诉讼程序的开始和审理对象的内容只能由当事人（尤其是原告）来决定，而且关于诉讼标的的变更和诉讼的终止，当事人也有决定权。基于当事人意思而终结诉讼的情况包括：撤回诉讼、承认或放弃请求、诉讼中进行和解等等。当事人能够通过这些对自己权利的"处分"行为来规定程序的进行，法院原则上必须受这些行为的约束。例如，如果当事人已经想通过和解来终止诉讼，法官却说因为本案包含着重要的法律问题需要作出判决，这是不允许的。在行使处分权的行为中，提示和特定审理的对象主要是原告的权能，而请求的承认和变更则可能是由原被告双方所为。虽然撤回诉讼属于原告的诉讼行为，但在被告已经应诉后如果没有双方同意，撤诉的请求就得不到承认（《民事诉讼法》第 236 条第 2 款）。总之，处分权的主体是原被告双方，而其客体则是请求或诉的内容本身。（［日］谷口安平著，王亚新、刘荣军译：《程序的正义与诉讼》，中国政法大学出版社 1995 年版，第 104 页。）

与放弃诉讼请求的相同点是，它们都是一种诉讼行为，不是实体法律行为。然而，与放弃诉讼请求不同的是，撤诉不仅没有放弃权利，也没有放弃诉权。

其七，放弃请求制度的后果是消灭诉权，不允许再次诉讼。然而，撤回诉讼的后果是结束诉讼程序，却并不能禁止原告再起诉。① 这是两者之间最重要的区别。

上述区别意味着，如果建立并严格执行放弃请求制度，将有效地保障当事人的诉权（放弃诉的权利）；有效地、永久地消灭诉权，根本性地解决纠纷；节省法院沉重的审判任务（因为避免了实体审查）。如果我们能够在修改民事诉讼法典的过程中，及时地检查自己的不足，借鉴他人的经验，那么对于完善我国的放弃请求制度、提高诉讼效率、保护当事人的诉权都具有重要意义。

三、放弃诉讼请求的方式问题

放弃诉讼请求的方式是一个应当探讨的问题，一则因为我国民事诉讼立法规定的不明朗，有时需要人们对这个看似简单的问题煞费脑筋去解释，二

————————

① 关于放弃诉讼请求是否产生既判力，对此日本学界存在着较大的争议。高桥宏志指出：近年来，在"承认与放弃请求"之问题领域，学界也逐渐对"限制的既判力说"进行再度的评价。作为既判力的作用而言，其存在着两个不同的侧面，即分别是，不允许当事人提出与判决主文判断相矛盾的主张之侧面，与（与此相伴随的）不允许当事人对判决的形成进行攻击（因此，当事人不能对"意思及陈述存在实体法上瑕疵"提出主张）的侧面。在判决的情形下，既判力的作用主要着眼于前者，后者一般隐含于前者之中，因此在后者的侧面不会出现问题。但是在放弃或承认请求的情形或者诉讼上和解的情形中，由于关系到当事人的意思与陈述，因此，关于既判力作用中后者侧面的问题开始浮现出来，换言之，在考虑既判力的作用时，应当将着眼点放置于后者，而且，出于允许当事人对瑕疵提出主张之考虑，因此，应当否定"和解笔录"或"放弃或承认请求"上的既判力。但是，在放弃或承认请求的情形或者诉讼上和解的情形中，既判力作用中仍然存在着前者的侧面，如果完全的否定其中的既判力，那么就无法阻止本已放弃请求的原告就同一请求来提出的再诉，法院也不得不对此进行再审理，这种情形无疑是不当的，因此对原告的这种再诉或者主张必须遮断，即应当在这种侧面上承认既判力。总而言之，在不存在"实体法上的无效或撤销"的限度内（后者），应当承认既判力（前者）。可见，主流见解是承认放弃诉讼请求具有既判力的。（［日］高桥宏志著，林剑峰译：《民事诉讼法——制度与理论的深层分析》，法律出版社2003年版，第639页。）

则司法实践中已经提出了这个课题。[①]

关于放弃诉讼请求方式，国外或境外有三种立法例。

第一种是明示和默示并用方式。《法国民事诉讼法》第 408 条第 1 款规定："认诺对方当事人之诉讼请求，即告承认其请求有依据并舍弃诉权。"[②] 认诺即承认。承认对方诉讼请求通常采用明示方式，也可采用默示方式。根据上述规定，承认对方诉讼请求，就等于承认对方的诉讼请求有充分依据，同时放弃自己一方的诉讼请求。第 558 条第 1 款规定："舍弃上诉得为明示，或者由无保留的执行未产生执行力的判决而发生。"[③] 根据上述规定，舍弃诉讼请求可分为明示和默示两种。所谓明示舍弃上诉，是指一方当事人明确地向法院表示不上诉，无条件地服从法院的一审判决。所谓默示舍弃上诉，是指当一审判决作出之后，还没有产生执行力之前，一方当事人已经在无条件地执行该判决。

第二种仅为明示方式。我国《澳门特区民事诉讼法典》第 242 条规定："一、认诺、诉之撤回、请求之舍弃或和解得在符合实体法在形式上之要求下，以公文书或私文书作出，亦得在诉讼中以书录作出。二、只要利害关系人提出口头请求，办事处即须作出书录。三、作成书录或附具有关文件后，须根据认诺、诉之撤回、请求之舍弃或和解之标的及作出该等行为之人之资

---

① 案情：甲于 2002 年 4 月向乙借款 30 万元，约定月息为 1.2%，未约定还款时间。甲在支付第一季度利息 10800 元后再没有支付利息，也没有偿还本金。乙多次向甲催要欠款及利息未果，遂向法院起诉要求甲归还 30 万元本金并支付 4 万元利息（刚好是按约定利率算至起诉时止的未付利息额）。2003 年 10 月，法院判决甲在判决生效后 3 日内偿还乙借款本金 30 万元，并按约定的月息 1.2% 支付利息至实际还清欠款之日止。判决于 2003 年 11 月生效后甲没有履行判决，案件进入强制执行程序。2006 年甲提起申诉，理由是原判决超诉请范围，因为按判决算至 2006 年 4 月利息已达 16.2 万元，远远超出原告 4 万元利息的请求范围。2006 年 9 月案件进入再审程序后，对如何保护出借人乙从起诉时至再审判决被履行期间的利息权益出现了分歧和困惑。

第一种意见：允许乙在再审时就利息部分变更或增加诉讼请求。第二种意见：从起诉至原审判决生效期间的利息，视为乙自动放弃；在再审中判决甲向乙偿付 30 万元本金、4 万元利息的同时，直接根据《民事诉讼法》第 232 条判决甲按银行同期贷款利息的两倍向乙支付 34 万元从原审判决生效之日到再审判决被履行之日产生的利息。第三种意见：再审中对从起诉时至再审判决被履行期间的利息不作处理，在判决书的说理部分说明乙可单独就利息部分另行起诉。第四种意见：本案在原审原告起诉后这一段时间的利息已无法通过诉讼得到有效保护，可视为乙对 4 万元以外的利息自愿全部放弃。出现这种情况的原因是乙在起诉时请求权行使不当，以后法官要对当事人如何就利息部分恰当行使请求权做好释明工作。（汤金钟：《法官应对当事人如何就利息部分恰当行使请求权的释明》，http://www.dffy.com，2006 - 10 - 9 7：23：31。）

② 罗结珍译：《法国新民事诉讼法典》，第 82 页。

③ 同上书，第 111 页。

格，查核该等行为是否有效；如属有效，则以判决宣告有效，并完全按行为之内容作出判处或驳回有关请求。"① 根据该条规定，诉的舍弃原则上以书面方式进行，不论采用公文书、私文书或者法院的办事处的书录均可。

第三种介于第一种方式和第二种方式之间。它在总体上可归纳为明示方式，但在某些情况下却可以进行放弃诉讼请求的推定，而这种推定也要以明示为主，也就是说，只能在明示方式的基础上进行推定。这种方式以日本为代表。《日本民事诉讼法》第 266 条规定："第一款　放弃或承诺请求，应在口头辩论等期日进行。第二款　以书状提出放弃或承诺请求的当事人在口头辩论期日未出庭，法院或受命法官或受托法官，可以视其为进行该旨意的陈述。"② 根据该条规定，放弃的方式显然采用明示方式，可以是口头的，也可以是书面的，都必须向法院提出。该条款还规定了放弃诉讼请求的推定，其要件有四：一是当事人以书面方式提出放弃请求；二是当事人在口头辩论期日未出庭；三是法院或受命法官或受托法官作出判断；四是审判主体可以推定当事人提出了放弃请求的意思表示。上述四个要件缺一不可。这种推定不同于法国的默示放弃，因为其前提是当事人以书面方式提出放弃请求，而"书面"显然只能理解为明示。

从我国民事诉讼立法和司法实践来看，放弃诉讼请求所采用的方式与法国相似，即采用明示和默示两种方式。所谓明示放弃诉讼请求，是指当事人或者第三人明确提出放弃诉讼请求，据此法院认定他放弃诉讼请求。例如《关于民事诉讼法若干问题的意见》第 58 条规定："人民法院追加共同诉讼的当事人时，应通知其他当事人。应当追加的原告，已明确表示放弃实体权利的，可不予追加；……"这里，使用了"已明确表示放弃实体权利"的字眼。

所谓默示放弃诉讼请求，是指当事人或者第三人不提出诉讼请求、事实和理由，则推定他放弃诉讼请求。例如，《关于民事诉讼法若干问题的意见》第 65 条规定："依照民事诉讼法第五十六条的规定有独立请求权的第三人有权向人民法院提出诉讼请求和事实、理由，成为当事人；无独立请求权的第三人，可以申请或者由人民法院通知参加诉讼。"根据该条规定，如果有独立请求权的第三人不提出诉讼请求、事实和理由，则推定他放弃诉讼

---

①　中国政法大学澳门研究中心、澳门特区政府法律翻译办公室编：《澳门民事诉讼法典》，第79 页。

②　白绿铉编译：《日本新民事诉讼法》，中国法制出版社 2000 年 5 月第 1 版，第 98 页。

请求。同样，根据《关于民事诉讼法若干问题的意见》第 66 条规定，在无独立请求权的第三人有权上诉的情况下，如果他不提出诉讼请求、事实和理由，则推定他放弃诉讼请求。应当指出，作为推定放弃请求的主体，这里的有独立请求权的第三人和无独立请求权的第三人，实际上已经转换了身份，变成了诉讼当事人。因此，从这个意义上说，在民事诉讼中，任何当事人，只要他不提出诉讼请求、事实和理由，就可以推定他放弃诉讼请求，尽管法律上没有作出明确规定。

司法实践中，也广泛认可放弃诉讼请求的推定方式，不过这种推定方式的前提是不作为，故与日本有显著的区别。如广东省中山市人民法院《诉讼风险告知书》第 1 条写道："诉讼请求不完全，会导致部分请求被视为放弃权利而得不到审理的风险。原告对诉讼请求的增加、变更或被告提出反诉，都应在举证期限内提出，逾期则不予以审理，也会导致被视为放弃权利的风险。"这里，当事人应当提出诉讼请求而没有提出的；或者超过举证期限之后才提出的，都推定为放弃诉讼请求。

但是，我国司法解释对默示放弃诉讼请求的范围作了明确限定。具体而言，在继承诉讼和共同诉讼案件中，不得采用默示放弃诉讼请求的方式。"不愿意参加诉讼又未明确表示放弃实体权利的"，人民法院仍应把其列为共同原告。《关于民事诉讼法若干问题的意见》第 54 条规定："在继承遗产的诉讼中，部分继承人起诉的，人民法院应通知其他继承人作为共同原告参加诉讼；被通知的继承人不愿意参加诉讼又未明确表示放弃实体权利的，人民法院仍应把其列为共同原告。"根据该规定，只要符合下述两个要件，就可以推定被继承人不放弃诉讼请求：一是被继承人不愿意参加诉讼；二是他未明确表示放弃实体权利。《关于民事诉讼法若干问题的意见》第 58 条规定："人民法院追加共同诉讼的当事人时，应通知其他当事人。应当追加的原告，已明确表示放弃实体权利的，可不予追加；既不愿意参加诉讼，又不放弃实体权利的，仍追加为共同原告，其不参加诉讼，不影响人民法院对案件的审理和依法作出判决。"根据该规定，如果应当追加的原告既不愿意参加诉讼，又不放弃实体权利，就可以推定他不放弃诉讼请求。从第 54 条、第 58 条的立法意图来看，显然是倾向于保护被通知的继承人和应当追加的原告的利益。然而，从司法的便利性来说，这种推定是不严谨的，违反一般的习惯。因为从原告"不愿意参加诉讼"这一行为来说，通常可以推定其放弃诉讼请求，而不是推定他不放弃诉讼请求。如果采用日本式的明示方式，或者以明示方式为基础进行推定，就可以避免上述解释上的困难处境。

四、法院对放弃诉讼请求的决定权问题

通说认为，放弃诉讼请求不需要对方当事人同意。如果原告已放弃诉讼请求，则对方当事人可以只要求舍弃判决，但法院在作出该判决的时候，都不进行实体审查，而仅仅根据原告已经放弃诉讼请求，并且被告已经提出了给予驳回的申请这样的事实。法国学者指出："舍弃诉权，原则上，不需要经对方当事人接受，因为对方当事人没有利益阻止另一方当事人抛弃他的诉权。原告放弃所主张的权利，对被告是一种利益。因此，舍弃诉权是一种单方面的行为。但是，如果对方当事人已经提出了反诉，则是另一回事。在这种情况下，原告即使想宣告其舍弃诉权，仍然有必要留在诉讼之内，以便接受针对其宣告被告所请求的处罚。"①

根据我国最高人民法院《关于民事诉讼法若干问题的意见》第58条规定，对放弃的认可与不认可，此主动权由法院掌握。例如，在当事人"既不愿意参加诉讼，又不放弃实体权利的"情况下，法院认定该当事人并不希望放弃诉讼请求，因而仍追加其为共同原告。在"被通知的继承人不愿意参加诉讼又未明确表示放弃实体权利的"情况下，人民法院仍应把其列为共同原告。（第54条）不难看出，立法者显然没有准确领会放弃诉讼请求的精义，从而在维护"国家利益和他人利益"的合法名义下，把放弃诉讼请求的决定权留了下来。这是完全错误的。因为与撤诉相比，放弃诉讼请求更能加快诉讼进程。如果说撤诉的要件是需要被告同意的话，那么，放弃诉讼请求则根本不需要被告同意。从立法精神来讲，法院更不应进行实体审查。

五、放弃诉讼请求的结案方式

从国外立法来看，关于放弃诉讼请求的结案方式有两种：判决或判决和笔录兼用。前者以德国为代表。《德国民事诉讼法》规定，对放弃诉讼请求的驳回申请，可以作出判决。第311条第2款规定："宣誓判决时，朗读判决主文。缺席判决、根据认诺而为的判决，以及因撤回诉讼或舍弃诉讼请求

① 让·文森、塞尔日·金沙尔著：《法国民事诉讼法要义》（下），中国法制出版社2001年版，第1050页。

而为的判决，即使在判决主文未写成时，也可宣誓。"第 311 条第 2 款规定：
"宣誓判决时，如认为适当时，可以朗读裁判理由，或口述理由的主要内
容。"① 第 312 条第 1 款规定："宣誓判决的效力，与当事人的出庭与否无
关。判决的宣誓对于在期日未出庭的当事人，也生效力。"② 根据上述规定，
第一，根据原告一方的舍弃行为而作出的判决，可以公开宣判。第二，在判
决主文没有写成的情况下，也可以公开宣判。第三，在宣判后，无论当事人
是否曾经出庭，该判决都具有法律效力。这无疑消除了人们对"当事人不
出庭则宣读判决不生效"的担心。

对放弃诉讼请求所作的判决不需要事实和理由。《德国民事诉讼法》第
313 条第 2 款规定："宣告缺席判决、认诺判决或舍弃判决，不需要事实和
理由，判决中应表明其为缺席判决、认诺判决或舍弃判决。"③ 这表明了两
点意义：第一，与完整的诉讼程序下所作的判决相比，舍弃判决是一种简明
的判决形式。第二，由于这种判决不需要事实和判决理由，仅仅根据原告一
方的放弃诉讼请求来作出判决，所以，正确运用这种形式，无疑可以减轻法
官的工作负担，提高诉讼效率。

放弃诉讼请求诉讼的审判采用独任制。根据《德国民事诉讼法》第 524
条第 3 款第 2 项的规定，在民事诉讼中，如果原告舍弃已经提出的请求，此
种诉讼由独任法官、而不是合议庭法官作出裁判。④

可见，德国民事诉讼法的规定无疑体现了简便、快捷的精神。然而，日
本似乎更进一步。《日本民事诉讼法》第 267 条规定："将和解或者放弃或
承诺请求记载于笔录时，该记录具有与确定判决同等的效力。"⑤ 可见，除
了用判决形式结案之外，根据日本民事诉讼法的规定，对放弃诉讼请求，也
可以不必作出判决，而只是由法院书记官将放弃诉讼请求记载于笔录，该记
录具有与确定判决同等的效力。这与德国不同。德国法要求法官作出舍弃判
决，并公开宣判，在处理方式上更为正规化。

《日本民事诉讼法》第 254 条还规定："第一款　在下面所列的情况下，
承认原告的请求时，不拘泥于本法第 252 条的规定，宣布判决可以不基于判
决书的原本：（一）在口头辩论中，被告不争诉原告所主张的事实，也不提

① 谢怀栻译：《德意志联邦共和国民事诉讼法》，第 76 页。
② 同上。
③ 同上书，第 77 页。
④ 同上书，第 121 页。
⑤ 白绿铉编译：《日本新民事诉讼法》，第 98 页。

出任何防御方法；（二）被告尽管受到公告送达的传唤，却在口头辩论的期日没有出庭（被告所提出的准备书状，视为其在口头辩论中陈述的情况除外）。第二款　根据本条前款规定宣布判决时，法院已宣布判决的口头辩论期日的笔录代替判决书，应当是法院书记官在口头辩论期日的笔录上记载当事人及法定代理人、主文、请求以及理由的要点。"① 上述规定列明了在被告承认原告请求的情况下，法院可以采用笔录方式代替判决书。这是为了简化宣布判决书的方式。同样，在原告放弃诉讼请求的情况下，也可以采用这种替代方式。据说这是日本民事诉讼法 20 世纪 90 年代的一项改革成果。这种方式更加简单，且不影响当事人行使放弃请求的权利。由于我国法制现代化、正规化建设尚处于初级阶段，日本的结案方式可能更适合我国的司法实践。

六、放弃诉讼请求的时间范围

有两种立法例。第一种是规定在一审判决之前。《德意志联邦共和国民事诉讼法》（以下简称《德国民事诉讼法》）第 306 条规定："原告在言词辩论中舍弃他所提出的请求时，如被告申请驳回，即应根据舍弃而驳回原告的请求。"② 根据上述规定，原告，而不是被告，在言词辩论之中可放弃诉讼请求。如被告申请驳回原告的诉讼请求，则法院应该作出驳回原告请求的判决。

但是，如被告未申请驳回，则法院是否可以直接准予原告的舍弃？如果回答是肯定的，那么，如何处置该舍弃呢？对此法律未作出明确规定。这是需要进一步讨论的问题。另外，这里也提出了其他几个相联系的问题，对此我们一并予以讨论。

其一，在言词辩论之前是否可放弃诉讼请求？这个问题值得研究。由于原告放弃诉讼请求时尚未展开言词辩论，故还未给予被告申请驳回的时机。对此，法院是否应该尊重原告的选择，直接准予其放弃诉讼请求的声明，作为判决的参考？我们认为这样做实际意义不大。因为放弃诉讼请求的本质是放弃诉权，消灭诉讼。如果法院一方面直接准予其放弃诉讼请求的声明，另一方面却保留该诉讼，两者存在明显的矛盾，也没有真正尊重原告的诉讼意

---

① 白绿铉编译：《日本新民事诉讼法》，第 94 页。
② 谢怀拭译：《德意志联邦共和国民事诉讼法》，第 75 页。

志。较好的办法有两种：一是动员原告放弃诉讼请求。虽然这种做法也不完全符合原告的意志，因为放弃诉讼请求虽然能够消灭原告的诉权且结束本次诉讼，但由于保留了被告的诉权，所以无法保证被告不再开诉讼。二是法院直接作出驳回原告的判决，不必等到被告申请驳回的时机。这后一种办法比较简单，直截了当，但需要修改法律的规定。

其二，在言词辩论之后判决之前是否可以放弃诉讼请求？我们认为可以。由于言词辩论期间已过，故被告已经错过了申请驳回的法定时机。对此，法院不可能根据被告的要求（假如被告确实提出这样的要求的话），以原告的舍弃为依据而驳回他的请求。因为法院要维护法律的权威。但是，原告的舍弃发生在判决之前，这作为一个重要的诉讼法律事实已经存在，法院应该予以正视。较好的办法是，法院应该直接准予原告的放弃诉讼请求的声明，并作出驳回原告的判决。

因此，就时间范围来看，原告在法院受理案件之后至判决之前，均可放弃诉讼请求，这能够充分体现对当事人意志的尊重。

我国澳门特区的规定与德国一致。《澳门民事诉讼法典》第235条第1款规定："原告得于诉讼程序之任何时刻舍弃全部或部分请求，而被告亦得就请求作出全部或部分认诺。"一般来说，一个完整的诉讼程序包括起诉、受理、开庭前的准备、开庭审理、法庭辩论、法庭评议和判决等阶段。在正常情况下，法庭作出判决意味着关于该案件的诉讼程序宣告终结。根据第237条第1款的规定，在作出判决之前，放弃诉讼请求可使诉讼程序宣告终结，则意味着"判决之前"的任何阶段、任何时间，原告都可以申请放弃诉讼请求。

第二种模式是日本法。《日本民事诉讼法》第266条规定："第一款　放弃或承诺请求，应在口头辩论等期日进行。第二款　以书状提出放弃或承诺请求的当事人在口头辩论期日未出庭，法院或受命法官或受托法官，可以视其为进行该旨意的陈述。"[1] 根据上述规定，放弃诉讼请求的时间范围专指口头辩论等期日，对此不得进行扩张解释，比如不能指提交辩论状的期日。为什么作出这样强硬的规定呢？可能为了防止反悔。因为在口头辩论期日，在法官主持下，有双方当事人或者其代理人在场，并有法院书记官做法庭笔录，当事人一旦作出放弃诉讼请求的表示，其后是很难改动的。

我国民事诉讼法及司法解释没有规定放弃诉讼请求的时间范围。这就造

---

① 白绿铉编译：《日本新民事诉讼法》，第98页。

成了两种情况：要么当事人不知道何时才能提出放弃诉讼请求的申请，弄得无所适从，不利于保护当事人的诉权；要么随时提出放弃的申请，这样又会妨碍法庭的审判程序，其结果可能会因为制度设置不当导致当事人与法官之间的矛盾。我们认为德国式的规定比较灵活，更适合我国目前的现状。

七、放弃诉讼请求的法律后果

通说认为，放弃请求制度的法律后果是消灭诉权，不允许再次诉讼。对此，各国无不加以规定。

例如，《德国民事诉讼法》第 514 条规定："在判决宣誓后，表明舍弃控诉权时，不论对方当事人承诺其控诉与否，都发生效力。"① 该规定明确了舍弃控诉的效果，就是说，控诉权一旦放弃，即不能再行使。这与撤回诉讼不同。在撤回诉讼的情况下，它还保留着诉权，还可以再次起诉。

《德国民事诉讼法》第 521 条第 1 款规定："被控诉人即使在舍弃控诉或已逾控诉期间后，仍可提起附带控诉。"②所谓附带控诉是相对于主控诉而言的。所谓主控诉是指在一审判决作出之后，一方当事人不服判决而向二审法院提出的控诉。该方当事人被称为控诉人，其对方当事人就是被控诉人。被控诉人所提起的控诉就是附带控诉。根据该条规定，第一，这里的舍弃控诉是指上诉人（控诉人）舍弃控诉。第二，如果控诉人舍弃控诉，而被控诉人想提起控诉的，则被控诉人所提起的控诉成为附带控诉。被控诉人有提起此附带控诉的权利，因为他的诉权没有消灭，即使已经超过了控诉期间，他的诉权依然存在。与此相反，由于控诉人已经舍弃控诉，他的诉权已经消灭。

从上面可以看出，无论舍弃起诉还是舍弃控诉，在舍弃之后，都不可重新提起起诉或者控诉。这与撤诉是完全不同的。

又如《法国民事诉讼法》第 384 条第 1 款规定："诉讼，除因判决之效力消灭外，亦因和解、认诺、舍弃诉权之效力，附随诉权而消灭，或者在诉权不能转移的情况下，诉权因一方当事人死亡而消灭。诉讼之消灭以法院终止管辖裁定确认之。"③ 根据该规定，舍弃诉权具有两种效果：一是消灭诉

---

① 谢怀栻译：《德意志联邦共和国民事诉讼法》，第 118 页。
② 同上书，第 120 页。
③ 罗结珍译：《法国新民事诉讼法典》，中国法制出版社 1999 年版，第 79 页。

权。一方当事人舍弃诉权，意味着该方当事人的诉权消灭，另一方当事人的诉权没有消灭。如果双方当事人舍弃诉权，意味着双方当事人的诉权消灭。二是，舍弃诉权能够使诉讼消灭，它是诉讼消灭的一种方式或途径。如果双方当事人舍弃诉权，则该诉讼消灭。如果一方当事人舍弃诉权，另一方当事人对此明示或者默示同意，则该诉讼也消灭。

关于放弃诉讼请求的效果，日本民事诉讼法第五章的标题是："不经裁判而中了诉讼。"在这一章中，放弃诉讼请求与承认请求、和解、撤回诉讼一样，都具有不经裁判而终结诉讼的功能。第 284 条规定：第一，"提起控诉的权利，可以放弃"。该条规定与放弃诉讼请求的基本含义结合在一起，表明了如下几层意思：提起控诉是一项诉讼权利；第二，此项权利可以放弃；第三，放弃此项权利的后果是消灭诉权，并结束该项诉讼；第四，放弃控诉的时间范围。上诉人在控诉（上诉）期间就可以放弃控诉。根据日本民事诉讼法第 285 条规定，自受送达判决书或笔录之日起两周内的不变期间，为控诉期间。控诉应当在这期间提起；否则视为放弃控诉。[①]

我国澳门特区民事诉讼法对放弃诉讼请求的效果没有作出明确规定。但我们可以比照澳门民事诉讼法典第 237 条第 1 款和第 2 款规定进行分析。第 1 款规定："请求之舍弃使欲行使之权利消灭。"[②] 第 2 款规定："诉之撤回仅使已提起之诉讼程序终结。"[③] 由此可以看出，诉权的消灭与诉讼程序的终止是两个不同的概念，具有质的区别。只有放弃诉讼请求，才能消灭诉权；而诉之撤回并不能使当事人的诉权消灭。因此，原告撤回诉讼之后，仅仅能够终止诉讼程序，其诉权仍然予以保留，此后还可以重新起诉。但是，一旦原告放弃诉讼请求之后，不仅能够终止诉讼程序，而且其诉权不可予以保留，此后还不可以重新起诉。

从上面可以看出，德国、法国、日本以及我国澳门特区关于放弃诉讼请求的后果的规定，是完全一致的，即不合我国最高人民法院《关于民事诉讼法若干问题的意见》第 54 条、第 58 条之规定，放弃诉讼请求的后果是，放弃的主体不再享有实体权利。这与一般意义上的放弃相比显得更为严重，不仅违背了通说，而且与德国、法国、日本以及我国澳门特区的规定不合，

---

① 白绿铉编译：《日本新民事诉讼法》，第 102 页。

② 中国政法大学澳门研究中心、澳门特区政府法律翻译办公室编：《澳门民事诉讼法典》，第 78 页。

③ 同上。

是对放弃诉讼请求意义的一种曲解。因此建议采用通说。

八、放弃诉讼请求的无效问题

根据国外和境外立法，放弃诉讼请求在以下情况下是无效的：

首先是时间上的限制。违反法定的期间而放弃诉讼请求是无效的。上一段已述及，此处不赘。

其次是对方提出上诉时。《法国民事诉讼法》第 558 条第 2 款规定："此后如有另一当事人本人符合规定地提出上诉，舍弃上诉不生效力。"① 根据该规定，即便一方当事人已经明示或默示地舍弃上诉，如果另一方仍然拥有上诉权，并且依法提出上诉，那么该一方当事人的舍弃上诉也是无效的。因此，只有在另一方当事人明示认可一方当事人舍弃上诉的情况下，或者在另一方当事人虽未明确表示认可，但超过法定上诉期间未提出上诉的情况下，一方当事人的舍弃上诉才是有效的。

最后，对方当事人提起使放弃诉讼请求行为无效的诉讼时。根据澳门民事诉讼法典规定，当一方当事人放弃诉讼请求后，另一方享有撤销权，可以提起使放弃诉讼请求行为无效的诉讼。《澳门民事诉讼法典》第 243 条规定："一、认诺、诉之撤回、请求之舍弃及和解，得一如性质相同之其他行为般被宣告无效或予以撤销；《民法典》第 352 条第 2 款之规定，适用于认诺。二、就认诺、诉之撤回、请求之舍弃及和解所作之判决即使已确定，以不妨碍提起旨在宣告该等行为无效或旨在撤销该等行为之诉讼，只要撤销权仍未失效。三、如无效仅因诉讼代理人无权力或有关诉讼委任之不当所致，则须将作出认可之判决通知委任人本人，并告诫该人如无任何表示，则视有关行为已获追认及无效已获补正。"② 根据该条规定，原告的放弃诉讼请求行为可以被宣告无效或者被撤销；即使关于放弃诉讼请求的判决已确定，对方当事人仍可以提起使这种放弃诉讼请求行为无效的诉讼。

在上述三种情况中，我国澳门特区的规定非常独特和罕见，建议不予采纳，因为它与设立放弃诉讼请求制度的目的不符合，不仅没有达到减少诉讼环节、节省时间和快速消灭诉讼的目的，反倒新添一个诉讼，犹如一个新的

---

① 罗结珍译：《法国新民事诉讼法典》，第 111 页。

② 中国政法大学澳门研究中心、澳门特区政府法律翻译办公室编：《澳门民事诉讼法典》，第 79 页。

累赘。至于前两种情况，当然可以作为放弃诉讼行为无效的原因。

九、共同诉讼中放弃诉讼请求

从上述比较对象的立法看，只有我国澳门特区对此作了规定。《澳门民事诉讼法典》第 240 条规定：“一、如属普通共同诉讼，个人得自由作出个别之认诺、诉之撤回、请求之舍弃及和解，但以各人在案件中各自所占之利益为限。二、如属必要共同诉讼，任一共同诉讼人之认诺、诉之撤回、请求之舍弃或和解，仅在诉讼费用方面产生效力。”① 通说认为，所谓普通共同诉讼，是指当事人一方或者双方为二人以上，其诉讼标的是同一种类的，法院将其合并审理的诉讼。所谓必要共同诉讼，是指当事人一方或者双方为二人以上，其诉讼标的是同一的共同诉讼。② 根据第 240 条规定，在共同诉讼中，诉的舍弃分两种情况来处理：一是在普通的共同诉讼中，每个人都可以放弃诉讼请求，但是他放弃诉讼请求所涉及的利益是极其有限的，即仅涉及他本人在案件中所占的一份利益。如果其他人仍然保持自己的利益，并坚持不放弃诉讼请求，那么这个案件便不能终止诉讼程序。而在必要的共同诉讼中，只有全体共同诉讼人申请放弃诉讼请求，本案才可终止诉讼程序。其中某个人的申请放弃诉讼请求是不能终止诉讼程序的。

我国内地民事诉讼法与澳门特区立法的内容基本一致。第 53 条第 2 款规定：“共同诉讼的一方当事人对诉讼标的有共同权利义务的，其中一人的诉讼行为经其他共同诉讼人承认，对其他共同诉讼人发生效力；对诉讼标的没有共同权利义务的，其中一人的诉讼行为对其他共同诉讼人不发生效力。”

不仅如此，我国民事诉讼法还就集团诉讼中代表人放弃诉讼请求的问题作了规定。《民事诉讼法》第 54 条规定：“当事人一方人数众多的共同诉讼，可以由当事人推选代表人进行诉讼。代表人的诉讼行为对其所代表的当事人发生效力，但代表人变更、放弃诉讼请求或者承认对方当事人的诉讼请求，进行和解，必须经被代表的当事人同意。”《民事诉讼法》第 55 条第 3 款规定：“代表人的诉讼行为对其所代表的当事人发生效力，但代表人变更、放弃诉讼请求或者承认对方当事人的诉讼请求，进行和解，必须经被代

---

① 中国政法大学澳门研究中心、澳门特区政府法律翻译办公室编：《澳门民事诉讼法典》，第78 页。

② 柴发邦主编：《中国民事诉讼法学》，中国人民公安大学出版社 1992 年版，第 219、224 页。

表的当事人同意。人民法院作出的判决、裁定，对参加登记的全体权利人发生效力。未参加登记的权利人在诉讼时效期间提起诉讼的，适用该判决、裁定。"根据上述规定，在人数众多的代表人诉讼中，代表人在征得被代表的当事人的同意后，也可以作为放弃诉讼请求的主体。然而，从上面可以看到，无论是我国澳门特区的法律，还是内地的法律，在一般共同诉讼和集团诉讼中，放弃诉讼权利都受到法律的严格限制，这是两者的基本精神。

十、无独立请求权的第三人在二审程序中是否有权放弃诉讼请求的问题

我国《民事诉讼法》第56条规定："对当事人双方的诉讼标的，第三人认为有独立请求权的，有权提起诉讼。对当事人双方的诉讼标的，第三人虽然没有独立请求权，但案件处理结果同他有法律上的利害关系的，可以申请参加诉讼，或者由人民法院通知他参加诉讼。人民法院判决承担民事责任的第三人，有当事人的诉讼权利义务。"《关于民事诉讼法若干问题的意见》第65条规定："依照民事诉讼法第五十六条的规定，有独立请求权的第三人有权向人民法院提出诉讼请求和事实、理由，成为当事人；无独立请求权的第三人，可以申请或者由人民法院通知参加诉讼。"根据上述规定，第一，有独立请求权的第三人可以成为诉讼当事人，既然如此，他当然有权放弃自己提出的诉讼请求。第二，无独立请求权的第三人不能成为诉讼当事人，因而就没有权利提出自己的诉讼请求，从而谈不上放弃诉讼请求。

《关于民事诉讼法若干问题的意见》第66条规定："在诉讼中，无独立请求权的第三人有当事人的诉讼权利义务，判决承担民事责任的无独立请求权的第三人有权提出上诉。但该第三人在一审中无权对案件的管辖权提出异议，无权放弃、变更诉讼请求或者申请放弃诉讼请求。"据此规定，在第二审程序中，无独立请求权的第三人可以成为上诉人。根据诉讼原理，在他承担"当事人的诉讼权利义务"，被"判决承担民事责任"的情况下，他"有权提出上诉"。既然如此，他就有权提出自己的诉讼请求，同样有权放弃自己的诉讼请求。遗憾的是，《关于民事诉讼法若干问题的意见》并未就此作出任何明确的规定，给人们留下了一个"谜"，让人颇费思量。我们认为，最高法院应当就此明确规定：在第二审程序中，无独立请求权的第三人可以成为上诉人，有权提出自己的诉讼请求，同样有权放弃自己的诉讼请求，从而结束法律解释的盲区。

十一、如何处理一审原告胜诉后在二审中放弃诉讼请求的问题

2000 年 4 月 22 日，原告中国联合通信有限公司天津分公司（以下简称联通公司）根据表明为被告孙庆祥的身份证复印件，售出号码为 13002250954 的 SIM 卡一张，购买人并与原告联通公司签署了 SIMl30 网入网用户登记表、通信服务协议及入网须知。但使用该卡的手机自 2000 年 5 月至 2000 年 9 月共欠手机话费 485.40 元、滞纳金 142.51 元，合计 627.91 元。联通公司经向孙庆祥追索话费不成，遂向天津市第二中级人民法院提起诉讼。

天津市第二中级人民法院经审理后判决如下：被告孙庆祥于本判决生效之日起十日内给付原告中国联合通信有限公司天津分公司话费及滞纳金 627.91 元。逾期按中国人民银行同期贷款最高利率增加一倍支付迟延履行期间的债务利息。

一审判决后，孙庆祥不服，向天津市高级人民法院提出上诉，要求撤销原审判决，驳回联通公司的诉讼请求。天津市高级人民法院审理过程中，联通公司提出申请，表示放弃对孙庆祥的诉讼请求，并愿承担一、二审的案件受理费。鉴于联通公司提出放弃对孙庆祥的诉讼请求，系联通公司处分其诉讼权利，并不违反法律规定，应予准许。依据《中华人民共和国民事诉讼法》第 52 条规定，天津市高级人民法院于 2001 年 4 月 4 日判决如下：一、撤销天津市第二中级人民法院一审民事判决。二、准予中国联合通信有限公司天津分公司放弃对孙庆祥的诉讼请求。一、二审案件受理费均由中国联合通信有限公司天津分公司负担。①

联通公司作为一审原告，在一审胜诉对方上诉后，在二审期间又提出放弃诉讼请求的主张，二审对此应当如何处理，法律上没有明确规定，是民事诉讼程序问题中的一种新情况。

本案中，二审法院准许当事人放弃诉讼请求的重要依据是，上诉请求确实是基于上诉人行使其诉讼权利才提起的，但是其存在的依据是本诉。如果没有本诉的提起，一审法院也不会就此诉的内容作出判决，上诉人也不会对一审法院的判决不服而提起上诉。二审期间，提起本诉的当事人主张放弃诉

---

① 《一审胜诉对方上诉后在二审中放弃诉讼请求案》，www.chinalawedu.com，2003 - 12 - 30，9：53：28。

讼请求，则本诉已不复存在，上诉的原始依据不存在，上诉人提起的上诉也就不存在，这不存在剥夺上诉人上诉权利的问题。上诉人上诉是因为一审法院的判决对其不利，二审期间本诉不存在了，争议已经解除，上诉人没有必要再坚持上诉主张，另一方当事人放弃诉讼请求自然也不存在剥夺上诉人诉权的问题。下面就此作出分析。

1. "放弃上诉"与"一审原告胜诉后，在二审期间放弃诉讼请求"，这两种形态的区别

关于"放弃上诉"，其直接后果是一审判决生效。然而，关于"一审原告胜诉后，在二审期间放弃诉讼请求"，其情况则比较复杂，大致可分为如下几种形态：

其一，如果上诉人（一审被告）不放弃上诉权，则被上诉人（一审原告）放弃诉讼请求无效。

其二，如果上诉人放弃上诉，被上诉人不放弃诉讼请求，则一审判决生效。

其三，如果上诉人放弃上诉，同时被上诉人也放弃诉讼请求，在这种情况下，一审判决因"上诉人放弃上诉"而生效；同时一审判决又因"被上诉人也放弃诉讼请求"而不生效，因而法院权衡两者，应作出一审判决不生效的判决。

其四，如果上诉人首先放弃上诉，然后被上诉人也放弃诉讼请求，在这种情况下，一审判决因"上诉人放弃上诉"而生效。法院至少在形式上应作出一审判决生效的认定。在此前提下，又由于"被上诉人也放弃诉讼请求"，这是被上诉人在二审法院作出判决之后对其诉讼权利的一种处分形式，处分的结果是：一审原告作为胜诉方在判决结果上并无所得。

我们不难看出，二审期间，上诉人始终没有放弃上诉权，尽管被上诉人做出了放弃诉讼请求的意思表示。我认为，其放弃诉讼请求的意思表示无效。

2. 本诉与上诉的区别及其在本案中的意义

二审法院认为，应准许当事人放弃诉讼请求。其理由之一是，"上诉请求确实是基于上诉人行使其诉讼权利才提起的，但是其存在的依据是本诉。如果没有本诉的提起，一审法院也不会就此诉的内容作出判决，上诉人也不会对一审法院的判决不服而提起上诉。二审期间，提起本诉的当事人主张放弃诉讼请求，则本诉已不复存在，上诉的原始依据不存在，上诉人提起的上诉也就不存在，这不存在剥夺上诉人上诉权利的问题。上诉人上诉是因为一

审法院的判决对其不利，二审期间本诉不存在了，争议已经解除，上诉人没有必要再坚持上诉主张，另一方当事人放弃诉讼请求自然也不存在剥夺上诉人诉权的问题。"

我认为，上述观点是错误的，它误解了本诉与上诉的关系；夸大了本诉对上诉具有决定作用，很大程度上忽视了上诉的独立地位。具体而言：

其一，二审期间本诉不复存在的原因，不是"提起本诉的当事人主张放弃诉讼请求"，而是一审法院已经就本诉作出了判决，判决产生了既判力。由于受到既判力的拘束或阻断，一审原告不能直接将本诉带入二审。换言之，一审原告提起的本诉因受到既判力的阻断，不能带入二审。

其二，上诉的原始依据是当事人一方不服"一审判决"，而不是不服"本诉"。上诉是直接针对一审判决而来的。

其三，一审法院作出判决，从而使本诉结束。此后，当事人一方在上诉期间提起了上诉。这样，上诉与本诉之间不存在任何直接的关联性。它们之间的关系因一审判决而被斩断。本诉已经消灭，上诉刚刚开始。因此，认为"二审期间，提起本诉的当事人主张放弃诉讼请求，则本诉已不复存在，上诉的原始依据不存在，上诉人提起的上诉也就不存在"，这种观点是站不住脚的。

其四，在上述情况下，如果二审法院以所谓"本诉不存在"为由，认定上诉不存在了，从而以判决或其他形式结束上诉，即等于剥夺了上诉人的上诉权利。如前所述，进入二审之后，本诉即不存在。但是一审判决并没有自然失效。只有二审法院通过判决或调解的形式作出新的判决或调解结束，才能使一审判决失效。在一审判决被取消之前，二审法院不能仅以"二审期间本诉不存在了，争议已经解除，上诉人没有必要再坚持上诉主张"为由，以判决或其他形式结束上诉。因为这个前提是错误的，二审期间本诉不存在了，但争议并没有自然解除。在这种情况下结束上诉，即等于剥夺了上诉人的上诉权利。

因此，从以上两方面看，二审法院的判决理由是错误的；既然如此，其判决结论就缺乏合理的依据。

十二、我国放弃请求制度的基本框架、缺陷与立法建议

我国民事诉讼法和最高人民法院《关于适用〈中华人民共和国民事诉讼法〉若干问题的意见》（以下简称《关于民事诉讼法若干问题的意见》，

1992 年 7 月 14 日颁布），对放弃诉讼请求的要件、方式，放弃诉讼请求的推定，放弃诉讼请求的效果等作出了规定，大致构成了我国的放弃请求制度。具体分析如下：

1. 放弃有效的要件

第一是放弃的主体应当合格。例如，当事人必须是本诉的原告或者被告（作为反诉中的原告）。在代表人诉讼中，代表人放弃诉讼请求必须经过被代表人同意方可。第二是须采用明示的方式。一般来说，上述两个要件应当同时具备，缺一不可。但实际上，后一个要件并不严格，因为在某些情况下，可以通过当事人的消极行为（不提出诉讼请求、事实和理由）来推定他放弃请求。如果进一步推论，我们完全可以说，承认这些消极行为意味着允许默示放弃的方式。

2. 放弃诉讼请求的几种情况

根据我国民事诉讼法及其有关司法解释的规定，如果以放弃诉讼请求的主体为标准，可以将放弃的情况分为如下几种：

当事人的放弃。《民事诉讼法》第 52 条规定："原告可以放弃或者变更诉讼请求。被告可以承认或者反驳诉讼请求，有权提起反诉。"根据该条规定，有权放弃诉讼请求的当事人是原告。其实，在被告提起反诉的情况下，他也有权放弃自己提出的诉讼请求。

诉讼代理人的放弃。《民事诉讼法》第 59 条第 2 款规定，在委托他人代为诉讼的情况下，委托人必须向人民法院提交由自己签名或者盖章的授权委托书，"授权委托书必须记明委托事项和权限。诉讼代理人代为承认、放弃、变更诉讼请求，进行和解，提起反诉或者上诉，必须有委托人的特别授权。"根据该条规定，诉讼代理人在有委托人的特别授权的情况下，有权放弃委托人的诉讼请求。

此外，还规定了第三人的放弃和共同诉讼中代表人的放弃。可见，《关于民事诉讼法若干问题的意见》从诉讼主体角度对放弃诉讼请求作出了较为细致的规定（与其他方面的条文相比而言）。

3. 放弃的后果

根据《关于民事诉讼法若干问题的意见》第 54 条、第 58 条的规定，放弃诉讼请求的后果意味着放弃的主体不再享有实体权利。

从上面可以看到，我国的放弃请求制度就已有的规定来看，显得较为简陋，缺乏精细的规定，往往需要作出细致的解释才能理解，而作出这种解释往往比较困难。具体来说有如下几点：一是没有规定放弃诉讼请求的时间范

围。二是放弃诉讼请求的后果是不再享有实体权利，这违背了通说和大多数
国家的规定。三是不明确认可默示的放弃方式，是排斥当事人的意志的表现
之一。四是在是否放弃的推定问题上，倾向于推定不放弃诉讼请求。例如，
在继承诉讼中，被通知的继承人不愿意参加诉讼又未明确表示放弃实体权利
的情况下，人民法院仍应把其列为共同原告。（第 54 条）其实在这种情况
下，更应该推定当事人放弃诉讼请求。五是对于放弃诉讼请求，不必得到对
方当事人的同意这样的要件也没规定，因为从法律上肯定这一要件等于界定
放弃请求的性质。对此，两位法国学者曾经指出："舍弃诉权，原则上，不
需要经对方当事人接受，因为对方当事人没有利益阻止另一方当事人抛弃他
的诉权。原告放弃所主张的权利，对被告是一种利益。因此，舍弃诉权是一
种单方面的行为。"①

除上述问题外，我国放弃请求制度中还有许多空缺，如上诉的放弃及其
效果、附带上诉中的放弃、放弃诉讼请求的无效、放弃诉讼请求的判决或笔
录、诉讼费用的负担等。

在以上研究的基础上，我认为可以比较系统地构建我国的放弃请求制
度，其内容包括两大部分：

（一）基本内容

放弃请求制度是一项具有普遍性的制度，对于提高诉讼效率具有重要意
义。它一般应当包括如下内容：（1）放弃请求的案件范围。任何案件，不论
其性质和种类如何，都可以作为放弃诉讼请求的对象。（2）放弃请求的时
间范围。在法庭言词辩论中，都可以放弃诉讼请求。（3）放弃诉讼请求，
不必得到对方当事人的同意。（4）放弃诉讼请求的方式。放弃诉讼请求可
以是明示，也可以是默示。（5）放弃诉讼请求的效果。放弃诉讼请求后，
诉权就被消灭，不可以重新起诉。（6）费用的缴纳。放弃诉讼请求后，诉
讼费用由放弃诉讼请求的申请人缴纳。

（二）其他内容

1. 诉的放弃与反诉

参照我国澳门特区以及德国的制度，可作出如下规定：在法庭言词辩论
中，原告对于其诉讼请求可自由作出放弃的表示，而不影响反诉，但反诉取

---

① 让·文森、塞尔日·金沙尔著：《法国民事诉讼法要义》（下），第 1049 页。

决于原告提出之请求除外。①

2. 共同诉讼中放弃诉讼请求

根据澳门民事诉讼法典的规定，可拟定如下条款：如属普通共同诉讼，个人得自由作出请求之放弃，但以各人在案件中各自所占的利益为限。如属必要共同诉讼，任一共同诉讼人的请求之放弃，仅在诉讼费用方面产生效力。

3. 上诉的放弃

当事人可放弃上诉权；但预先放弃上诉权仅仅在双方当事人均放弃时方产生效力。

4. 附带上诉中的放弃

关于此制，德国、日本和我国澳门特区均有规定。参照其规定可以拟定如下内容：一方当事人放弃上诉权，或明示或默示接纳裁判时，只要对方当事人对该裁判提起上诉，其亦得提起附带上诉，但其明示声明不提起附带上诉者除外。

5. 放弃诉讼请求的判决或笔录

根据德国的规定，对放弃诉讼请求的驳回申请，可以作出判决。但是根据日本的规定，可以不必作出判决，而只是将放弃请求记载于笔录时该记录具有与确定判决同等的效力。后一种方式更加简单，且不影响当事人行使放弃请求的权利，可能比较适合我国的司法实践。

以上内容可以作为我们填补空缺时的参考和借鉴。这对于我们在立法过程中少走弯路，在司法实践中减少诉讼环节，促进诉讼速度，提高诉讼效率，或许有所裨益。

---

① 在诉讼中，如果被告提出了反诉，原告即使想宣告其放弃诉权，仍然有必要留在诉讼内，以便接受针对其宣告的被告所请求的处罚。

第四章 秘密录音的分类、证据 资格和司法政策

一、为什么要讨论秘密录音问题

2001 年 12 月 6 日，最高人民法院通过了《关于民事诉讼证据的若干规定》①（以下简称《证据规定》），其中第 68 条中规定："以侵害他人合法权益或者违反法律禁止性规定的方法取得的证据，不能作为认定案件事实的依据。"第 69 条规定："下列证据不能单独作为认定案件事实的依据：……（三）存有疑点的视听资料；……"第 70 条规定："一方当事人提出的下列证据，对方当事人提出异议但没有足以反驳的相反证据的，人民法院应当确认其证明力：……（二）物证原物或者与物证原物核对无误的复制件、照片、录像资料等；（三）有其他证据佐证并以合法手段取得的、无疑点的视听资料或者与视听资料核对无误的复制件；……"上述条款确认了有其他证据佐证并以合法手段取得的、无疑点的视听资料的证明力。

从上面可以看到，《证据规定》第 68 条初步确立了非法证据的排除标准；该条与第 69、70 条结合起来，确定了视听资料的采纳标准。但是，上述三个条文在诉讼法学术界和司法实务界引起了激烈争论。焦点问题有两个：一是如何正确理解第 68 条的意义？二是私自录取的视听资料在何种条件下才是合法证据？由于这两个问题具有密切的联系，因此，人们在争论的过程中，正如下面所表明的那样，并没有严格地把它们区别开来。

第一种观点认为，《证据规定》摒弃了最高法院 1995 年 2 号批复②

---

① 最高人民法院审判委员会第 1201 次会议通过。

② 最高人民法院给河北省高级人民法院案件请示的批复写道："证据的取得首先要合法，只有经过合法途径取得的证据才能作为定案的根据。未经对方当事人同意私自录制其谈话，系不合法行为，以这种手段取得的录音资料，不能作为证据使用。"（1995 年 3 月 6 日，法复 1995 第 2 号）尽管理论界和实务界对此持有不同看法，但是，在审判实践中均本此规定执行，即对于未经对方当事人同意取得的录音资料不能作为证据使用。

中"经对方当事人同意"的提法，以"合法手段取得"作为条件，因此，私录的视听资料只要手段合法就可以作为证据使用。① 具体地说，如果所获取的录音录像资料未经相关当事人同意，但并没有侵害到他人的合法权益，也没有违反法律的禁止性规定，则该录音录像资料可以作为定案的根据。有人还进一步指出，私人取证"不会对公民的基本权利构成严重侵犯、排除私人证据会导致可以运用的证据大为减少，而不利于诉讼的进行和案件事实的查明"，因而主张私录的视听资料具有可采性。②

第二种观点则认为，最高法院 1995 年 2 号批复明确规定，未经对方同意的私录行为系不合法行为，这自然也就不符合证据规则中以"合法手段取得"的条件，因此，私录的视听资料不能作为证据使用。③

有人还指出，由于法律意识差、与案件有利害关系等原因，私人取证甚至更容易侵犯公民的权利，并扰乱司法机关的正常取证。因此对私人取证应慎重使用，最高人民法院规定私录视听资料不得做证据使用就是一个很好的例证。所以，对私人取证应严格审查：如通过合法途径获取且具备客观性、关联性，则具有可采性；若系通过非法途径获取，则不论其是否具备客观性、关联性，都不具有可采性。④

第三种观点认为，《证据规定》所确立的非法证据的排除规则与判断标准比较含糊，不便准确地适用。一位作者写道：《证据规定》实施后在全社会都引起了广泛的关注。最为人们关注的，"除了医疗事故纠纷中的举证责任倒置之外，就是非法证据的排除规则与判断标准。区别在于，非法证据的排除规则与判断标准所涉及的偷拍偷录的证据是否合法有效及能否采信问题，就不像医疗事故诉讼中举证责任倒置那样简单明确了"。⑤ 根据《证据

---

　　① "未经他人许可的录音、录像不能作为证据"今后不再适用。《最高人民法院关于民事诉讼证据的若干规定》指出：只要通过不侵害他人的合法权益或者不违反法律禁止性规定的方法取得的证据，都可以成为有效证据。此次出台的《规定》中写明：第一，以侵害他人合法权益方法取得的证据为非法证据，比如违反社会公共利益和社会公德侵犯他人隐私取得的证据；第二，以违反法律禁止性规定的方法取得的证据是非法证据，比如擅自将窃听器安装到他人住处进行窃听取得的证据。除以上两种情形外取得的证据均不得视为非法证据。（《未经他人许可的录音、录像能作为证据》，载《青岛晚报》2001 年 12 月 31 日。）

　　② 蔡文硕：《完善我国非法证据排除规则的构想》，正义网 2004 - 01 - 19 09：38：17。

　　③ 游冰峰：《民诉中私录视听资料证据合法性解析》，中国法院网 2003 - 03 - 07 13：42：13。

　　④ 蔡文硕：《完善我国非法证据排除规则的构想》。

　　⑤ 胡勇：《谨防滥用偷拍偷录》，载《法制日报》2002 年 4 月 10 日。

规定》，以侵害他人合法权益或者违反法律禁止性规定的方法取得的证据，不能作为认定案件事实的依据。这一规定虽然没有把偷拍偷录的材料全部排除在证据之外，但也绝不能以此得出偷拍偷录材料可以作为合法有效证据的结论。①

我注意到，尽管学术界和司法实际部门对此有不同的声音，但是一些媒体却明显地表现出一致的倾向：偷拍偷录的材料可以作为民事诉讼中合法有效的证据，② 或者"未经他人许可的录音、录像能作为证据"③，并将这种倾向性观点灌输给广大的受众。据报道，在国内很多地方，专门用于偷拍的针孔摄像头公开买卖、唾手可得，由偷拍偷录而引发的案件、纠纷也呈现快速增加的趋势，从而证明了在媒体作用之下《证据规定》的广泛影响。

我认为，之所以出现这种趋势，可能出自如下几个原因：第一，在思想解放、经济发展、社会进步的年代，人们要求保护个人隐私的观念越来越强烈。第二，科学技术的迅速发展，使得用于偷拍偷录的仪器设备越来越先进、越来越轻巧、越来越便于使用、越来越不易被人识破。第三，人们误解了《证据规定》的有关条款，误以为偷录偷拍已经为最高人民法院的司法解释所允许。据我考察，国外对秘密监听严格控制在严重刑事犯罪的侦查过程中使用，如德国、俄罗斯、日本。民事案件和行政案件中不允许使用秘密监听。对使用秘密监听有严格的法律程序，要经过一定的机关严格审批。秘密录音和秘密监听不是一回事，但它们之间有时具有密切的联系，进行秘密监听的同时有时要进行秘密录音。和秘密监听一样，秘密录音是一个独立的取证行为。它不仅可以用于严

---

① 胡勇：《谨防滥用偷拍偷录》，载《法制日报》2002 年 4 月 10 日。

② 湖南邵阳市双清区法院在审理借款纠纷一案时，采信了原告陈女士出具的证据——一盒私录的录音磁带，并据此认定被告赵先生欠款事实存在。双方最终以调解方式握手言和，被告归还原告欠款 600 元，并承担本案诉讼费。据悉，这是最高人民法院去年 4 月 1 日施行《关于民事诉讼证据的若干规定》这个新的司法解释后，邵阳市法院采信录音磁带作为证据而审结的首起民事案件。根据新的司法解释，当事人如果要以私自录制的录音磁带等视听资料作为证据并得到法院的采信，除了符合证据的基本要求外，还须符合不能侵害他人合法权益或违反法律禁止性规定，以及无疑点两个条件。（华云：《邵阳法院：首起采信录音证据案审结》，新华网 2003 - 04 - 29 13：34：06。）

③ 《未经他人许可的录音、录像能作为证据》，载《青岛晚报》2001 年 12 月 31 日。这里应当说明的是：该文章所使用的标题具有明显的倾向性，而这种倾向是有害的，因为作者对这个问题的认识尚不深入，理由见本文。

重犯罪的刑事侦查，而且可以用于严重民事违法行为和严重行政违法行为的取证。在美国，秘密录音这种取证手段虽然受到非议，但新闻界使用的频率仍然较高。为数不少的新闻工作者都认为偷拍、偷录、偷听等采访手段的使用极大地维护了公众的知情权。美国广播公司（ABC）的"黄金时间"节目就曾经采用偷拍、偷录、偷听的方式获取新闻。例如为了获得得克萨斯州某些慈善院内糟糕的生活条件和有关官员腐朽无能的第一手资料，两个新闻记者伪装成病人住进了慈善院，用微型摄像机拍摄下了病人所受到的虐待。记者还采取相同的方法混进了俄亥俄州的一家老兵医院。在没有告知院方的情况下秘密拍摄下了该院职员玩忽职守，以及护理病人时低下的能力。① 但是法律界和公众普遍认为偷拍、偷录、偷听在很大程度上侵犯了公民的隐私权。的确，从法律的观点来看，没有哪一部民事诉讼法典明确授权公民允许偷录偷拍活动。法律具有明确的导向作用，绝对不会鼓励人们从事这种偷偷摸摸的行为。正因为如此，一旦发生像美国尼克松总统时期的"水门事件"，那是一种见不得人的事件，就会引起轩然大波，甚至引起政坛动荡。即使对非法取证行为相当宽松的英国，偷录偷拍行为都是非法的。因此，我国不可能有例外。遗憾的是，《证据规定》没有明确规定这一条。第四，新闻媒体误读后大力宣扬，起到了推波助澜的作用。

由于上述法条留有比较宽的解释余地，加上权威性的法律解释滞后，导致理论界和司法实务界争议较大，莫衷一是，从而在一定程度上造成了法律

---

① 美国有关专家建议记者每当想要采取诸如偷拍、偷录、偷听的手段获取信息之前，一定要仔细斟酌自己是否是因为以下缘故而不得不采取此种方式：所要获取的信息具有极大的公众重要性。所谓公众重要性特指那些涉及公众利益的重要新闻，比如说此类新闻事件的披露能揭示政府官员的腐败行为，或是能够阻止对某些个人的迫害；只有一切获取信息的方式都无济于事、万不得已时方可采取偷拍、偷录、偷听的手段；披露有关新闻事实从而阻止的危害大于因为采取欺骗手段而引起的危害。他们指出，如果是出于以下原因进行偷拍、偷录、偷听则是不能容忍的：为了赢得奖项；可以借此打击竞争对手；以更少的时间和资源获取新闻故事情节。因为被采访者本身就是不道德的，所以采取非道德手段进行采访活动。（徐志红：《美国人看偷拍、偷录、偷听》，载《中华新闻报》2005 年 3 月 27 日。）

适用上的不统一，甚至出现了截然相反的判例。① 为了解决上述问题，我将尽可能对秘密录音问题进行充分讨论，力图把握这种事物的本质，揭示事物的真相。通过讨论，我将最终解释以下问题：首先，秘密录音活动是合法取证行为，还是非法取证行为？其次，通过秘密录音活动所获得的证据是何种性质？是合法证据还是非法证据？如果是非法证据，法庭是坚决加以排除还是留给法官自由裁量？② 在此基础上，我将提出关于秘密录音政策的若干建议。

二、秘密录音的定义、特征、种类和范围

我们从前一部分可以看到，目前人们对视听资料、偷录偷拍等问题十分关心，纷纷开展讨论，所用的术语也比较繁杂。为了便于问题的讨论，我打

---

① 2002 年 1 月 8 日，李某与某医院签订协议一份，约定李某为该医院设计两个交互式对话聊天室、某网站登录认证系统等程序。协议同时约定，程序验收合格后，医院向李某首期支付 5000 元，待程序安全、稳定运行 30 天后，再支付 5000 元；该程序完成后 6 个月内，李某为医院继续完善程序系统，并维护网站的正常运行，医院向李某每月支付 2000 元的酬劳。同日，医院向李某支付 5000 元，余款未付。李某将该医院诉至法院。

审理中，被告对原告已按要求完成设计程序以及程序运行稳定的事实予以否认。原告向法庭提交了录音磁带一盘，该磁带收录了他与被告法定代表人的 5 次电话通话（录音未经被告法定代表人同意），其中第一次通话为："下个月什么时候"（原告问）；"下月底付清"（被告法定代表人答）；"设计程序 6 个月正常运行，您知道吗"（原告问）；"噢"（被告法定代表人答）。其他 4 次通话双方只就何时付款进行了交涉，被告法定代表人未就程序提出任何异议。该磁带经当庭播放，被告质证后对该磁带收录内容真实性不持异议，但认为其法定代表人通话为敷衍的态度，不能认定为他对程序运行正常事实予以认可。原告还提交了收据存根一张，该收据存根载明的交款单位为被告、金额为 7000 元、时间为 2002 年 3 月 12 日，上面有被告法定代表人的签名。原告称 7000 元包括剩余的设计费 5000 元及 1 个月的维护费用，提交此证的意图为被告法定代表人同意支付剩余的设计费及 1 个月的维护费用。被告质证对该证据的真实性不持异议，但认为同意付款和程序正常运行之间没有因果关系，而且未就其主张的原告未按要求完成设计程序、该程序运行后不稳定无法进行验收向法庭进一步提交其他证据。

法庭经审理后认为，被告虽对原告按要求完成设计程序以及程序运行稳定的事实予以否认，但根据录音磁带中反映的内容可以证明原告的主张，而原告提交的收据存根载明的内容则可以印证他的主张；被告负有反驳原告主张的举证责任，但被告未进一步提交其他证据。法庭对原告提交的录音磁带予以采信，被告则应承担举证不能的后果。法庭最终认定原告已尽到程序设计及维护义务，判决被告给付原告设计及维护费用。

本案原告李某胜诉的关键证据是他向法庭提交的那盘录音磁带。（石淼：《偷录的视听资料可以作为证据》，中国法院网 2002 - 10 - 21 11：03：29。）

② 游冰峰：《民诉中私录视听资料证据合法性解析》，中国法院网 2003 - 03 - 07 13：42：13。

算首先界定秘密录音这个关键的术语，以便限定讨论的范围。

首先，什么是秘密录音？所谓秘密录音，是指录音者在被录音者不知情的情况下所进行的录音活动，如磁带录音。它具有三个基本特征：一是被录音者可以是特定的人，也可以是不特定的任何人；二是录音的场合可以是公开场合，也可以是不完全公开的场合，或者是完全不公开的场合；三是被录音者不知情，即录音活动具有秘密性。这是秘密录音活动的最重要的特征。只有满足上述三个特征的录音活动，才能称为秘密录音。

其次是秘密录音的种类。秘密录音依不同的标准可作不同的分类。例如，以录音场所为标准，可以分为公共场所下的秘密录音和私人场所下的秘密录音。以录音主体为标准，可以分为承担侦查职能的警察的秘密录音和其他人士的秘密录音（如新闻记者的秘密录音）。以是否合法为标准，可以分为合法的秘密录音和非法的秘密录音。以录音对象系属国家为标准，可分为对国外人士的秘密录音和对国内公民的秘密录音。等等。

最后是录音的范围。秘密录音是仅仅针对刑事犯罪活动，还是可以针对刑事犯罪之外的民事违法行为或行政违法行为？这是一个需要认真讨论的问题。秘密录音用于刑事犯罪的侦查，这是普遍现象，也是各国刑事诉讼法的普遍规定，这里不做讨论。我们主要考察秘密录音是否可以用于民事违法行为或行政违法行为的取证。从国内的情况看，既可以针对刑事犯罪活动进行秘密录音，也早已出现对民事违法行为或行政违法行为所进行的秘密录音。

从国外的法律来看，有的国家民事诉讼法典上规定了录音作为证据的问题，如《俄罗斯联邦民事诉讼法典》第 77 条规定："提交或要求电子载体或其他载体上的录音或录像的人，必须指出是何人在何种条件下进行录制。"这说明录音或录像在一定条件下，是可以作为合法证据的。因为该法典第 55 条规定："违反法律取得的证据，不具有法律效力，不得作为法院判决的基础。"如果法官经审查认定，录音或录像的取得符合法定的条件，那么它就具有法律效力，成为合法证据。这里没有明确把"录音或录像"分为秘密的还是公开的，但至少并不排斥秘密录音或秘密录像，也就是说，即使取得的是秘密录音或秘密录像，只要符合法定的条件，不违反法律，就具有法律效力，就成为合法证据。除俄罗斯之外，其他国家（日本、德国等）没有录音录像作为证据的规定，因而不好作出判断。

三、按照录音场所对秘密录音的分类，以及不同场合下秘密录音资料的证明资格

下面，我们将以录音的场所为标准，将录音分为两种：公共场所的录音和私人场所的录音。

（一）公共场所的录音

公共场所的录音可分为公开录音和秘密录音两种。公开录音是指在公开场所，录音者在征求被录音对象同意之后所进行的录音活动；它是合法行为。秘密录音则是在公开场所，在未经录制对象同意的情况下所进行的录音活动；这种录音行为具有何种性质要区别对待。

1. "公共场所无隐私"辨析

有人认为，根据公共场所无隐私的原则，一般而言，未经对方当事人同意私自录制其在公共场所的言行，所形成的视听资料（录音带和录像带）可以作为证据使用。这个观点初看起来，仿佛是合理的，但细致分析，仍存在问题。下面就此作出分析，以避免因这个貌似合理其实含混的原则所导致的错误。

首先，是否存在"公共场所无隐私"的原则，是一个需要研究的问题。即便确有这项原则，也不能采取绝对化的立场，因为凡有原则就有例外。我们举一个例子。比如公厕，应该是公共场所，但是人们在使用公厕时显然不愿意他人了解自己的隐私。因此，在公厕安装摄像之类的设备是不适宜的。又如繁华大街，也应该是公共场所。但是有一天，笔者亲眼在西单大街上所见，当一名男子用自己的摄像设备正在向人群拍摄的时候，一个高个子青年立刻过来挡住了他的镜头，并愤怒地声言要砸烂它。因此，我们认为，对这项原则的含义应该从严解释，而不是扩张解释。

其次，在公共场所，谁敢绝对否认他人之间会有私人性质的谈话？如果这种谈话确实存在，还要不要受到保护？我们认为应该受到保护，这符合隐私权应该受到保护的法律原则。只要存在隐私，无论在何种场合都存在被人录音的问题。在公共场所，既然存在人们之间的私人谈话，既然这种谈话有泄露的可能性，就应该受到法律保护。因此，这里不存在绝对的"公共场所无隐私"的原则。在这种场合，不仅警方无权随意录音他人之间的私人谈话，而且其他任何人也无权随意这样做。此外，在公园、商店、酒吧等等

公共地域，人们的私人谈话都是要受到法律保护的。只有在得到录制对象同意的情况下，人们才可以进行采访、录音或者录像等活动。

再次，在有些公共场所下，法律法规是明令禁止录音录像的。例如，根据现代的公开审判原则，一般来说，法庭是确定的公开场所（法庭有固定的和流动的两种形态，不论是固定的法庭还是流动的法庭，一般都属于公开场所，人们可以到此自由旁听庭审情况；禁止旁听的情况属于特例）。但是许多国家都严格规定，为了保证法院公开、公正、不受任何干扰地独立行使审判权，在法庭上禁止录音录像，有的甚至禁止做笔记。[①]我国最高人民法院 1999 年 3 月 8 日发布的《关于严格执行公开审判制度的若干规定》第 11 条规定："依法公开审理的案件，经人民法院许可，新闻记者可以记录、录音、录像、摄影、转播庭审实况。"《中华人民共和国人民法院法庭规则》第 9 条规定："旁听人员必须遵守下列纪律：（一）不得录音、录像和摄影；（二）不得随意走动和进入审判区；（三）不得发言、提问；（四）不得鼓掌、喧哗、哄闹和实施其他妨碍审判活动的行为。"该规则第 10 条是专门规范新闻记者在法庭的行为的："新闻记者旁听应遵守本规则。未经审判长或者独任审判员许可，不得在庭审过程中录音、录像、摄影。"对违反这些规定的人，审判长和独任审判员可以口头警告训诫，也可以没收录音、录像和摄影器材，责令退出法庭，或者经院长批准予以罚款、拘留，对严重扰乱法庭秩序的人要追究刑事责任。[②]

事实上，我国人民法院早已开展了这方面的实践。例如，1998 年 7 月，北京市第一中级人民法院审理一件诉讼案时，中央电视台获准在现场实况转播。但是参加旁听的其他诸多新闻记者却不得记录、录音、录像和摄影。因此，记者并非进入法庭就能任意采访，采访必须经人民法院许可。[③]

不允许记者在法庭上公开录音录像已经成为一条定则。有的记者为了达到自己的目的，采用了秘密拍摄法庭活动和在法庭秘密录音的做法。例如，

---

① 如法国刑事诉讼法规定，如果法庭辩论对社会秩序或者道德、风俗存在危害时，法庭可以禁止任何录音，电视、电影摄像及照相，否则罚款 300 法郎至 12 万法郎。

② 这里实际上存在一个利益冲突问题。一方面，新闻记者要进行正常的新闻报道，另一方面，法庭要行使正常的审判职能，从而产生了一对矛盾。有的新闻记者对法院限制了新闻自由和采访权的做法感到不理解，认为只要凭记者证就可以随意出入法庭任意采访，这种认识是片面的。那么，在法庭上，是优先保证新闻采访的自由，还是优先保证法庭的正常审判？最高人民法院的有关规则已经作出了正确的回答。

③ 李大勇：《论新闻报道与独立审判的关系原则》，中国法院网 2002 – 10 – 25 09：47：08。

有一家电视台为了批评某法院一法官，使用暗藏式录像设备到法院内部采访，并制成节目播放。[①] 这是明显的违法行为。因为根据我国刑法等法律的规定，有权使用这类器材的人只能是国家安全机关、公安机关和人民检察院依法执行公务的人员。使用这类器材，应当"根据国家有关规定，经过严格的批准手续"方可使用。新闻单位属事业单位，不具有使用这类器材的权利。未经人民法院许可使用暗藏式录音、摄像器材到人民法院或正在开庭的法庭中录音或摄像，是违法行为和藐视法庭的行为，是应当严格禁止的。记者旁听公开审判的案件，未经许可在开庭前、休庭时或闭庭后也均不允许拍摄法庭内情形和法官及诉讼参与人影像。

因此，无论出于何种原因，人们在从事录音活动时，必须确切地了解有关法律法规的规则，避免违反禁止性规定。

2. 公开场合下的公开录音

这种录音分为两种情况：一种情况是经过有权机关批准的公开录音。由于它是在得到有关部门批准的情况下采用的，因而受到法律保护。例如，举办大型的体育盛会，如足球比赛，允许记者进行摄像和录音进行报道。进入这样的公开场所，任何一个具有清醒意识的成年人或许都应该知道这一点。在公开场合从事秘密录音活动至少应该符合两个基本要件：一是要经过政府有权机关批准；二是由负责公共场所秩序的专门机关或者其工作人员行使这项权力。另一种情况是未经有权部门批准却擅自从事录音活动。这种情况下的录音行为是非法的，录音者通过此非法活动所获得的资料只能作为其从事非法活动的证据。如果情节一般，构成侵权，应赔偿受害人的经济损失和精神损失；如情节和后果严重，应当承担刑事责任。但是，如果事先征得录音者的同意（不是胁迫、出于误解或者引诱），或者被录音者事后追认（不是胁迫、出于误解或者引诱），则可免予追究责任。

3. 公开场合下的秘密录音

这种录音包括两种情况：一种情况是经主管机关授权的秘密录音。由于它是在得到有关部门批准的情况下采用的，因而受到法律保护。例如，为了对某个特定的对象进行录音，经批准允许专业技术人员进入某个公开场合有针对性的从事录音活动。另一种情况是未经有权部门批准却擅自从事秘密录音活动。这是非法的，也不存在事先征得被录音者的同意（不是胁迫、出于误解或者引诱），或者被录音者事后追认（不是胁迫、出于误解或者引

---

① 李大勇：《论新闻报道与独立审判的关系原则》，中国法院网 2002 – 10 – 25 09：47：08。

诱）的问题。

（二）私人场所的录音

它分为两种情况：私人场所的公开录音和私人场所的秘密录音。私人场所的公开录音是指在私人场所，录音者在征求被录音对象同意（不是胁迫、出于误解或者引诱）之后所进行的录音；它是合法行为。私人场所的秘密录音则是在私人场所，在未经录制对象同意的情况下所进行的录音；它是违法行为，但是这种违法行为所取得的证据是否应该被法庭采纳是需要具体分析的。

1. 私人场所的公开录音

这种情况不可能得到有权部门的批准，无合法性可言。例如，如果有人侵入他人住宅安装录音录像设施，则肯定是违法行为。

2. 私人场所的秘密录音

包括两种情况：一种情况是经过有权机关批准的秘密录音。由于它是得到有关部门批准的情况下采用的，多为职务行为，因而受到法律保护。（多见于刑事案件）另一种情况是未经有权部门批准却擅自从事秘密录音活动。是私人行为，这是非法的。（多见于民事案件）

两者的共同点在于，他们都构成侵犯私人隐私权。其一，从行为人的主观方面看，都具有故意性质。其二，从侵犯的客体来看，都明显地侵害了他人的隐私权。通常会侵犯民法所保护的隐私权，严重的有可能触犯刑法，要受到刑事处分。这种录音一旦被发现，录音者有被控告的可能。因此，这种录音行为在法制比较健全的国家都被宣布为违法行为，是受到严厉禁止的。[1] 正因为如此，对于私人场所的秘密录音，有关国家机关必须十分谨慎；对于个人来说，一定要依法办事，不得违法。

根据我国刑法第 284 条，国家安全法第 21 条的规定，秘密录音的取证方式本是不合法的。但是，这种违法的取证方式所获得的证据是否能够作为证据使用，是需要研究的问题。

这里存在一个疑问：对于私人场所发生的即使被人录音也毫无价值的谈话，要不要受到保护？我们认为应该受到保护，因为这种谈话发生在私人场

---

[1] 国外一些立法甚至还对私人场合的个人言行提供刑法保护。比如，法国刑法第六章第一节"侵犯私生活罪"规定，未经本人同意，录音、拍摄私人性质的谈话或在私人场所的形象所得到的录音、录像资料，以任何方式使用都构成本罪。德国刑法、瑞士刑法也都有类似规定。

合，是隐私权保护的对象。

显然，与公共场所里私人性质的谈话受到保护的标准相比，这里所确定的保护标准要低许多。它是按谈话发生的地点来确定的，而不是按谈话的性质来确定的；依这种标准所确定的保护范围是非常宽泛的，不论是有价值的谈话，还是无价值的谈话，只要发生在私人场所，就应该受到保护。因此，这种标准侧重于保护私人场所的隐私权，确保人们私人生活的安宁。

然而在公共场所，则侧重于维护公共秩序，这意味着私人的隐私权要暂时让位于公共秩序的维护这个目标。然而这不是绝对的，在公共场所，当两个人窃窃私语的时候，显然，他们不希望任何第三人去打扰，更不允许录音。

（三）小结

基于以上分析，我们可以得出如下几个结论：

（1）公开场合下的公开录音，如果是经过有权机关批准的，应该受到法律保护，由此获得的证据应当作为合法证据。如果是未经有权部门批准却擅自从事录音活动，那么这种录音行为是非法的，录音者通过此非法活动所获得的资料只能作为其从事非法活动的证据。

（2）公开场合下的秘密录音，如果是经过有权机关批准的，应该受到法律保护，由此获得的证据应当作为合法证据。如果是未经有权部门批准却擅自从事秘密录音活动，那么它是非法的，也不存在事先征得被录音者的同意（不是胁迫、出于误解或者引诱），或者被录音者事后追认（不是胁迫、出于误解或者引诱）的问题。

（3）私人场所的公开录音，这种情况不可能得到有权部门的批准，无合法性可言，由此获得的证据不应当作为合法证据，只能是非法证据。

（4）私人场所的秘密录音，如果是经过有权机关批准的，且系职务行为，因而受到法律保护，由此获得的证据应当作为合法证据。如果是未经有权部门批准却擅自从事秘密录音活动，属于私人行为，这是非法的，由此获得的证据不应当作为合法证据。

（5）在私人场所下，经过被录制者同意（不是胁迫、出于误解或者引诱）的录音，可以作为合法证据采纳。

（6）在私人场所下，未经有权部门批准且未经被录制者同意的录音，不得被采纳为证据，但事后经被录制者认可（不是胁迫、出于误解或者引诱）的除外。

四、最高人民法院 1995 年 2 号批复的缺陷

最高人民法院在 1995 年 3 月给河北省高级人民法院的批复（法复
[1995] 2 号）中说："证据的取得必须合法，只有经过合法途径取得的证
据才能作为定案的依据。未经对方当事人同意私自录制其谈话，系不合法行
为，以这种手段取得的录音资料，不能作为证据使用。" （下称 "95 批
复"）。该批复所体现的基本精神是：第一，证据的取得方式必须合法。第
二，通过不合法的方式所取得证据是违法取证。第三，违法取得的证据不能
被法院所采纳。应该说，这是一条非法证据的排除规则。第四，未经对方当
事人同意私自录制其谈话（亦称私录、偷录、秘密录音），系不合法行为，
以这种手段取得的录音资料，不能作为证据使用。

然而，审判实践是检验司法解释的重要标准。上述标准表明它对于民事
证据来说过于严厉。一位作者写道：

> 在现实生活中，一方当事人同意对方当事人录制其谈话的情形是极
> 其罕见的，对未经同意录制的视听资料不加区分地一概否定其证据效
> 力，就使得私录的视听资料几无 "合法" 的可能，也使视听资料的证
> 据价值大打折扣。由于我国体制上的原因以及一般民事主体，特别是普
> 通公民的个人能力有限，其对所需证据的调查收集本来就缺乏必要的可
> 资利用的资源，更没有强有力的取证手段，如果再以对司法机关取得证
> 据的严格要求来要求普通当事人，无疑会进一步削弱当事人的实际举证
> 能力，难以实现程序公正与实体公正的和谐统一，容易导致不公正的结
> 果，也不利于对抗式诉讼模式的进一步完善和发展。实际上，法官在审
> 判实务中往往基于个案的衡平，通过各种途径规避该司法解释的适用，
> 如迫使被告认可视听资料所反映的案件事实从而免除原告的举证责任，
> 或在调解中以该视听资料去压服对方以期达成调解协议，或当证据薄弱
> 事实难以认定时通过法官的心证形成优势证据。①

可见，该批复事实上没有被严格遵守。这也是 2001 年《证据规定》第

---

① 周力、赵迪：《论民事诉讼中私录视听资料证据的合法性与证明力》，中国法院网 2003 -
09 - 17 15：51：56。

68 条等替代该批复的实际背景。

我们认为，最高人民法院 1995 年 2 号批复在实践中之所以未能被良好地遵守，主要原因在于，它没有就不同场所下的录音问题区别对待，而是过于笼统，强求一律，结果自然不能如愿。

在我看来，在私人场所，必须着重保护公民的隐私权。因此，在私人场所进行录音应该采用明示同意或默示同意的方式，就是说，必须经过被录制者明确地表示同意或者默许，才能准许录制，否则视为违法取证。因为，现在的录制设备非常精巧，是高技术下的产物，被录制者往往无从发现。在这种录制设备隐蔽的情况下，如果没有他人提醒，被录制者往往根本意识不到录制设备的存在。在这种情况下，被录制者也许本意上根本不愿意自己的谈话被他人录音，但是由于没有得知真情，而误认为没有录制设备存在，结果被他人录了音。我们认为，这是对被录制者隐私权的故意侵犯。原则上，通过这种手段所取得的证据不得被法庭所采纳。不仅如此，录制者还应当承担民事责任，如果被侵权人提出诉讼请求的话。

相反，在公共场所，要强调维护公共秩序，保护公民的隐私权的任务则处于第二位。因此，此时的录音不必都采用明示的方式，就是说，采用非明示的方式进行的录音原则上是不违法的。通过这种方式所取得录音磁带证据原则上不是违法证据，而是合法证据。尽管如此，我们仍然强调，尽管是在公共场所，进行录音时也应该尊重公民的隐私权。因为在公共场所，它已经构成公共秩序的一部分。我们设想一下，如果新闻记者未经他人同意而录音录像，从而引起被录音对象的反感和抗议，导致现场秩序混乱，这是维护公共秩序，还是破坏公共秩序？

五、总结与设想

以上我们对秘密录音问题进行了详细研究，最后作一个基本总结，并对我国秘密录音政策作出若干设想。

第一，我们应该从事物发展的因果关系的角度来积极评价秘密录音的出现。对这种事物要采取具体分析的态度。如果一开始就限于传统思维，完全否认探讨它的必要性，或者武断地下结论，必然不利于问题的解决。最高人民法院 1995 年的 2 号批复就是一个教训。

第二，针对现实生活中出现的秘密录音，我们应该采取何种对策，这取决于我们对秘密录音这种事物的合理分类。本文尽可能地做了一些分类，对不同类型的秘密录音行为的性质尽可能加以合理的界定，对于不同秘密录音行为之下所获得的证据如何对待表明了自己的看法。这些结论应适用于民事诉讼，因为我主要是以最高人民法院《关于民事诉讼证据的若干规定》为依据进行比较研究的。相反，对刑事诉讼的秘密录音政策，本文基本上未作讨论。

第三，在对待民事诉讼中的秘密录音证据时，可以确定一些比较和缓的政策。根据《证据规定》第68条，秘密录音属于非法取证行为，由此获得的证据是非法证据，不能作为法院认定案件事实的依据，即应当予以排除。法官根本没有自由裁量权。我认为在民事诉讼中确立这样的严格标准，缺乏充分的依据，在司法实践中难以有效地实行。

我认为，至少在民事案件中，对于通过秘密录音所获得的证据采取一种客观的立场，不应该先入为主，将它界定为"违法证据"而一概排除，尽管不通过法定的审批手续开展秘密录音活动的确是非法的。① 我们应该参考国外比较成熟的理论和经验，从我国实际情况出发，制定一种务实的稳健的司法政策，而不是制定一种预期会引起剧烈动荡的极端的司法政策。

第四，必须尽快制定一部综合性的秘密录音法，以便比较准确地划清保护公民通信自由与打击犯罪、维护国家安全之间的界限；划清维护自身正当民事权益与侵犯他人隐私权之间的界限。在对待民事诉讼中的秘密录音与刑事诉讼中的秘密录音方面有可能确定不同的标准。刑事诉讼方面的规定当然要严格一些。例如，在刑事诉讼方面，应当包含如下内容：严格规定秘密录音的范围；严格限定从事秘密录音的政府机关范围；被授权的执法机关从事秘密录音活动，必须报经法院严格审批；任何不通过法定的审批手续开展的秘密录音活动，都是非法行为，由此所取得的证据是非法证据，不得采用等内容。美国《爱国者法案》所提供的这方面教训证明了这一结论的正确性。但在民事诉讼方面，可作出另外一些规定，如严格规定秘密录音的事项范围和活动场所；任何违反法律规定而开展的秘密录音活动，都是非法行为，由此所取得的证据是非法证据，但是此种非法证据是否被采纳，取决于法庭的客观判断。

第五，关于我国民事行政诉讼中秘密录音政策的几点设想。

---

① 英国在刑事诉讼中也采用这项政策。我们不完全同意这种做法。我们认为，在现代通信设备日益高新的年代，这项政策可能被滥用，公民权利和自由被严重侵犯的可能性越来越大，因此应当加以改变。

为了有效地对秘密录音进行控制和管理，我有一种想法，就是把这种活动纳入法院的管理之下。任何人在进行秘密录音之前，必须报经法院批准，只有这样，才是合法录音；否则就是非法录音。在这样一个基本的管理框架之下，我们可以比较容易的界定合法录音与非法录音的界限。在民事诉讼中，合法录音的条件是：第一，录音的主体是任何公民和法人（刑事侦查员除外）。第二，录音的对象必须是严重的民事违法行为的嫌疑。一般的民事违法行为不应当允许秘密录音。第三，必须经过法院批准。这体现法院对民事活动的监督职能。只有在特殊情况下，才可以允许在进行录音的同时，立即补办审批手续，这一点法院必须严格掌握，不能宽松。以上三个条件须同时具备，缺一不可。只要缺乏上述条件之一，就应视为非法录音。合法录音系合法取证行为，由此所获得的证据系合法证据，在诉讼中应当被采纳作为审判的根据。

下面所谈的都是关于非法录音的司法政策。

1. 民事诉讼中公民对重大民事违法行为的录音

这种录音具有如下特点：（1）这种录音是未经过法院批准所进行的录音，故系擅自录音或非法录音，其行为本身违法。（2）录音的主体是公民。（3）录音的对象是重大民事违法行为。

如何处理这种录音活动所获得的证据呢？我认为，我们的司法政策是不排除。同时要对非法录音行为进行处罚。这表明，第一，我们不鼓励这种非法行为；第二，为了公平保护行为人的利益起见，这种证据不应当排除。

2. 民事诉讼中公民对一般民事违法行为的录音

这种录音具有如下特点：（1）这种录音是未经过法院批准所进行的录音，故系擅自录音或非法录音，其行为本身违法。（2）录音的主体是公民。（3）录音的对象是一般民事违法行为。

如何处理这种录音活动所获得的证据呢？我认为，我们的司法政策是应当排除。同时要对非法录音行为进行处罚。这表明，第一，法院不支持违法取证。第二，即便采用这种证据，对违法行为人来说也无多大利益，都是一些微不足道的小利益。排除这种证据，对行为人的利益也损失不大，所以不接纳这种证据。国家不主张为了微不足道的小事而进行非法录音。

3. 行政诉讼中行政人员对普通民众严重的违法行为的录音

这种录音具有如下特点：

（1）这种录音是未经法院批准所进行的录音，故系擅自录音或非法录音，其行为本身违法。（2）录音的主体是行政机关及其工作人员（侦查员除外)。(3) 录音的对象是普通民众的严重违法行为。

如何处理这种录音活动所获得的证据呢? 我认为,我们的司法政策是应当排除。如果不排除,就会鼓励行政人员 (这些人在我国人数众多、涉及地域极为广泛、智商也很高) 违法 (取证手段过当),不利于保护广大的普通民众的合法权益,就会动摇我国人民民主专政的政权的合法性基础。

4. 行政诉讼中行政人员对普通民众的一般违法行为的录音

这种录音具有如下特点: (1) 这种录音是未经过法院批准所进行的录音,故系擅自录音或非法录音,其行为本身违法。(2) 录音的主体是行政机关及其工作人员 (侦查员除外)。(3) 录音的对象是普通民众的一般违法行为。

如何处理这种录音活动所获得的证据呢? 我认为,我们的司法政策是应该排除。因为这表明我们的价值观是要求行政机关及其工作人员依法办事,不能凭借强权,违法行事 (取证手段严重过当)。

5. 行政诉讼中普通民众对行政机关及其工作人员的严重违法行为的录音

这种录音具有如下特点: (1) 这种录音是未经过法院批准所进行的录音,故系擅自录音或非法录音,其行为本身违法。(2) 录音的主体是普通民众。(3) 录音的对象是行政机关及其工作人员的严重违法行为。

如何处理这种录音活动所获得的证据呢? 我认为,我们的司法政策是不排除。如果排除这种证据,就会降低普通民众的取证能力,对普通民众的权益会构成严重的侵犯,对他们很不公平。因为相对于行政机关及其工作人员的严重违法行为而言,普通民众的非法录音行为这种取证手段可能是不得已采取的措施,并不过当。

6. 行政诉讼中普通民众对行政机关及其工作人员的一般违法行为的录音

这种录音具有如下特点: (1) 这种录音是未经过法院批准所进行的录音,故系擅自录音或非法录音,其行为本身违法。(2) 录音的主体是普通民众。(3) 录音对象是行政机关及其工作人员的一般违法行为。

如何处理这种录音活动所获得的证据呢? 我认为,我们的司法政策是排除。因为相对于行政机关及其工作人员的一般违法行为而言,普通民众采取非法录音行为并非是不得已采取的措施,显然过当 (过分)。排除这种证据,这表明我们并不鼓励这种非法录音的违法行为。因为录音所针对的只是行政机关及其工作人员的一般违法行为,对普通民众的权益通常不构成重大危害，因此，排除这种证据，虽然会降低普通民众的取证能力，普通民众可能感到不公平，但是对普通民众本身的权益并不构成重大伤害，在这种情况下，我们考虑的重点是向普通民众灌输和执行依法办事、合法行为的原则和观念。

7. 对以上观点的总结

其一，在性质上要始终认定未经过法院批准所进行的录音系非法录音，是非法取证行为。

其二，对这种非法录音要区分不同情况，依法予以相应的惩处。具体侵犯了什么法律，就依照何种法律惩处。

其三，这种证据是接纳还是排除，要根据案件的性质和录音的对象、主体来具体确定。

其四，对国家机关及其工作人员的非法录音行为要严厉惩处。在某一国家机关中，如果非法录音是普通工作人员所采取的，其上司要承担连带责任。

其五，对普通民众的惩处要宽松一些，但绝不放纵他们的非法录音行为。

其六，不仅要考虑对非法录音者是否公正，还要考虑对社会、对广大公众的利益是否公正。总之，要全面衡量。有些国家（如美国）对非法录音所获得的证据采取一概排除的做法，过分强调所谓程序正义，完全忽略了社会公共利益，其结果是不利于打击犯罪，造成了十分严重的社会后果。因此，我们不能沿袭这样的方式。

8. 私人在自家院子里安装录音装置，由此所获得的证据怎样对待

有人认为，私人在自家院子里安装录音设备不必得到有关部门的同意；只要公民个人认为有必要，就有权安装这种设备，只要他不是故意的针对左邻右舍实施录音行为，不侵犯邻居的隐私权，因为它有利于维护自己的合法权益，有利于预防犯罪。

我认为，这种录音行为是非法录音，是非法取证行为。如果私人在自家院子里安装录音装置，由此所获得的证据怎样对待？我认为，应当参照上述情况和标准分别对待。

其一，如果非法录音行为所获得的证据是关于严重刑事犯罪（私闯民宅进行抢劫或杀人犯罪）的证据，或者是对重大违法行为进行录音所获得的证据，我认为，我们的司法政策是不应当排除。具体而言就是，在刑事诉讼中，法官有权根据案件的全部证据来综合衡量嫌疑人是不是真正的严重犯

罪。如果排除这种证据，不利于打击严重的犯罪，对于社会、对于广大的公众显然是不公正的。英国有这方面的判例。在民事诉讼中，我们的司法政策也是不排除，但要对非法录音行为进行处罚。这表明，第一，我们不鼓励这种非法行为；第二，为了公平保护录音者的个人利益起见，这种证据不应当排除。

其二，如果非法录音行为所获得的证据是关于一般犯罪或者一般违法行为的录音，由此所获得的证据，我们的司法政策是应当排除。理由是，排除这种证据，表明法律不鼓励侦查员在轻微犯罪案件中采取这种违法取证行为；同时，排除这种证据，对社会、广大公众（特别是受害人）并非明显的不公正。

总之，这种在自家院子里安装录音装置的做法虽然对于保护个人利益有一定的作用，但不利于提高公民的道德水准，使得公民之间互相提防，邻里关系紧张，不利于社会的和谐发展。

第五章　20 世纪 20 年代以来美国秘密监听政策的变化

美国是当今世界上秘密监听活动最猖獗的国家之一。美国情报部门对国外的监听活动（中央情报局负责）早已众所周知，美国民众习以为常，因此美国政府和情报机构并不忌讳。但是，他们对国内公民和组织的秘密监听，则直到尼克松总统时期的"水门事件"出现之后才被揭露，此前一直处于封锁状态，因为美国人民具有不信任政府、怀疑政府、反政府的传统，美国政府非常害怕因泄露这方面的信息而引起民众的强烈不满，故进行严密封锁，即便出了事情，也是竭力抵赖和否认。

美国主要有两大情报系统：一个是联邦调查局系统，它的主要职责是从事国内情报活动；另一个是中央情报局系统，它的主要职责是从事国外情报活动。此外，军队也有自己的情报系统，如国家侦察局，专门负责操纵间谍卫星。

美国情报部门有计划的、大规模的从事秘密监听活动始于 20 世纪 20 年代。从那时以来，美国的秘密监听政策大致可分为如下四个时期：(1) 1924—1960 年期间的司法实践；(2) 1960—1978 年期间的立法和司法实践；(3) 1978—2000 年期间的立法和司法实践；(4) 2001 年"9·11"事件之后的立法和司法实践。下面分别进行讨论。

一、1924—1960 年期间秘密监听的司法实践

大致说来，这段时期，美国立法机关对情报机构的秘密监听活动基本上没有进行控制。主要原因是，这是美国历史上十分动荡的时期（先后经历了 1929—1933 年的世界经济危机、二次世界大战、冷战等重大历史事件），国会授予美国总统很大的职权，以便及时应对国内外发生的重大事件。作为政府的一个极为重要的职能部门，情报机构在总统的授意下大肆进行监听活动。胡佛、杜勒斯正是在这种背景下建立了自己的"情报王国"。

1. 胡佛时期的秘密监听活动

1924 年 5 月 10 日，胡佛就任美国联邦调查局局长。胡佛在任期间大肆滥用自己的职权，广泛开展非法监视活动。他收集情报的对象，上至总统、国会议员，下至普通百姓。胡佛还把自己的"触角"伸向美国最高法院。从 1945 年开始，28 年间，联邦调查局的特工人员至少窃听了最高法院 12 位法官的私人谈话。按照美国宪法的规定，最高法院的电话是不准窃听的。因此，权威人士认为，胡佛是美国最危险的敌人，是美国的"盖世太保"。① 由此可见，胡佛担任联邦调查局局长时期，国家立法机关没有一项针对秘密监听活动的法律或政策，处于无法可依、自行其是的状态。

2. 杜勒斯时期的秘密监听政策

1947 年 7 月 26 日，美国国会正式通过了《国家安全法》。同年 9 月，成立了国家安全委员会（只限总统、副总统、国务卿、国防部长和参谋长联席会议主席、紧急计划局局长等）和中央情报局。中央情报局直接向国家安全委员会负责，因此，也就直接向总统负责。②

1948 年 6 月，杜鲁门总统签署了国家安全委员会第 10 号附 2 号文件，特别授权中央情报局进行特别行动。杜鲁门制定中央情报局领导实施心理战和准军事行动计划，其中规定了两个重要的指导原则：一是行动必须是秘密的；二是政府可以巧妙地推卸责任，即一旦引起外交争端，中央情报局必须将所有责任揽在自己身上，起到"舍车保帅"的作用。③

本来，美国《国家安全法》规定："中央情报局不得拥有治安、传讯、司法或维护国内安全等任务。"但是，杜勒斯在向参议院武装委员会提交的一份备忘录中，要求中央情报局应当"拥有进行秘密情报活动的独一无二的权力"。他还说："由于所谓秘密情报所具有的魅力和神秘气氛，通常总是对它给予过分的重视……但是在和平时期，大部分情报可以通过公开的途径获得……它也可以通过许多美国人、企业家和专家以及在外国居住的美国人获得，这些人自然而且正常地接触到那些国家所发生的事情。"这就给中央情报局插手国内事务提供了极好的借口。为了在国内搜集外国情报，主要是从国外回来的旅行者身上搜集，国家安全委员会发布第 7 号命令，准许中

---

① 杜险峰：《美国联邦调查局秘史》，海南出版社 2002 年 8 月版，第 9 页。

② 劳丁、谷生：《艾伦·杜勒斯》，世界知识出版社 1999 年 3 月版，第 154 页。另参见李东燕：《杜鲁门》，学苑出版社 1996 年 4 月版，第 133 页。

③ 同上书，第 155 页。

央情报局在美国国内向人们提问。这就等于将中央情报局的黑手伸到了美国公民中。①

在中央情报局的档案中，充满了各种秘密活动的清单，他们是各种肮脏交易的百科全书。在"针对美国公民的活动"的标题下，有一长串条目，大部分是非法的或不道德的。中央情报局把几千名美国人置于长期监视之下，对他们的电话进行录音，在他们的住处安装窃听器，审查他们的纳税退款，夜里偷看他们办公室的文件。中央情报局二十多年来一直私拆美国人的邮件。国家安全局也已经截去了几百万份电报和电传。中央情报局与生命科学部联合进行思维控制实验，使被实验者不知不觉地服用麻醉剂，致使有的人丧失记忆，有的人死亡。②此外还有各种暗杀阴谋。总之，中央情报局的许多活动"超越了它的章程所确定的工作范围"③。每一个总统使中央情报局为其服务的手段，都违背了人类尊严的标准。④

开始，这些活动一件也没有揭露出来；只是到了后来，随着 1973 年"水门事件"狂风大作，中央情报局完全保密的时代才不可避免地结束了。

二、1960—1978 年期间的立法和司法实践

20 世纪 60 年代，电话窃听技术的日益广泛运用以及扩音器和无线电发射装置微型化的迅速发展，引起了法院和立法机关对保护私人秘密（隐私权）的关注（表明科学技术对立法和司法的影响）。在某些州，一般说来，非经法院批准，窃听电话是非法的。假如安装扩音器并不构成非法侵入而为宪法所准许的话，那么，使用电子窃听也是不禁止的。到 60 年代末期，各级警察局，不管是电话窃听还是电子仪器窃听，在申请法院批准时，都受到日益严格的限制。⑤

在未获得法院允许的情况下，使用电子监控仪器和装置所获得的证据，在法庭审判中不能得到承认。1967 年的卡茨诉合众国一案中，联邦调查局

①　劳丁、谷生：《艾伦·杜勒斯》，第 156 页。

②　[美]蒂姆·韦纳：《五角大楼内幕》，东方出版社 1993 年版，第 189 页。

③　同上书，第 192 页。

④　同上书，第 189 页。

⑤　上海社会科学院法学研究所编译：《刑事侦查与司法鉴定》，知识出版社 1982 年 9 月版，第 10 页。

工作人员将电子监控装置贴在公用电话亭（叶注：有的地方看似公共场所，实为私人空间，如公用电话亭）的外边，用来监听和记录被告人的电话。显然，工作人员并未非法侵入被告人的房产，但最高法院认为，其行为已经侵犯了被告人的隐私权，因为被告享有使用公用电话亭而不受窃听的合法权利。1968 年美国《综合整治犯罪与街道安全法》禁止任何人未经法院授权，以电子的、机械的或者其他类型的装置来达到窃听或者企图窃听谈话或电话线传输的目的。该法还规定，除非有法院专门的授权，即使窃听的内容有时是根据，也不能随便泄露。从监听内容中得到的证据，只有法官才能在其职务所允许的条件下适当使用。① 从而巩固了司法判决的成果。在此之前则没有任何法律可循。遗憾的是，该法并没有得到严格的执行。因为，依照宪法和惯例，总统有一项"固有权力"，总统是通过司法部长来行使此项权利的。具体来说，在美国，司法部长既有责任保护国家不受间谍的陷害，又有责任根据美国宪法第四条修正案，保护公民个人权利不受侵犯。总统固然（本来的意思）可以通过司法部长行使他的"固有权力"，下令对某人进行搜查和截听，而不必再由法院办手续。

这样，在总统的"固有权力"与法律之间时常发生冲突，最后往往是总统凭借其"固有权力"取胜。

1972 年，联邦调查局在纽约的一名特工因非法窃听电话和私人民宅而被起诉。这个案子查到最后，连联邦调查局前任代理局长 L. 帕特里克·格雷也受到指控。接着又发生了著名的"水门事件"。

1972 年 6 月 18 日，美国《迈阿密先驱报》发表了一则消息，其标题是："企图在民主党总部装窃听器的迈阿密人在华盛顿被拘留。"报道说，昨天（6 月 17 日）夜里有五人在华盛顿的水门大厦被捕，民主党全国委员会总部就设在该处。这五人中，有四人是从迈阿密去的，其中一人自称是中央情报局的职员。他们随身携带照相机和电子侦察设备，是戴着橡胶手套安装窃听器时被发现，当场被捕的。问题是，那个自称是中央情报局的职员，名叫麦科德，实际上是尼克松的"争取总统连任委员会"的安全顾问，其余四人也不是古巴人，很可能是受雇于"争取总统连任委员会"的特工人员。②

6 月 20 日，《华盛顿邮报》说，从被捕的人员随身携带的通讯录中，发

---

① 引自吴俐《对偷录证据材料成为证据的质疑》，载《政治与法律》2003 年第 6 期。
② 杜险峰：《美国联邦调查局秘史》，第 146 页。

现了曾在白宫任职的前中央情报局特工人员霍华德·亨特。他曾在尼克松的高级顾问科尔森手下任职。①

民主党立即展开攻势，对"争取总统连任委员会"和这伙窃贼提起民事诉讼，要求赔偿 640 万美元。② 检察机关立即对"水门事件"展开调查。9 月 15 日，在取得必要的证据之后，麦科德等五人被依法起诉，同时被起诉的还有前中央情报局特工人员霍华德·亨特，和"争取总统连任委员会"的法律顾问戈登·利迪。③

1973 年，随着案件调查的深入，尼克松的副助理亚历山大·巴特菲尔德向参议院特别调查委员会泄露了一个极为重要的秘密：从 1971 年 3 月以来，白宫安装了能自动记录谈话的秘密监听系统，总统在办公室的所有谈话，都有录音磁带备考。于是，围绕着交还是不交录音磁带，进行了一场旷日持久的诉讼。④

1973 年 8 月 29 日，联邦地方法院作出判决，要求尼克松交出他不愿意交出的材料。尼克松立即向美国联邦最高法院上诉。7 月 24 日，最高法院以 8 票对 0 票，一致裁决尼克松总统不得拒绝特别检察官要其交出录音磁带的要求，并且正式驳回关于总统在这方面拥有特权的抗辩。⑤

7 月 30 日，众议院司法委员会就弹劾总统问题进行表决。随后，尼克松宣布辞职。

三、1978—2000 年期间的立法和司法实践

由于"水门事件"对美国政府和情报机构产生的巨大冲击，1978 年卡特总统上任之后，考虑签发一种新的法律，要求对秘密监听之类的事项秘密办理手续。

但是，在 1978 年美国弗吉尼亚州联邦法院对罗纳德·路易斯·汉弗来和戴维·忠间谍案的审判中，第一次直接使用无手续调查得来的犯罪证据。这是对原有法律的突破。在这起案件的侦查过程中，司法部长贝尔仔细权衡了各种办法的利弊后，终于批准联邦调查局在戴维·忠的房间里安装一个窃

---

① 杜险峰：《美国联邦调查局秘史》，第 147 页。
② 同上。
③ 同上书，第 148 页。
④ 同上书，第 159 页。
⑤ 同上书，第 163 页。

听器，法院不必再办理手续。那时，最高法院对于不办理手续，就利用电子监视来调查外国间谍活动问题，还从未有过任何规定。

此案审判结束四个月后，1978 年，卡特总统签署了一道法律，即《国外情报监视法》，废除了 40 年来总统可以随意下令对间谍进行监视的"固有"的权力。这是卡特总统对美国人民的一项重大贡献。该法同时规定，在大多数外国间谍案中，必须先经法院批准，而后方能进行电子监视。这实际上继承和再次肯定了 1968 年美国《综合整治犯罪与街道安全法》的主要内容。

这些规定是：（1）为了在本国侦缉外国间谍而安装电话截听器时，在大多数情况下须由联邦法院办理手续。将来，手续由美国最高法院首席法官指定七名法官组成一个专门轮流小组签发，小组按严格保密规定在华盛顿开会。（2）只有司法部门已经查明，有一定理由相信美国公民或其他"旅美人员"（如常住外侨或公司人员等）是某"外国"间谍，且在从事秘密情报搜集活动，"可能构成"联邦罪时，方可对此人进行电子监视。美国人涉嫌其他秘密情报活动或恐怖活动者，在某种情况下，也可成为电子监视的目标。（3）允许政府有关部门（主要指绝对保密的国家安全局，也可在联邦调查局协助下进行窃听）继续进行电子截听而无须法院办理手续，唯此类活动应专门针对外国"官方"机构，如人人皆知的由外国政府指挥与控制的部门、组织或单位的办公室或通讯设施。司法部长必须切实注意，尽力避免使美国人也连带受到截听。（4）临时旅美的外侨一般与美国人受到同样保护，但在某些情况下另作别论，例如参加国际恐怖主义组织，或在旅美期间受外国招雇等。对此类人进行监视时，仍须法院办理手续，但政府方面无须出示任何证据来说明此人即将触犯联邦刑律。①

也许有人会问，卡特作为总统，为何要废除自己的"固有权力"呢？卡特总统是一个政治品质比较高尚的人。他非常反感和反对政府的秘密制度。他说："我们需要无所不包的使人民愉快幸福的法律，以杜绝特殊利益集团转走政府后门的途径。除了极少数例外，制定规章的机关、其他行政部门或国会委员会没有理由举行秘密会议。这类会议应公诸于众，全部表决情况应记录在案，完整的新闻报道应得到认可和鼓励。"② 他还说："政府内部

---

① 汪宗兴、李玉安选编：《世界大案秘闻》，学苑出版社 1989 年版，第 93—94 页。

② ［美］吉米·卡特著，版本图书馆编译室译：《为什么不是最好的》，商务印书馆 1977 年版，第 193 页。

的保密应减少到最小限度，同时公民们的个人秘密应最大限度地不受干扰。"① 他还特别针对司法部的腐败问题说："最近几次总统选举以后，我们的司法部长已经代替邮政部长成为政治上主要的被任命人，可是我们近来已经亲眼看到这个最重要的执法机关的腐败现象。任命特别检察官的目的必须仅仅是为了保证法律的实施！司法部长不应该参加政治活动。"② 政治领导人不要"根本低估了我们人民天生的品质和性格"③。因此，卡特总统所采取的措施反映了他的政治信念。

从上面可以看到，在"9·11"事件之前四十多年的时间里，美国对待电子监听经历了如下的认识过程：起先，在手段合法（从事窃听活动并不构成非法侵入）的前提下，并不禁止电子窃听。20世纪60年代末期，法院严格限制警方的窃听活动。到1978年，总统签署法律，废除了40年来总统可以随意下令对间谍进行监视的"固有权力"，规定在大多数外国间谍案中，必须先经法院批准，而后方能进行电子监视。由此可见，美国对待电子截听、监听活动的态度越来越严厉。这意味着，美国企图用规范的正当法律程序来控制这种活动，使之符合一个法治国家的尊重人权、尊重正当的法律程序的发展目标。

由此我们可以作出如下推断：自从卡特总统1978年颁布"国外情报监视法"之后，第一，无论是刑事案件还是民事案件中，法院对电子窃听问题是十分关注的。严格限制和禁止对他人进行电子监听。除非法院批准，否则任何人（包括警察）均无权监视他人。因为根据美国宪法第四条规定，公民个人权利不受侵犯。一旦允许进行电子监听活动，就会造成对他人权利的侵犯，故应当予以禁止。第二，未经允许，通过电子监听所获得的证据是非法证据，应当予以排除。这与英国的规定具有本质区别。尽管英国和美国一样，也认定电子监听系非法行为，但是，美国法律明确地排除由此得到的证据，英国则不是。

诚然，美国法律用鲜明的立场和坚决的态度处理了电子监听问题。然而在一些美国人看来，这种一概排除的做法过于极端，因而受到严厉批评。曾任美国哥伦比亚特区上诉法院法官的马尔科姆说："我认为，所有能够获得的材料和推理表明，把最可靠的证据予以排除，对于惩罚以致禁止政府官员

---

① ［美］吉米·卡特著，版本图书馆编译室译：《为什么不是最好的》，第194页。
② 同上书，第201页。
③ 同上书，第205页。

干坏事丝毫不起作用。而这种做法的不可避免的必然结果却是，使有罪的被告人得以逍遥法外。"① 他质问道："为什么对于非法取得的证据要实行一种除外原则，而对于非法逮捕的人却不实行这种除外原则呢？"② 1914—1961年，人们还为除外规则辩护（排除通过非法监听所获得的证据），认为它维护了美国宪法修正案第四条所保证的个人生活秘密权不受非法搜查和没收的权利。但随后不久，美国联邦最高法院就不再强调这种保护私人生活秘密的权利，因为他们对这条规则的合理性深感怀疑。大法官卡多佐对此规则也持有反对意见。③

从上面可以看到，直到 2001 年"9·11"恐怖袭击事件发生之前，美国的立法和司法实践在秘密监听问题上经历了一个认识过程，但是，这个认识过程进行的时间比较长，不像"9·11"事件之后那样十分仓促；政府决策的变化也比较谨慎。

四、"9·11"恐怖袭击事件之后的立法和司法实践

美国的秘密监听政策在"9·11"事件之后发生了重大变化，其标志性文字载体就是著名的《爱国者法案》。因此，我们必须详细讨论这部法案及其侵犯公民权利的秘密监听政策。

1. 《爱国者法案》的立法背景

2001 年"9·11"事件发生之后，美国立即进入紧急状态。恐怖袭击过后仅几个星期，美国国会众议院就以 356 票对 66 票，参议院以 98 票对 1票，分别通过《爱国者法案》（U. S. Patriot Act）。U. S. Patriot Act 是 Uniting and Strenthening America By Providing Appropriate Tools Required to Intercept and Obstruct Terrorism Act 的词头缩写，意思是"通过提供截获和阻止恐怖主义所需要的相宜技术团结人民和加强美国安全法案"，简称《爱国者法案》。根据该法案，政府除了对电话等电子通信手段进行监视之外，还可以通过其他途径掌握公民个人的情况。根据规定，政府执法官员只要满足"相关标准"，就可以得到某人的商业活动记录。该法案给予政府获取商业

① 原载刘赓书译，周叶谦校《法学译丛》1980 年第 3 期，转引自西北政法学院科研处编《证据学资料汇编》（下），1983 年 8 月，第 551 页。

② 同上书，第 548 页。

③ 同上。

活动记录的权力，只要它提出这些记录和外国情报调查有关，这包括图书馆、大学、书店、录像店的各种商业活动记录。政府不需要提出合理理由说明被调查者在从事犯罪活动，也不需要证明此人是外国情报人员，只要说明他们索取的材料和国外情报调查有关即可。

2. 美国"9·11"之后秘密监听政策的变化

与"9·11"事件之前相比，美国"9·11"之后的秘密监听政策发生了如下变化：

其一，布什总统实际上恢复了1978年"国外情报监视法"所废弃的总统的"固有权力"。这是最重要的一项变化。这项权力曾经是卡特总统所竭力反对的。2005年12月，美国总统布什承认在"9·11"事件后，曾签署了一份秘密总统行政令，授权美国国家安全局（NSA）在不必向法庭申请许可令的情形下，对美国境内居民的国际长途和电子邮件进行窃听和监视。①这项没有搜索状的窃听计划，并不在《爱国者法案》权限下，也没获得国会任何法令的授权，更不在任何法庭的监督之下。本来，按照NSA的规章制度，它的职权范围是对美国境外的电话和电子邮件进行窃听，包括向美国境内发出的信息。但如果NSA想要窃听从美国境内打出的任何电话或发出的电子邮件，却须由设在司法部内的外国情报监控法庭批准。然而在"9·11"之后不久，NSA便着手开始了一个名为"特殊收集项目"的国内窃听行动，而且没有得到上述法庭批准。

在苏联和华约解体之后，NSA在冷战时期负责筹建的全球电子监控网——"梯队"窃听网曾一度低迷，及至"9·11"事发，"梯队"突然间有了转机：不仅仅扩大"对外"窃听，还悄悄地获得了布什总统的亲自授权，对美国国内的公民实施全方位的窃听的特别权力！

无论如何，从实施"特殊收集项目"这一行动到现在，至少有数千人

---

①　NSA的主要任务就是窃听全世界的电话和电子邮件，然后进行破译。据美国空军协会杂志披露，NSA的总人数不下6万人，如果以经费、办公面积和人员而论，NSA绝对能够列入全球500强大企业的前50名。NSA网罗了各类人才，号称是"美国乃至全世界最大的数学家雇主"，旗下还有工程师、物理学家、语言学家、计算机专家、研究人员、分析家等各种专业人士，主要职能就是进行密码编译和破译。NSA还有一个与中央情报局（CIA）和联邦调查局（FBI）共享的内部互联网，在这上面，可以读到NSA从全球窃听得来的有关情报的文字记录，它可以是某亚洲国家军队士兵的谈话，也可能是欧洲外交官之间的对话。NSA设在全球各地的每一个基站每小时都能截获约200多万份的各类通信，包括电话、电报、电邮和传真，而如果这些信息要全部处理，则每天需要5亿小时的工作量。（杨晴川：《NSA对美国境外的电话和电子邮件进行窃听》，传媒视野网2005－12－23。杨晴川系国际先驱导报驻华盛顿记者。）

在美国境内遭到 NSA 窃听。美国法律规定，在一般情况下，国家安全机构是不能在美国境内展开窃听活动的。而布什的授权把一般只侦察国际通信的国家安全局的活动性质，作了重大的改变。这可能引起布什是否违反宪法的争议。① 尽管美国民众表示强烈不满，但布什政府仍以"反恐"的名义坚称监控窃听的"政治正确性"。

其二，监视范围扩大。"9·11"之前，被秘密窃听的仅仅是固定电话，且政府执法人员的每个电话窃听都要得到法庭许可。"9·11"之后，不仅固定电话允许继续窃听，而且移动电话及其他通信设施（如因特网、传真机、电传机）也允许受到监视。因此，扩大了被监视设施的范围。被监视设施的范围的扩大，使得窃听的内容发生了惊人的膨胀，因而在某些方面使政府更容易跟踪监视对象。例如，当某个固定电话被准许窃听时，这条电话线上所有的通信情况，都会成为监听的对象。再如搭线窃听，只要在传输线路上的任何一处，搭线接上相应的接收或窃听设备，就能截获线路上传送的所有信息，包括各种数据和图像信息。如是话音信息，可直接听辨；如是其他信息，则需进行解调处理。如有一种移动式的小型传真窃听器，可同时窃听几条传真线路，只要将窃听线并联到电话线上，线路上传输的全部传真信息都可被记录下来存入电脑，然后转换成图文符号打印出来。司法部公共事务部主任科拉洛为此辩解说："我们生活在数码时代，人们使用手机、数码电话、办公室电话、传真以及电话卡等各种通信手段，如果嫌疑犯转换电话，或从一个司法管辖区跑到另一个司法管辖区，而执法人员每次都要到法庭申请新的许可，就增加了犯罪嫌疑人潜逃的可能性。流动搭线电话监视使调查人员可以集中对付嫌疑犯。"

其三，批准条件发生了明显变化。根据美国法律的规定，"9·11"事件前后，政府执法机关的秘密监听活动都需要经过法院批准，② 但是批准的条件却发生了重要变化。"9·11"之前，政府执法机关必须向法院

---

① 《布什承认签署秘密行政令 批准国安机构进行窃听》，亚洲新闻网 19 December 2005。
② "9·11"事件发生之前，涉及公民监视的法律有两部：1968 年通过的《综合整治犯罪与街道安全法》和 1978 年通过的《国外情报监视法》。前一部法律允许执法人员在严重刑事案件中在万不得已的情况下进行电子窃听，但必须得到司法部官员的批准和法庭的命令。《国外情报监视法》的目的不是搜集犯罪证据以提出刑事诉讼，而是为了搜集有关外国人以及外国情报人员的情报，因此法庭的参与是秘密的，而且保持在最低限度。法院参与是这两部法律的共同点。就此而言，《爱国者法案》与上述两个法律之间有一定的联系。

严格证明开展秘密监听活动的必要性，否则不予批准。"9·11"之后，政府执法机关不必向法院严格说明开展秘密监听活动的必要性，在很大程度上只是通知而已，因为反恐需要严守秘密。批准条件的变化在很大程度上使法院审批这一重要环节形同虚设，从而留下了侵犯公民权利和通信自由的隐患。

其四，对于未经法院批准所取得的证据，法院不予采纳。这一政策在"9·11"前后仍保持一致。但是这条规定因审批条件的放宽而变得有名无实。

其五，对于未经法院批准所取得的证据，立法定性为非法证据，法院不予采纳，因而"9·11"之前，这种证据并不多。"9·11"事件之后，一方面立法机关和法院的立场未发生变化，另一方面随着批准条件大大降低，执法机关没有必要撇开法院，甘冒"非法取证"及证据无效的风险，因而这种证据的数量只会更少。

其六，经过批准所取得的合法证据，在"9·11"之前是很少的，因为法院的批准条件十分严格。"9·11"之后则发生了很大变化，它的数量会大大增加，因为反恐怖的政治需要和审批条件放宽所致。

最后是美国公众对法案反应的变化。"9·11"之前，美国有极少数人对非法取得的证据一概排除表示不满，认为是姑息罪犯的举措。但这一政策基本没有受到触动。但是"9·11"之后，美国许多人对法院降低条件准许执法机关从事秘密窃听活动表示了强烈不满，尽管他们从事秘密监听活动具有合法性，以及通过这种活动所取得的证据是合法证据。公众的不满表现在如下四个方面：

一是法律专家认为《爱国者法案》的某些条款有违宪的嫌疑。

《爱国者法案》刚出台时，由于"9·11"给人们造成的心理恐慌和担心，虽然少数人担心这项法案可能干涉美国人所珍视的民权和自由，但反对这项法案的人并不多。但是从 2003 年以来，越来越多的美国人开始对《爱国者法案》的宪法性提出质疑，认为法案的某些条款在对公民进行监视等许多方面给予政府过大的权力，侵犯了他们的民权和隐私。纽约布鲁克林法学院教授苏珊·赫尔曼说："《爱国者法案》通过之前，根据美国宪法第四条修正案的规定，政府不能进行无理搜查和扣押，联邦最高法院把它解释为：政府执法人员在进行搜查，包括对公民的住家进行搜查和搭线窃听之前，要向法庭证明有合理的理由这么做。但根据《爱国者法案》的某些条款，政府不必向联邦法官证明他们有监视某人的合理理由，而只需告诉法官，他们认为自己要搜查的情报和调查有关就可以了。"①

对此，美国司法部公共事务部主任马克·科拉洛辩解说，联邦执法人员只有到法庭向联邦法官呈交证据以后，才能对公民个人进行监视，例如，在进行电子监视或跟踪调查某人之前，必须首先得到法庭的命令并提出合理的理由。他说："《爱国者法案》的反对者希望人们认为，联邦调查局单方面就可以对公民个人进行监视和窥探。这种做法是美国法律所不允许的。联邦法官必须在审阅某人是外国间谍或恐怖分子的证据之后才能授权政府对他进行监视。"②大多数维护政府政策的学者甚至蛮横无理地辩称，在国家处于紧急状态的情况下，有关合法性的种种问题几乎是不相干的，正如联邦法院最高法院首席大法官伦奎斯特所说，在战争中，法律也变得"低声轻语"。③言下之意就是，秘密窃听可以降低法律标准，甚至无视法律进行。

华盛顿市乔治城大学法学中心教授戴维·科尔不同意上述看法。他一针见血地揭示了《爱国者法案》与1978年法律之间的关键区别。他说："政府的确需要法庭的命令才能进行搜查或搭线窃听，但《爱国者法案》对政府提出的举证标准并不严格，相反，它整个的目的就是使举证标准降低。政府需要得到法庭的命令才能进行搜查或安装搭线窃听，这是法律所一贯要求的，过去的标准是执法人员必须向法庭提出合理理由，说明某人从事犯罪活动。但是，《爱国者法案》没有这么要求，它只是说，只要说明被调查的对象是外国情报人员，例如外国政府、外国组织或任何组织的成员，就可以对他进行搜查或搭线窃听了。"④这样一来，政府"业已极大的扩展了对普通民众的监视及对其信息的收集"⑤，忽视或者侵犯了大量基本的个人权利与自由。这一切是布什政府在应对恐怖主义的威胁的口号下作出的，对此德沃金教授深为忧虑，他在《恐怖主义与对公民自由的袭击》一文中说："我们社会的性质将会趋于恶化，这是我们现在必须警觉注意的……"⑥

---

① 张立平：《寻求安全，难舍自由与人权》，载《21世纪环球报道》2002年9月9日。
② 同上。
③ ［美］德沃金著，李剑译：《恐怖主义与对公民自由的袭击》，原载 *New York Review of Books*, Volume50, Number17, November6, 2003。
④ 张立平：《寻求安全，难舍自由与人权》。
⑤ ［美］德沃金著，李剑译：《恐怖主义与对公民自由的袭击》。
⑥ 同上。

从上面可以看到，政府执法人员必须在得到法庭的命令后才能对公民进行搜查和监视，这一点在政府官员和法律专家看来并无异议，而这正是"9·11"之前同类法律的内容。他们的主要分歧在于，对政府举证标准的解释各不相同。千万别小看了举证标准的解释。它看起来是一个技术性问题，其实它关系到执法活动的广度和深度。从证据学的标准看，《爱国者法案》降低了政府部门要求窃听的举证标准，这意味着法案的通过，完全有可能放纵窃听行为，窃听的范围有可能扩大化，公民的通信自由权利将得不到可靠保障。这才是法律专家们所忧心的。尤其是，布什总统实际上恢复了1978年"国外情报监视法"之前的总统的"固有权力"。这充分说明，布什的秘密监听政策是一个大倒退。为什么？因为美国正处于一个遭受恐怖袭击之后的"非常时期"。与1978年以前保留和运用总统"固有权力"的时期（如第二次世界大战和后来的冷战时期）具有相似之处。除非美国国内反恐怖局势出现明显的缓和，否则就不可能指望再次明确废除这项总统权力。不过，我们可以作出预测，一旦美国国内反恐怖局势得到明显缓和，美国民众会普遍要求废除这项"固有权力"，而国会会顺应这种要求。民众的观点是：只有在非常时期，总统通过立法才能享有此项权力，而在和平时期是不应该拥有的。

二是普通公民已经纷纷行动起来，在自己的镇议会和市议会反映问题。

自从意识到自己的权利和自由可能遭到《爱国者法案》侵犯以来，美国各地的普通公民已经行动起来，他们在自己的镇议会和市议会反映问题，现在已经有上百个司法管辖区颁布决议和法令，谴责《爱国者法案》对民权的侵犯。对于《爱国者法案》限制个人自由或违反宪法权利的做法，美国民众的看法因时间变化有所不同。根据美国福克斯的民意调查，在"9·11"爆发的四个月前，只有33%的被调查者表示，如果放弃一些个人自由会减少恐怖袭击的威胁，那么他们愿意这样做；而在"9·11"之后的一个月，这一数字飙升到71%；2002年6月，这一数字仍高达64%。这表明，大多数美国人还是会为了安全的需要而牺牲部分自由，如电话被监听、电脑被监控、公共活动被监视等；同时这一数字也表明，随着时间的流逝，愿意让渡个人自由的比例会下降。哈里斯就"执法部门的权力扩大对公民自由造成损害"所作的调查也佐证了这一结论："9·11"事件后不久，89%的被调查者相信，执法官员会恰当地运用他们扩大了的权力，而到2002年3

月，这一数字下降到73%。[①]

三是有的公民提起了《爱国者法案》侵犯公民权利的诉讼。

根据《爱国者法案》有关秘密监听等条款的规定，当公民个人被政府监视时，自己往往处于一无所知的状态。而另一方面，不同的执法机构却要分享情报，例如联邦调查局、中央情报局、各州警方和市警方都有自己的资料库，可能都掌握了有关公民个人的记录。除非政府后来对受监视的人提出刑事诉讼，否则这个人可能永远不知道自己曾被政府监视过。这种严重的信息不对称引起了公民的强烈不满。

2002年11月，国外情报监视审议法庭针对有人对《爱国者法案》的违宪性诉讼作出判决，维持了《爱国者法案》给予政府的权力。但是，联邦最高法院和其他联邦法庭还没有就《爱国者法案》的宪法性问题作出判决。国外情报监视审议法庭下面还设有国外情报监视法庭，是根据一项联邦法律设立的，其目的是授权政府在国外情报调查中使用搭线窃听。根据"国外情报监视法"的规定，这两个法庭所有的听证和判决都是秘密进行的，通常情况下只有政府一方参与诉讼并向联邦最高法院提出上诉。

2002年5月，国外情报监视法庭的一项判决拒绝给予司法部更大的监视权力，并列举了政府在国外情报监视方面出现的严重错误。但是，同年11月，国外情报监视审议法庭推翻了下级法庭的判决，维护了《爱国者法案》给予政府的监视权力。2005年，联邦最高法院已被要求对国外情报监视审议法庭的判决进行审议。美国政府和国会都支持《爱国者法案》，而最高法院还没有作出判决，仍处于彷徨状态。

四是部分国会议员提出了2004年的《爱国者法案》修正案。

2004年7月8日，民主党和共和党保守派联合提出了《爱国者法案》修正案，这次提案旨在去除"9·11"之后迅速通过的《爱国者法案》的侵犯公民通信权利与自由等部分内容。遗憾的是，由于众议院中占多数派的共和党使用延长投票时间的手段操纵表决，再加上布什政府利用舆论施压，美国众议院没能通过。众议院的表决结果是一个平局：210票赞成，210票反对，而这一修正案要通过必须获得多数议员支持。但是这个数字再明显不过地表明了国会议员们在这个问题上的重大分歧。[②] 这在"9·11"事件之前的同类法律中是没有的。

---

① 张立平：《寻求安全，难舍自由与人权》，载《21世纪环球报道》2002年9月9日。
② 《〈爱国者法案〉修正案未获通过》，载《京华时报》2004年7月10日第A14版。

通过上述比较，可以得出如下结论：第一，在监视范围扩大、审批条件放宽的情况下，虽然执法机关的秘密监听活动是经过法院批准的，所取得的证据是"合法证据"，但由于公众惧怕这种"合法外衣"下的违法活动泛滥，及其"合法证据"数量可能极大扩充，因而出现了强烈反应。这说明《爱国者法案》存在极大的隐患，显然不利于美国社会的和谐。由此可以预测，该法案在很大程度上要成为"短命鬼"。第二，《爱国者法案》引起了强烈社会反应，反过来说明严格限制监听范围的必要性。在过去的实践中，执法机关在经过批准后可以窃听固定电话。但是移动电话能否被窃听是一个需要认真讨论的问题。随着时间的推移，通信技术的发展，犯罪活动方式的变化，政府的应对政策肯定会发生变化。然而，这种变化如何保持适当的限度是需要加以考虑的。第三，说明了严格审批条件的必要性。这确实是一个至关重要的问题。一方面，为了打击数码时代条件下的新型犯罪，需要适当扩大监听的范围，另一方面，为了避免监视范围的扩大化所引起的权利普遍受到侵害和人心恐慌，在这两者之间，必须借助法院确定严格的审批条件，以便保持适当的平衡。如果在放宽窃听范围的情况下，又放宽审批条件，就会极大地助长所谓合法的窃听活动，使窃听活动的总量大大增加，使被窃听的人群总量和内容总量大大增加，进而造成一种普遍的不安全感和恐惧感。这无疑会阻碍现代通信技术的发展和社会的进步，背离建立"和谐社会"的目标。第四，秘密监听政策不仅仅是一项法律政策，而且是一项十分敏感的、容易引起动荡的社会政策，因此必须理性对待，在制定这项政策之前必须公开地提交全民讨论。《爱国者法案》的出台则完全违反了这一原则。①

---

① 因此，《爱国者法案》不是基于一种社会秩序的常态所制定的法律。所谓常态，是指事物的正常状态，是非常状态的反面。就秘密监听而言，应该是在社会安全与公民自由之间达到基本平衡状态。1978 年美国所制定的秘密监听政策就符合这种要求，因而是一种常态下的政策。相反，《爱国者法案》所确定的政策则导致了严重的不对称，因而是非常态的政策。这种政策有着深刻的政治文化和历史背景。在美国现代史上，只要社会出现普遍的不安全感，就可能发生一种有组织的侵犯公民自由权利的严重事态。例如"二战"时期，美日战争爆发之后，日裔美国人被强制隔离，关在拘留营中，他们的自由人权被剥夺殆尽；冷战初期，美国政坛上掀起了歇斯底里的反共高潮，不少美国公民深受其害，他们的自由和权利受到严重损害。对此，美国政治学家理查德·霍夫施塔德曾说，不安全感常常会引发"美国政治上的偏执狂"，即将威胁模式化并不断放大，在这种非理性的紧张状态中，社会不愿倾听少数人的意见，对政府政策或领导人的任何批评更是不能容忍，轻则被压制，重则被扣上不爱国或对国家不忠诚的帽子，在这种情况下宪法所保障的自由人权要么是出于担心而自我限制，要么是被政府明确限制。（张立平：《寻求安全，难舍自由与人权》，载《21世纪环球报道》2002 年 9 月 9 日。）

它是在举国上下一片"反恐怖"之声中迅速通过的。① 第五，总统的"固有权力"在和平时期不应当享有和运用；即便在非常时期也不应经常使用，同时要受到法律限制。

五、几点启示

其一，秘密监听是 20 世纪以来，随着科学技术（特别是通信领域的科学技术）高度发展而出现在政治、军事和经济领域的一种崭新的人类活动，是一国统治集团为了维护其政治统治和国家安全所必须采取的一项非常措施。

其二，秘密监听可分为合法的秘密监听与非法的秘密监听两种情况。合法的秘密监听，其前提是国家制定了秘密监听的法律或政策，被授权从事秘密监听的国家机构及其专门人员必须严格地、非常专业地依法从事这项活动。在国家尚未制定秘密监听的法律或政策的情况下，必然容易造成非法监听。非法监听很容易侵犯公民的宪法所保护的通信秘密和通信自由的权利。非法监听发展到非常严重的程度时，必然会造成人人自危的局面，即便国家的最高统治者（总统、议会议长等）本身也不例外。有时，大规模的、无孔不入的非法监听甚至会造成一个灾难性的"法西斯王国"，如胡佛时期的秘密监听活动几乎造成了这样的严重后果。即便是布什总统在"9·11"恐怖袭击事件之后所采取的秘密监听政策，也使许多美国公民非常担心美国的国家性质正在发生"恶化"。因此，开展秘密监听活动的前提是，要充分保护广大公民的通信秘密和通信自由的权利、住宅不受侵犯的权利等宪法性权利，为此，必须制定一部秘密监听法，使从事秘密监听的有关机关能够有法可依。

其三，秘密监听政策的变化是社会政治变化的反映。和平时期秘密监听政策特别要严格依法办事。即使是非常时期（如战争时期和恐怖袭击事件发生时期），秘密监听活动也要在维护国家安全和保护公民的宪法性权利的范围内，严格依法办事。

---

① 《爱国者法案》颁布之前，没有经过严密的论证和广泛的讨论，缺乏科学的理论依据和广泛的群众基础。按照美国通常的立法程序，通过一部法律应当在国会进行公开辩论，社会上要进行广泛讨论。但是，该法案通过之前，美国参、众两院很少进行公开辩论，也未提供机会对这类提案的代表性证据进行广泛的公共讨论。这表明在当时特定情况下，正常的政治对话被野蛮的袭击吓晕了，而且人们担心更多的恐怖活动正在密谋当中。这意味着议员们审议和表决该法案时恐惧和仇恨的心理占了上风，缺乏应有的立法理智，因此难免失误。

第六章　推定的根据

一、为什么要探讨"推定的根据"

我之所以选择"推定的根据"作为研究课题，主要考虑到如下两方面的原因：首先，"推定的根据"在推定的若干元素中占有十分重要的位置。具体言之，它在推定的结构中起到桥梁或纽带作用；在判断某个推定是否正确的时候，它往往会起到"试金石"的作用；此外，如果想要有效地发展我国的推定规则，从推定的根据入手，应该是十分有力的方面。然而，目前对此有清醒的认识极少，更谈不上深入研究了。

其次，我国证据法学术界和司法界在谈到推定的时候，存在一些令人担忧的观点和实际动作。目前，我国证据法学术界主要有两种观点是令人感到担忧的：（1）一种观点认为，应该鼓励法官们大胆运用事实推定。"法律无法将人们依据事物常态联系进行推定适用的经验法则作出周密的设置。且事物的联系复杂多变，诉讼实践若少了法官根据事实的推定，推定的价值毫无疑问地会受到折损。就目前我国的情况来说，不能单纯依法律所确定的经验法则来推定，它应该有多种形式的补充。"[1]问题是：我们国家对"法律推定"有哪些种类都没有进行系统的归纳和整理，怎么谈得到对它进行补充呢？因此，我们面临的首要任务是，对我国各类法律（民事程序法和民事实体法、刑事程序法和刑事实体法、行政诉讼法和行政法等等）所规定的推定规则进行系统整理，系统分析，按照一定的标准，保留那些正确的推定规则，抛弃那些不正确的推定规则。在此基础上，才能够谈得上发展其他的法律推定和事实推定。（2）另一种观点认为，在我国审判实践中，"推定在审判中运用越来越普遍，但法律对推定规则没有明确规定，致使推定在具体使用中显得随意而无规则，法官适用推定缺乏约束机制，自由裁量权过大"[2]。这种情况确实存在。造成上述情况的原因，一方面是法律对推定规

---

[1]　叶枬平：《论证据法上推定的适用》，北大法律信息网 2006 年 10 月 12 日。

[2]　同上。

则没有明确规定；另一方面是审判实践中，不少审判工作者并没有准确地把握推定（特别是事实推定）的精神实质，显得大胆而无根据，在进行盲目的推定实践。我们曾经一再批评审判实践中滥用自由裁量权的问题，其实，进行推定（特别是事实推定），是最容易产生滥用自由裁量权问题的。因此，应该严格限制推定、特别是事实推定的适用。推定是一种判案技术，用得得当，能够有效地解决案件的疑难问题，有效地发挥推定的作用；用得不当，会破坏法律和公共政策，这是必须注意的问题。

二、"推定的根据"之客观性

推定的依据必须具有客观性，这是推定有效成立的必要条件。我们以"金华"火腿商标所有权的推定为例进行解释。金华火腿始于唐，盛于宋，至今已有一千多年历史，是驰名中外的我国地方传统特产之一。但浙江金华市与浙江省食品公司在"金华"火腿商标归属问题上一争就是十几年。① 商标持有人是浙江省食品公司，而注册人则是金华市浦江县食品公司，该公司是于1979年10月31日向国家商标局申请注册的，注册号为130131。按照规定，商标注册期为10年。到了1992年，"金华"火腿商标注册期满。这年4月，金华市政府向浙江和国家商标局正式打报告，要求归还注册商标权。对此国家商标局两次推迟浙江省食品公司续展申请，但未能解决问题。之后，金华的众多生产厂家与浙江省食品公司之间展开了漫长的诉讼。

1999年，国家技术监督局颁布实施了《原产地域产品保护规定》。在本案中，可以通过两种方法来确定"金华"火腿商标的所有权。一种是证据；另一种是推定。如果采用前一种方法，那么就应当采用"谁注册谁所有"的原则。既然是金华市浦江县食品公司注册，那么就应该由该食品公司所有。如果采用后一种方法，那么，推定的根据就是原产地域产品保护制度。表面上看，推定的根据是法律（即《原产地域产品保护规定》），而这种法律是具有客观性的。

推定的根据应该具有客观性。如果推定不具有客观性，就难以服人。本案中，在《原产地域产品保护规定》出台之前，完全可以以这一特征作出相应的推定。金华火腿之所以盛名于世，主要原因是它选用的是以主产于金华的中国名猪"金华两头乌"品种的后腿为原料，加上金华地区特殊的地

---

① 谢云挺：《谁毁了千年名牌》，载《北京青年报》2000年7月11日第7版。

理气候和民间千年留下来的腌制、加工方法，具有典型的地方性。离开了特定的地域就不可能达到特定的品质。这是最有力的推定依据，由此推定商标所有权归金华市所有。[①]　在《原产地域产品保护规定》颁布之后，推定的根据的客观性这一特征并未丧失，相反，它因被法定化而成为原产地域产品保护制度，从而更加牢固，以此为基础所作出的推定是比较可靠的。

推定的依据必须具有客观性。任何主观主义的、"想当然"的推定都是十分有害的，也是不能允许的。例如，在以下案件中，当事者栾宝禄和宁文轩充满了哀怨。一位作者这样写道：

明明是收费款被抢，自己却被起诉，栾宝禄心中充满了无奈和哀叹；因为了解事实真相，出于良心和义务主动作证，却涉嫌伪证罪被拘留，宁文轩老人总是想不明白。这一连串事件并不是因为办案人员徇私枉法，或者敷衍塞责，办案人员确实在尽职尽责地从自己的想法出发办案，然而，这实际上却是在"想当然"地办案。而且正是因为"想当然"，才导致了这一连串事件的发生。[②]

在这起案件中，办案人员想当然地认为女人是弱者，尤其是关系到个人名誉和隐私的事，多少女人都是独自吞咽痛苦的泪水，宁死也不愿向别人吐露一个字；而相对来讲，栾宝禄是强者，并且酒后也很有可能起歹念。也许这是多年办案得来的经验，所以他们在明明知道构成犯罪的证据链条并不完整的情况下，依然"坚信"犯罪嫌疑人是所谓的"案犯"，是有罪之人。（有罪推定）正是因为这种"坚信"，他们认为宁文轩一定作了伪证。（有罪推定）其实，这种办案方式的所谓根据就是一种传统的观念以及所谓的"经验"，而他们充满了主观和臆断。[③]

根据刑事诉讼法的规定，办案人员应当收集有关案件事实真相的所有证据，应当实事求是，以证明被指控之人到底是有罪还是无罪，是罪重还是罪轻。但是本案中，办案人员在证据严重缺失的情况下依然执著地认为犯罪嫌疑人应当受到刑罚处罚，一定要将其推向法庭。这说明有罪推定的传统观念在某些人心中依然十分顽固，而无罪推定原则并没有引起他们的足够重视。

---

① 谢云挺：《谁毁了千年名牌》，载《北京青年报》2000年7月11日第7版。
② 周芬棉：《办案中可怕的"想当然"》，载《法制日报》2002年2月28日。
③ 同上。

可见，在推定的根据上，客观主义与主观主义之间的斗争还将长期存在下去。

三、"推定的根据"之种类和作用

推定的根据主要有四种：第一种是经验（如生产经验、生活经验、交易习惯等）；第二种是法律；第三种是司法解释；第四种是公共政策或者社会政策。在某些情况下，推定的根据是单一的；在另一些情况下，推定的根据则可能不止一种，如有时既包括经验，又包括公共政策；有时同时包括法律和公共政策；有时同时包括司法解释和公共政策等。下面我将通过分析若干案例，来说明推定的根据包括哪些种类，以及它在推定的结构中具有什么作用。

我们研究推定的根据，其目的，一是为了准确地进行推定的司法实践，从这个意义上说，它具有指导人们进行推定的功能；二是当一个推定成立之后，要从推定的根据的角度去进行分析，看这个推定是否正确，从这个角度来看它具有检验的功能。推定的根据具有检验推定是否正确的功能，其实它也有被检验的必要。我们可以检验推定的根据是否确实可靠，进而验证推定本身的正确性有多大。尤其在事实推定中，其推定的根据是否确实可靠，更是衡量事实推定本身之正确与否的标志。

我们打算通过若干案例来说明推定的种类与作用。

（一）推定的根据是人类的知识或者经验

案例：某司机与某行人相撞交通事故责任案

（案情）1997年5月，一辆小汽车和自行车相撞，司机说是自行车在人行道上骑车造成的，而"自行车"坚持自己没有骑车，是推车经过的。此案的关键在于"自行车"究竟是"骑"还是"推"。可受伤的"自行车"不肯让梅冰松（北京市交通局车辆检验所的专家）验伤，只提供了一张X光片。梅冰松看过片子后分析出：伤者腿伤是明显的保险杠骨折，这是指人体下肢在持重条件下被汽车保险杠撞击所致的。此案中，"自行车"左腿骨折的地方距离脚踝12厘米，显然是在骑车时受到撞击，左腿用力踏在自行车车蹬上了，才会发生保险杠骨折，所以梅冰松准确判断是"自行车"骑车造成的事故，他应负这起事故的主要责任。（本文原载《北京青年报》）

本案涉及一个事实推定。正是该推定，解决了本案中所发生的某司机与某行人相撞交通事故的责任。这个推定可以叫做责任事故的推定。其分析价值在于，其一，机动车与行人相撞在生活中是经常发生的，如何处理撞击之后的责任承担和赔偿问题是交警经常会遇到的问题。本案中的推定方法为我们及时解决此类撞击问题提供了科学的、快捷的方法，具有普遍推广的价值。

在这个推定的结构中，（1）基础事实是：一张 X 光片，以及对 X 光片的分析结果（伤者腿伤是明显的保险杠骨折）；（2）推定事实是：责任事故由骑车人承担；（3）推定的根据是：当事人之一骑车时受到外力撞击，才发生保险杠骨折。自行车是被人"骑"着，而不是被人"推"着。

从上面可以看到，该推定具有强烈的客观性，因为本案的鉴定专家不是目击证人，其所作结论的依据是一张 X 光片，由骑车人提供的。鉴定专家对 X 光片进行分析后认为，"伤者腿伤是明显的保险杠骨折，这是指人体下肢在持重条件下被汽车保险杠撞击所致的。"我们认为，这个鉴定结论具有显著的客观性，理由是：第一，X 光片是医学证据；第二，腿伤是明显的保险杠骨折，只有在受到汽车保险杠的撞击之后才会发生，并留下痕迹。这个结论也具有客观性，其基础和依据是鉴定专家多年来处理交通撞击事件所获得的工作经验。从上述推定可以看出，要正确地进行推定，必须记住并牢牢把握推定的客观性。在考察推定的结论是否正确的时候，也应当遵循这项原则。

由于人的经验丰富多样，而人们常常有依据经验进行推定的传统，因此在凭借经验进行推定的时候，尤其要牢记推定的客观性原则。在第二部分所阐述的栾宝禄和宁文轩案件中，办案人员自以为其办案经验可靠，其实那些经验充斥着主观想象，不具有客观性，更不具有合法性。……从这个案件中也可以看出，经验作为推定的根据应该受到一定限制，也是推定者需要特别小心的。换句话说，推定者运用自己的经验从事推定一定要慎之又慎，不要过于自信，要敢于回过头来检验推定的根据是否正确。

（二）推定的根据是公共政策

案例 1：亲子关系的推定

（案情）年过不惑且已有配偶、子女的叶某从 1989 年起与未婚女青年周某同居，并于 1991 年生育一子，起名叶航（化名）。在小叶航的出生证及卫生院病史材料上，均写明叶某是叶航的生父。1995 年起，叶某与周某因故不再同居生活。小叶航现随母亲一起生活，就读于该镇某小学五年级。周某及叶某所在的村委会为解决小叶航的入学问题，曾分别于 1999 年 2 月 2、3 日各出具一份证明，证实叶某与周某非婚生育小叶航的事实。多年来，作为生父的叶某对儿子叶航未尽到抚养的义务，小叶航仅靠母亲每月打工的收入难以维持正常的生活和学习。今年 7 月，他在母亲的代理下向上海市南汇法院提出诉讼，要求生父叶某负担生活费每月 300 元及实际教育费至其独立生活时止。而叶某至今不肯露面。①

南汇法院审理后认为，小叶航系非婚生子，他要求生父叶某承担抚育义务，则应当先举证证实他与叶某之间存在的亲子关系。虽然叶某经法院合法传唤拒不到庭，但小叶航提供的相关证明材料均能证实叶航系叶某与周某非法同居期间所生育的事实。非婚生子女享有与婚生子女同等的权利，所以，叶航要求生父叶某承担抚育责任义务，合情合理合法。法院最后根据小叶航的实际需要、本地区的生活水平等因素酌定了叶某支付小叶航抚育费的数额，判决其每月向非婚生子支付抚育费、教育费 200 元。②

在本案推定的结构中，(1) 基础事实是：叶某与周某非法同居过一定时间；未建立合法的婚姻关系；叶航系叶某与周某非法同居期间所生育。(2) 推定事实是：叶某与叶航之间是亲子关系。(3) 推定的根据是：婚姻法所确定的保护非婚生子女合法权益的政策；父母的过错不能由孩子来承担。

就本案的亲子关系推定来说，其结论是完全正确的，因为推定的根据经得起检验。我们认为，在涉及社会政策的推定中，推定的根据必须合理、合法，必须具有进步性。只有这样，推定才能有效成立。反之，如果推定的根据不符合人们通常的理念、也不合法，那么，这样的推定就不具有进步性，就不能有效成立。

案例 2：出生日期的推定

(案情) 2006 年 6 月 9 日，高某因抢劫他人财物被民警抓获。公诉机关提交了高某的户籍证明，还有其出生地的卫生防保工作站出具的 1988 年预防接种登记表，证实高某的出生日期为 1988 年 5 月 9 日。高某的辩护律师向法庭提交了邹平县卫生防疫站印发的高某的儿童计划免疫保偿证一份，以及高某同村的一位村民的证言，证明高某的出生日期为 1988 年 6 月 22 日。如果高某出生日期为 1988 年 5 月 9 日，则他 6 月 9 日犯罪时已成年，而如果是 1988 年 6 月 22 日，则未成年，依法可以减轻处罚。因而出生日期成为

---

① 闵振华、马建红、吉建富：《生父对非婚生子拒负抚育义务 相关证明推定血缘》，ht-tp：//www.sina.com.cn，2003 - 11 - 24 09：08。

② 同上。

本案争论的焦点。①

合议庭评议认为，公安机关的户籍证明、卫保站的预防接种登记表所证实的出生日期，与证人证言、高某的儿童计划免疫保偿证所证实的日期相互矛盾，且对双方相互矛盾的内容再无其他证据予以证实。因此，控、辩双方都没有充分的证据能够证明高某的实际出生日期，且该事实也确实无法查明。本着有利于被告人的原则，应当推定其犯罪时未满 18 周岁，依法应对其减轻处罚。法院据此判决被告人高某犯抢劫罪，判处有期徒刑二年零六个月。②

在该未成年人的推定的结构中，（1）基础事实是：公诉方与辩护方所提供的出生日期相互矛盾；出生日期成为本案争论的焦点。（2）推定事实是：推定高某犯罪时未满 18 周岁。（3）推定的根据是：有利于被告的刑事法律政策。由于推定的根据具有进步性、合法性，因而可以有信心判断出这是正确的推定。

（三）推定的根据是法律

案例：邱长贵诉某单位强行送往精神病院损害赔偿案

（案情）2002 年 1 月 15 日，职工邱长贵在与单位领导发生冲突，在家里两次拿起菜刀要拼命后，被关押进拘留所，两天后又以精神异常嫌疑，被单位保卫人员和公安分局民警送进精神卫生防治院，整整过了 14 天。此事后来诉诸法院。此案的焦点是邱长贵到底有没有精神病。

被告认为，"他（邱长贵）就是精神病"，"因为他目前找不到证明自己不是精神病患者的证据"。在法庭陈述的最后，被告方仍然提出，可由邱长贵自己去作司法鉴定，证明他没有精神病。这个案子"法院 3 次开庭，尚无结论，原被告双方各执一端"。③

本案实际上涉及两个事实推定。第一个是邱长贵具有社会危险性的推定。在该推定的结构中，（1）基础事实是：邱长贵与单位领导发生冲突；两次拿起菜刀要拼命；（2）推定事实是：此人具有社会危险性；（3）推定的根据是：社会危险的预防政策。根据我国社会治安管理的有关法律，从有

---

① 高冈：《生日难查清推定被告未成年》，http://www.sina.com.cn, 2006 - 12 - 28 00：03，来源：大众网——《齐鲁晚报》。

② 同上。

③ 马少华：《不是精神病　需要什么证据》，载《中国青年报》2002 年 1 月 18 日。

利于社会治安管理出发，对具有一定社会危险达到一定严重程度的人采取适当控制措施是允许的。因此，从推定的根据来考虑，邱长贵具有社会危险性的推定是合理的、正确的，公安民警对此人应当采取预防性措施。

第二个是邱长贵具有精神病的推定。在该推定的结构中，（1）基础事实是：邱长贵与单位领导发生冲突；两次拿起菜刀要拼命；有精神异常的嫌疑。（2）推定事实是：邱长贵具有精神病，要送到精神卫生所。（3）推定的依据："他（邱长贵）就是精神病"，"因为他目前找不到证明自己不是精神病患者的证据"。这个推定的根据是否正确呢？我们认为，该推定的依据不充分。在现代文明的法治社会，某某人具有精神病的推定，其依据是法律，因此要依法推定。根据有关法律规定，精神病有两种：一种是完全精神病人，即完全失去清醒意识和自我控制能力的人。另一种是间歇性精神病人。因此，如果被告能够证明邱长贵属于上述两种情况中的一种，就可以推定其具有精神病。否则，就不能进行这种推定。在本案中，被告在法庭上说，"他（邱长贵）就是精神病"，"因为他目前找不到证明自己不是精神病患者的证据"。这种说法是荒唐的。举证责任应该由被告承担，而不是由邱长贵来承担。在法庭陈述的最后，被告方仍然提出，可由邱长贵自己去作司法鉴定，证明他没有精神病。这种说法也是错误的。如果被告坚持说邱长贵具有精神病，那么，应该由被告提出鉴定申请，而不是由邱长贵自己去作司法鉴定，证明自己有没有精神病。

（四）推定的根据是司法解释

案例1：宗某诉任某逾期不还款案

（案情）任某2004年年初向朋友宗某借1万元，并写了借条。但任某不还款。2005年年底，宗某将其告到济南历城区法院。法院向任某发出笔迹鉴定通知，但在规定时间内，任某不提供自己的字迹，也不亲自出庭参与法庭调查。法官根据法律规定，"推定"欠款成立，判欠款人十日内还借款。审理此案的法官表示，此案主要根据"有证据证明一方当事人持有证据无正当理由拒不提供，如果对方当事人主张该证据的内容不利于证据持有人，可以推定该主张成立"（最高人民法院《关于民事诉讼证据的若干规定》第75条），有助于保护权利人的利益。①

---

① 董震、李心阳：《法官"推定"借条属实》，http：//www.sina.com.cn 2006 - 02 - 13 08：30，来源：大众网——《齐鲁晚报》。

但是，司法解释作为推定的根据之一，其作用常常受到很大限制。这主要是因为它与法律、法律政策或者公共政策之间的冲突。与法律、法律政策或公共政策相比，司法解释的地位往往要弱一些。这就提醒我们，拿司法解释作为推定的根据时，不要匆忙作出结论，而是应当全面考虑可能遇到的相关的法律、法律政策或公共政策，避免冲突。下面就是一个以司法解释作为推定根据的错误例子。

案例 2：李大明诉刘红所生子女非亲生子女案

（案情）江西省宜丰县人民法院审理了一起特殊的离婚纠纷案，因被告所生育小孩的出生孕周不符合正常规律，且被告对此不能作出合理的解释，而又拒绝作亲子鉴定，法院推定小孩非原告亲生子女。法院一审判决原告李大明与被告刘红离婚，被告所生小孩李华由被告抚养，原告不负担抚养费。法院还对夫妻共同财产进行了分割，并对债务进行了分摊。

2004 年 12 月底，原告李大明与被告刘红经人介绍相识。2005 年 1 月 2日，原、被告开始同居生活，同居一个月左右，被告说自己怀了孕，原告在得知被告怀孕后，即怀疑被告怀的可能不是自己的小孩，为此，两人经常争吵。2005 年 7 月 11 日，被告在宜丰县妇幼保健所生下一女婴，取名李华。小孩出生后，原告更加怀疑小孩与自己没有血缘关系。原、被告争吵不断，甚至打架。2005 年 12 月 21 日，双方办理了结婚登记，2006 年 1 月举行了结婚仪式。2 月，原、被告再次发生争吵，被告外出广东务工，原告随后到广东去找过被告，但双方夫妻关系并无实质性改善。原告从广东省回来后，双方均无联系，小孩则一直由被告父母照顾。

诉讼中，原、被告均确认其两人第一次发生关系的时间是 2005 年 1 月2 日。原告提供的宜丰县妇幼保健所出具的小孩出生医学证明，其上记载小孩出生孕周为 34 周。原告要求作亲子鉴定，被告则明确予以拒绝。

宜丰县法院审理后认为，原、被告婚姻基础脆弱，仅相识几天便开始同居生活。原告得知被告怀孕即认为被告怀的不是自己的小孩，两人经常发生争吵，婚后双方仍常为小孩的身世及其他家庭琐事争吵，甚至打架，后来分居互无联系。原、被告间缺乏感情基础，婚后未真正建立起夫妻感情，婚姻关系难以继续维持。被告所生小孩李华，出生的孕周为 34 周约 238 日，而原、被告从 2005 年 1 月 2 日第一次发生关系至小孩出生日即 2005 年 7 月 11日仅有 191 日。原告要求作亲子鉴定，被告明确拒绝。被告对此不能作出合理解释，对原告主张的事实又没有提供证据予以反驳。原告因此怀疑小孩与其没有血缘关系，有一定理由，被告依法应承担举证不能的后果，法院推定小孩李华非原告亲生子女。据此，法院作出上述一审判决。宣判后，当事人双方在法定期间内没有提出上诉，该判决已发生法律效力。[①]

在本案中，法院作出了非原告亲生子女的事实推定。在该推定的结构中，（1）基础事实是：原告提供的宜丰县妇幼保健所出具的小孩出生医学证明，其上记载小孩出生孕周为34周；原、被告婚姻基础脆弱，两人经常发生争吵，婚后双方仍常为小孩的身世及其他家庭琐事争吵，甚至打架，后来分居互无联系。（2）推定事实是：小孩李华非原告亲生子女。（3）推定的根据是：被告依法应承担举证不能的后果，因为原告要求作亲子鉴定，被告明确拒绝。被告对此不能作出合理解释，对原告主张的事实又没有提供证据予以反驳。实际上，该推定的根据是最高人民法院的司法解释。不过根据最高法院司法解释所作出的上述推定在这里确确实实遇到了尴尬，足以说明推定不是绝对正确的，而是允许可以反驳的。

毫无疑问，根据最高法院的司法解释，足以作出"李华非原告亲生子女"的推定的。然而，这个推定的根据仅仅是司法解释。如果在本案中存在与该司法解释相反的法律的规定，司法解释就不能作为推定的根据。事实确实如此。在本案中，"李华非原告亲生子女"的推定是完全错误的。理由有二：一是违反婚姻法。婚姻法明确规定，夫妻婚姻关系存续期间所生的子女，为婚生子女。在本案件中，孩子系夫妻婚姻关系存续期间所生的子女，应为婚生子女。但是法院却推定小孩李华非原告亲生子女。所以，本案的推定具有违法性。二是具有落后性。保护未成年人的合法权益，是我国的一项重要政策。对此，婚姻法、继承法、未成年人保护法都作出了明确规定。非婚生子女在旧社会是受到种种歧视的。现实社会中仍然受到一些歧视。因此，我国法律明确反对这样的做法。如婚姻法规定，非婚生子女与婚生子女具有同等的权利。法律之所以这样规定，是为了反对歧视，为那些同歧视作斗争的人们提供一种有利的法律武器。本案件中，法院判决把小孩子从婚生子女推定为非婚生子女，改变了小孩子的受社会尊重的身份，使其具有受社会歧视的社会身份，具有明显的落后性，不利于保护未成年人的利益。这样的判决应该宣布无效。

非婚生子女是一种客观的社会存在。法院不可能通过强制手段消灭非婚生子女，但至少有能力不去多认定一个非婚生子女，因为我国社会的封建传

---

① 钟宜华、李艳云、陈益平：《怀孕时间不符妻子拒绝鉴定 法院推定孩子非婚生》，http：// www. sina. com. cn，2007 - 03 - 01 20：29。

统依然十分浓厚，一旦某个孩子被认定为非婚生子女，他的社会评价会急剧降低，不利于他的健康成长。因此，即便某个孩子确实是私生子，法院也不能作出这样的认定。这是由人民法院的性质所决定的。可见，机械的、片面的依据司法解释作为推定的根据，其结论是靠不住的。

四、两个以上推定的根据之间的冲突及处理原则

冲突之一：经验、政策、法律三者之间的冲突

有时会出现如下情况：同一个案件中存在两个或两个以上的推定；他们之间可能互相矛盾，也可能互不干扰。在互不干扰的情况下，不需要作出特别处理。如果它们之间互相冲突，就需要确立一定的原则予以处理，以消除它们之间的冲突。让我们分析如下案例：

（案情）2004 年 11 月 22 日甲代其儿子乙与 A 公司结算并以乙名义出具欠条和签订还款协议书，结欠租赁闽 E/T9114 号奥拓出租车的规费、管理费等人民币 8500 元，并承诺在 2005 年 1 月 1 日前归还，逾期按 10% 交纳滞纳金。后乙未按期还款，A 公司于 2006 年 7 月诉至漳浦县人民法院，请求甲、乙共同还款。[①]

在本案审理中，对如何认定本案中甲出具的欠条和签订的还款协议书的效力，存在两种不同的观点：一种观点认为，甲出具欠条和签订还款协议书的行为系无权代理行为，对乙不发生法律效力；另一种观点认为，甲的行为应视为表见代理行为，甲所出具的欠条和签订的还款协议书成立有效，对乙发生法律拘束力。[②] 第二种观点的理由之一是："依据日常经验足以推断乙已知道甲代其出具欠条和代签还款协议书的事实。所谓日常经验法则是法官依照日常生活中所形成的反映事物之间内在必然联系的事理作为认定待证事实的根据和有关规则。本案中，甲、乙系属共同居住的特定、密切的父子关系，结合日常生活经验，甲作为父亲对于其以儿子乙的名义向 A 公司出具欠条和代签还款协议书的这种重大民事行为应视为已告知乙，乙已知道其父甲以其名义出具欠条并代签协议书，但未作明确否认，应视为其已同意。根据《中华人民共和国民法通则》第 66 条第一款之规定，甲所出具的欠条和

---

① 林振通：《如何看待甲出具欠条和签订协议书行为的效力》，中外民商裁判网 2007 - 4 - 23。
② 同上。

代签的还款协议书均已成立和有效。因此,乙应负本案债务的清偿责任。"①

在上述理由中,日常经验被作为推定的根据。这看似合理,其实它没有考虑到是否还存在推定的另一个根据。这也是人们通常容易忽视的地方。如果还存在另一个根据,那么就可能存在两个推定的根据之间的冲突问题。如果存在这种冲突,就必须加以解决。我们认为,应当遵循如下顺序来推定:先根据法律,后根据政策,最后根据经验。具体来说,在有法律的情况下,应当先根据法律;在没有法律而有政策依据的情况下,应当根据政策;在既无法律又无政策的情况下,可以根据经验来推定。将该原则用于本案件中,把日常经验首先作为推定的根据就是站不住脚的。因为这里存在法律根据,在有法律规定的情况下应当首先根据法律,而不是根据日常经验。就是说,应当根据民法通则的规定,要有委托书,否则其代理行为无效。

冲突之二:传统证据规则与现代体育事业的发展要求之间的冲突

在下面的体育丑闻中使用兴奋剂的案件中,存在两个推定,其中,一个推定的根据是传统的证据规则,另一个推定的根据是现代体育事业发展的要求。这两者之间存在显著的矛盾。如何处理这种冲突呢?需要法官站在历史发展的高度看问题。

(案情)2000 年 7 月 5 日,澳大利亚著名铁饼运动员雷特雷尔在其新书《阳性》中,大曝他和澳顶尖运动员获体育高层人士和专家支持服用禁药内幕。围绕着他的揭露是否可信的问题,产生了两个推定:一是使用兴奋剂证据成立的推定;二是证言不合格的推定。有人认为,雷特雷尔是在"作秀",是利用奥运会之举世瞩目的机会推销自己的书,趁机捞一把。"他本身是个不干净的人,他的白纸黑字怎能让人相信?!"这符合传统英美法的一项规则:即根据运动员本人过去服用兴奋剂的表现来推定,他作为证人是不合格的,从而他的证言也不合格。这就是英美证据法上的证言不合格的推定。②

如果按照传统的英美证据规则,这两个推定不可能同时成立,因为它们是互相排斥的。根据传统的英美证据法规则,第二个推定应该先成立。在这种情况下,第一个推定是不能成立的。然而,应当注意的是,第一个推定具有几乎无可置疑的客观性:(1)2000 年 3 月,澳大利亚体育药品局披露有370 多名澳运动员在十年间被查出服用兴奋剂。一位分析化学家指出,澳大

---

① 林振通:《如何看待甲出具欠条和签订协议书行为的效力》,中外民商裁判网 2007 - 4 - 23。
② 李思:《〈阳性〉揭发"兴奋剂"》,载《北京青年报》2000 年 7 月 13 日第 20 版。

利亚顶尖运动员服用兴奋剂的比例高达七八成，而查出的选手只是冰山的一角。(2) 雷特雷尔是澳大利亚著名铁饼运动员。雷特雷尔详述选手们是如何躲避检查的方法。比如，曾与他一起训练的两名运动员各自配备了一部专门接收澳大利亚兴奋剂检查委员会电话的手机，只要电话一响，就知道要有人检测了，于是连电话也不接了，等风声过后或体内药性干净了，再接对方电话接受检测。这样，总能顺利过关。(3) 澳大利亚田径选手在1997年支持聘用前东德田径教练艾伯特为澳大利亚田径总教练，因为他对使用禁药经验丰富，懂得如何服药仍然可以过关。因此，第一个推定是不能轻易被否认的。(4) 一些体育官员的支持和药检程序的漏洞，是促使运动员使用违禁药品的因素。(5) 为何捅开这层面纱？雷特雷尔解释是出于个人道德的考虑，不想隐瞒真相。看透了体育中的这种弄虚作假的关系，感叹人们对体育英雄的虚幻崇拜，看清了在竞技晴朗天空下的乌云和虚伪。[①] 显然，从雷特雷尔的职业生涯来推断，他的说服是可信的。如果此案经过诉讼，法官即可据此推定他的证据成立，这是一项事实推定。

在上述情况下，如果从打击体育丑闻、促进体育事业健康发展的角度来讲，法官就应该暂时把第二个推定放到一旁，因为它毕竟是传统的证据规则，不一定符合现代体育事业发展的实际；应当集中力量审查第一个推定是否成立。我认为这才是正确的令人信服的做法。

五、同一案件中两个并不矛盾的推定之合理顺序

有时在同一案件中存在两个并不矛盾的推定。由于它们之间不存在冲突，故无须规定冲突的处理原则。不过从推定的根据和诉讼效率原则来讲，仍要遵循一定的推定顺序。

（案情）2003年3月，宜良县北羊街乡龙兴村委会以政府文件发动农户统一种植"红花大金叶"烤烟，因烤烟专用塑料薄膜不够使用，龙兴村委会统计后，由村委会支书李国祥等人牵头到宜良县某供销公司农药经营综合门市看样订货并统一购买。在使用这批薄膜的过程中，部分农户发现该薄膜不能保水保温，烤烟出现植株短小、枝叶发黄、叶片瘦小等情况，遂向宜良县工商部门举报。经过调查，工商部门认为农户举报属实，并将该批薄膜样品送云南省产品质量监督检验中心检验，结论为"所检样品不合格"。经消

---

① 李思：《〈阳性〉揭发"兴奋剂"》，载《北京青年报》2000年7月13日第20版。

协组织双方调解未果,许凤林等 37 户烟农遂把供销公司及其门市、村委会等告上法庭,请求维护自身合法权益。①

2004 年 5 月 10 日,根据原告的申请,云南省某司法鉴定中心对该村 39 户农户的 170 亩烤烟减产损失进行鉴定,鉴定结论为"损失共计 48960 元"。宜良县法院一审认为:销售者的过错致使产品存在用途缺陷,造成使用者财产损失,应当承担侵权责任。因覆盖膜对烤烟损失造成的影响只是局部的,故农户要求双倍返还购地膜款的请求不予支持。

宜良县法院同时认为,云南省某司法鉴定中心的《司法鉴定报告书》在鉴定范围、鉴定方法及手段上仅凭一方当事人的口头陈述,缺乏事实证据支持。并且该司法鉴定书未排除气候、土壤及烤烟种植品种不同可能对烤烟减产损失造成的影响,存在片面性,不能客观准确反映原告烤烟受损的情况,依法不予采信。但该报告书采用的鉴定依据、烤烟减产损失计算公式以及盖膜增产率等,具有科学性、客观性,应予采信。宜良县人民法院遂作出由供销公司分别向各农户赔偿经济损失 1000—2000 余元不等的一审判决。

供销公司提起上诉。昆明中院查证认为:李国祥到供销公司门市订购的是地膜,该公司门市并未向李国祥如实说明其出售的薄膜为再生料,且系非农用地膜。因此,该公司门市在明知李国祥要购买的薄膜是用于农用地膜覆盖的情况下,却向李国祥隐瞒所出售薄膜的性质用途,将非农用地膜出售给李国祥,故应确认供销公司有过错。供销公司无证据证实一审法院计算的损失面积不符合事实,原判并无不妥,故其该主张不予采信。昆明中院遂作出终审判决:驳回上诉,维持原判。②

在上述案件中存在两个推定:一个是减产损失的推定;另一个是过错推定。首先看过错推定,这是供销公司承担损害赔偿责任的前提条件。在该过错推定的结构中,(1)基础事实是:李国祥到供销公司门市订购的是地膜,该公司门市并未向李国祥如实说明其出售的薄膜为再生料,且系非农用地膜。因此,该公司门市在明知李国祥要购买的薄膜是用于农用地膜覆盖的情况下,却向李国祥隐瞒所出售薄膜的性质用途,将非农用地膜出售给李国祥。(2)推定事实是:根据产品责任法和消费者权益保护法推定供销公司有过错。(3)推定的根据是:法律。中华人民共和国产品质量法第 40 条第

---

① 王翁阳、赵丽琳:《法官根据生产习惯推定减产损失 烟农获赔偿》,http://www.sina.com.cn,2006 - 07 - 26 10:50,来源:云网。

② 同上。

（一）款规定："不具备产品应当具备的使用性能而事先未作说明"，给购买产品的消费者造成损失的，销售者应当赔偿损失。第 42 条规定："由于销售者的过错使产品存在缺陷，造成人身、他人财产损害的，销售者应当承担赔偿责任。销售者不能指明缺陷产品的生产者也不能指明缺陷产品的供货者的，销售者应当承担赔偿责任。"中华人民共和国消费者权益保护法第 11 条规定："消费者因购买、使用商品或者接受服务受到人身、财产损害的，享有依法获得赔偿的权利。"第 40 条规定："经营者提供商品或者服务有下列情形之一的，除本法另有规定外，应当依照《中华人民共和国产品质量法》和其他有关法律、法规的规定，承担民事责任：（一）商品存在缺陷的；（二）不具备商品应当具备的使用性能而出售时未作说明的；……"

再看减产损失的推定。法官根据生产习惯推定减产损失。在这个推定的结构中，（1）基础事实是：在使用这批薄膜的过程中，部分农户发现该薄膜不能保水保温，烤烟出现植株短小、枝叶发黄、叶片瘦小等情况；宜良县工商部门经过调查，认为农户举报属实，并将该批薄膜样品送云南省产品质量监督检验中心检验，结论为"所检样品不合格"；云南省某司法鉴定中心的《司法鉴定报告书》采用的鉴定依据、烤烟减产损失计算公式以及盖膜增产率等，具有科学性、客观性。（2）推定事实是：农户的烤烟出现了减产。（3）推定的根据是：生产习惯。生产习惯是农民在长期的生产实践中形成的。在使用这批薄膜的过程中，部分农户发现该薄膜不能保水保温，烤烟出现植株短小、枝叶发黄、叶片瘦小等，显然，这是农户根据自己长期的生产经验（生产习惯）来作出的判断。如果该批薄膜样品是合格的，那么它就能够保水保温，烤烟就不会出现植株短小、枝叶发黄、叶片瘦小等问题。这里，推定的根据无疑具有强烈的客观性和相关性。

让我们对上述两个推定进行比较和分析。首先，这两个推定并不矛盾。它们的目标一致，即都是为了原告的利益，要求供销公司赔偿损失。只不过其中之一比较抽象，另一个较为具体。但是，这毕竟是两个不同的推定。它们的根据并不相同。过错推定的根据是法律（产品责任法和消费者保护法）。而减产损失的推定的根据是经验（生产习惯）。

同时还应当指出的是，尽管这两个推定在同一案件中并不冲突，但实际上仍然存在一个适用的先后顺序问题。我们认为，应当首先确定是否存在过错，然后再考虑减产损失。如果反过来先考虑减产损失，再确定是否存在过错，就可能出现低效率的情况，即在不存在过错的情况下，推算减产损失缺乏实际意义。从这一点来看，对这两个推定及其根据进行区分还是有一定的积极意义。

六、医疗责任事故诉讼中过错推定的根据

在医疗责任事故诉讼中,举证责任倒置和过错推定作为两种法律手段,经常引起人们的争议。这里主要谈谈过错推定。首先讲述一则案例。河南省开封市发生了一起医疗纠纷案。被告是开封市妇产医院。原告是受害人焦琪昊的父母。[①] 基本案情如下,受害人焦琪昊 1995 年 1 月 26 日在开封市妇产医院出生。出生后第三天出现腹泻症状,大便呈绿色黏液状,医生即给予丁胺卡那霉素治疗,病情出现好转后改用思密达巩固治疗,2 月 2 日焦琪昊痊愈出院。一年后,1996 年 4 月 22 日,焦琪昊其母王莉鸿以开封市妇产医院因给焦琪昊使用丁胺卡那霉素治疗腹泻导致其耳聋为由,将该医院告上法庭。该案件经过一审、二审,妇产医院均败诉。

2000 年 1 月,在河南省政协八届三次会议上,近五十名政协委员分别就本案向大会提交了关于严格尊重医学科学,正确运用法律,对该医疗纠纷案重新做出公正判决的提案,指出一、二审判决是在不了解医学知识的专业性、复杂性的情况下做出的,认为"医学是一门科学,法院在办理案件过程中应充分尊重科学,而不应将法律孤立地运用并凌驾于医学科学之上。对此案的审理,应以医学科学、案情事实为依据,以法律为准绳,客观公正地做出真正维护双方当事人合法权益的判决"。6 月 16 日,河南省高院审判监督庭开庭再审。法庭围绕可能造成被上诉人焦琪昊耳聋的各种因素(先天因素、遗传因素、病毒感染、药物等),丁胺卡那霉素与焦琪昊耳聋之间有无直接因果关系,丁胺卡那霉素是否是其耳聋的唯一诱因,开封市妇产医院对焦琪昊病情的诊断、用药是否正确,治疗过程是否符合常规有无过错,其过错是否与焦琪昊耳聋有关等争执焦点展开了调查和取证。再审申请人与被申请人之间展开了激烈的法庭辩论。

该案件涉及两个重要的且彼此联系密切的法律手段:举证责任倒置和过错推定。它们的共同的根据是最高人民法院《关于民事诉讼证据的若干规定》第 4 条第 8 款的规定(该规定是关于医疗事故诉讼中举证责任倒置的规定,这是法定的举证责任倒置情形之一)。根据该规定,医院必须承担"不存在过错"的举证责任,即证明自己无过错。因为"丁胺卡那霉素是一

---

① 杜海岚:《河南省高院再审焦琪昊医疗纠纷案》,载《法制日报》2000 年 6 月 29 日第六版。

种抗生素，医生应当了解它的性状。如果医生能够就其性状作出合理的说明和解释，证明它不是唯一的致聋因素，则可以认为医生没有过错；否则就推定医院有过错。适用过错推定原则对病人是公平的，对被告来说是适当的，医生有解释药物性状的义务，在行医过程中，医生有这种义务和责任，不可随便用药"。① 在诉讼过程中，法院要求医生解释药物的性状并不过分，医生作为专业技术人员，一般应该能够做到这一点。（这里我只能说"一般应该能够做到这一点"，因为医学事业在发展过程中，会不断面临新的疾病和新问题，有些问题是目前根本无法弄清楚的，因此对医院也不能过于苛刻。）

　　我们再举一个例子来说明医疗过错推定的根据。

　　（案情）2004 年 7 月 18 日晚，张先生夫妇带着发高烧的儿子天乐到复旦大学附属儿科医院治疗。医生在诊疗后为天乐注射了安定，但不久天乐即出现心跳、呼吸停止，全身发绀，气道内涌出大量血性液体，双瞳放大，送入 ICU（重症监护室）抢救无效后死亡。次日，张先生到儿科医院索取病历时发现病历已缺页，张先生觉得蹊跷，遂将医院告到徐汇法院索赔 33 万余元。② 医院认为，天乐的死亡系其疾病本身所致。审理中，法院委托司法部司法鉴定中心对天乐的病历出具了鉴定书，天乐自管病历材料中有多处先写字迹，后盖印文的情况，且存在前后矛盾之处。③

　　法院审理后认为，医院在天乐死后未及时告知张先生进行尸体解剖，造成天乐确切死因不明，且致使医疗事故鉴定无法进行。鉴于医疗纠纷要由医院举证证明自己无过错，但医院未如期举证应承担法律后果。据此法院推定医院负有责任，判其赔偿损失。④

　　在本案推定的结构中，（1）基础事实是：张先生到儿科医院索取病历时发现病历已缺页；医院在天乐死后未及时告知张先生进行尸体解剖，造成天乐确切死因不明，且致使医疗事故鉴定无法进行；医院在规定的期限内未如期举证。（2）推定事实是：医院无法证明自己无过错，故推定其有过错。（3）推定的根据是：最高人民法院《关于民事诉讼证据的若干规定》第 4 条第 8 款的规定。该规定的内容是：医疗纠纷要由医院举证证明自己无过

---

　　① 杜海岚：《河南省高院再审焦琪昊医疗纠纷案》，载《法制日报》2000 年 6 月 29 日第六版。
　　② 朱勇：《2 龄童死亡被疑 法院推定医院负有责任》，http：//www.sina.com.cn，2005 - 10 - 10 08：37，来源：《上海青年报》。
　　③ 同上。
　　④ 同上。

错,否则推定其有过错。

从上面的两个例子可以看到,过错推定的前提是:医院完不成自己的举证责任。过错推定是"医院完不成自己的举证责任"的必然结果。该过错推定的根据是最高人民法院的司法解释,具有法定性和强制性。顺便指出,过错推定的根据除了来源于司法解释之外,更多地来源于民事实体法的规定。在案件中是否使用过错推定,应该首先查看民事实体法和司法解释,而不能作扩张解释。

七、建筑悬挂物脱落致人损害诉讼中过错推定的根据

民事案件种类繁多。有时即便专业法律工作者也不知道已经有相关的法律规范,而求助于所谓似是而非的原则。在如下案件中就出现了这样的问题。

2006 年 8 月 22 日晨 6 点多钟,南京王府园小区的吴小姐在睡梦中,房顶天花板突然坠落,正砸中她的头部。吴小姐被送往南京鼓楼医院治疗,医生诊断为左眼皮肤裂伤 1 厘米,内有异物,要缝合;左眼污染严重,有大量碎屑。经过近一小时的清创和手术处理,吴小姐眼部最后被缝了 10 针。[①]责任该由谁承担?该房屋曾由南京翼超装饰设计工程有限公司装修,2005年 3 月底装修结束。房东与装修公司之间订有协议,约定质保期为两年。但"翼超"先不承认是施工质量问题,随后又表示可以修复脱落的天花涂层,就是不愿意对砸伤房客这一后果承担责任。房东请了一家家装监理公司来现场鉴定,在其出具的鉴定报告上,认定天花涂层脱落是施工前期处理不当造成的质量问题。[②] 但"翼超"公司的一名副总经理仍不愿承认责任,说天花涂层脱落是事实,但致其脱落的可能性有多种,如外力影响的敲打与震动、装修时施工质量存在问题、人为原因等。由于公司方面的人员和房东事发时都不在现场,所以一时难以断定伤者的伤情就是脱落的天花涂层所致。[③]

有人认为,该纠纷可以适用推定手段进行认定和解决。理由是:现在天花涂层脱落和砸在床上已是不争的事实,所要推定的是事发时当事人是否有

---

① 《天花板砸伤梦中女孩 律师:通过推定可认定责任》,http://www.sina.com.cn 2006 – 08 – 30 09:59,来源:龙虎网。

② 同上。

③ 同上。

可能在床上睡觉，以及其所受的伤是否是被空中坠落的重物砸伤，如果完全吻合或有较大可能性，即应予以认定。当然，如果装修公司有相反的证据证明当事人所受的伤与天花涂层坠落无关，或经调查证实当事人是在其他时间或另外的场所受的伤，则其可据此主张免责。①

实际上，推定的事实并不是"事发时当事人是否有可能在床上睡觉，以及其所受的伤是否是被空中坠落的重物砸伤"。根据最高人民法院《关于民事诉讼证据的若干规定》第4条第4款的规定，应当实行举证责任倒置，由房屋所有人证明自己无过错；如不能证明自己无过错，即推定他有过错，承担赔偿责任。如果房屋所有人能够证明是第三人（装修公司）的过错，那么他可以免责，而由第三人（装修公司）承担赔偿责任。可见，本案仍使用过错推定。推定的根据是最高人民法院《关于民事诉讼证据的若干规定》第4条第4款，仍然具有法定性。

在本案过错推定的结构中，（1）基础事实是：天花涂层脱落和砸在床上；吴小姐被空中坠落的重物砸伤，被送往南京鼓楼医院治疗，医生诊断为左眼皮肤裂伤1厘米，内有异物，要缝合；左眼污染严重，有大量碎屑。经过近一小时的清创和手术处理，吴小姐眼部最后被缝了10针；一家家装监理公司的现场鉴定报告，认定天花涂层脱落是施工前期处理不当造成的质量问题。（2）推定事实是：房屋所有人有过错；或者房屋所有人无过错而第三人（装修公司）有过错（需要法庭来作出结论）。（3）推定的根据是：最高人民法院《关于民事诉讼证据的若干规定》第4条第4款。

可见，如果把推定事实的方向弄错了，推定的根据自然也会弄错，那样就不可能正确地解决纠纷。

八、在亲子关系推定中须慎用DNA技术

所谓亲子关系推定，是指为确定父母子女间的血缘、身份关系，在子女受胎（受孕）期间或者出生时与母亲有婚姻或性关系的男子中，推定一男子为该子女的父亲。这种推定，有法律规定的，属于法律推定的范畴。在法律规定之前，则属于事实推定的范畴。

① 《天花板砸伤梦中女孩 律师：通过推定可认定责任》，http://www.sina.com.cn 2006-08-30 09：59，来源：龙虎网。

　　DNA 鉴定技术在亲子关系推定中的使用必须受到严格限制。实际上，现代任何科学技术（不仅仅是指 DNA 鉴定技术）的运用都必须受到法律和道德的严格约束。只是由于时间的关系，我们仅就 DNA 鉴定技术在亲子关系推定中的使用谈些看法。

　　现在，有人把 DNA 鉴定技术估计过高，认为在亲子关系的纠纷中，DNA 鉴定技术能够决定性地解决问题。如果有关当事人拒绝做 DNA 鉴定，就可以推定他与某孩子之间具有血缘关系。这是不正确的、非常有害的观点。下面我们来举两个完全相反的例子来说明这个问题的必要性和紧迫性。

　　案例 1：被告拒绝亲子鉴定，法官推定其为孩子的父亲。有人叫"推定的生父"，也有人叫"亲生父亲可以被推定"

　　（案情）1981 年张庆和林燕结婚。六年后女儿欢欢出生。但是有一天，由于某种非常偶然的原因，张庆怀疑女儿不是自己亲生的。为得到事实真相，张庆于 2004 年 1 月带欢欢到重庆市计划生育科学研究所做了亲子鉴定，结果表明欢欢与自己的亲子率为零。一个月后，张庆和林燕协议离婚。接着，张庆向重庆市南岸区人民法院提起诉讼，将原来的妻子林燕和吴勇（第三者，疑似父亲）同时告上法庭，诉请法院确认吴勇和欢欢之间的父女关系，要求两被告共同赔偿损失。

　　南岸法院进行了不公开审理。为了确认欢欢和吴勇是否存在亲缘关系，法官向吴勇提出做亲子鉴定。遭其严词拒绝。法官非常为难。依据最高人民法院有关亲子鉴定必以当事人同意为要件、不得强制取证的批复，法院无权强制吴勇做亲子鉴定。承办法官将案子报到了院审判委员会。审判委员们在讨论中围绕能否对血缘关系进行"推定"提出了三种截然不同的观点：（1）不能推定。张庆没有证据证明吴勇就是欢欢的生父。因此，根据谁主张、谁举证的原则，其起诉理由没有证据支持，法院就应当驳回。（2）张庆未提供证据证明吴勇是欢欢生父，现行法律也无法查证吴勇和欢欢的血缘关系。为此，应当排除吴勇的责任。（3）更多的法官则认为，根据最高人民法院《关于民事诉讼证据规则的若干规定》第 75 条："有证据证明一方当事人持有证据无正当理由不提供，如果对方当事人主张该证据的内容不利于证据持有人，可以推定该主张成立。"结合此案，吴勇的基因样本应当是一份对自己不利的证据，同时加上类如照片、林燕证词等相关证据的链接，由此可以推定：吴勇是欢欢的生父。2004 年 9 月 8 日，南岸区人民法院作出一审判决：确认吴勇与欢欢存在亲生父女关系，吴勇与林燕共同赔偿原告精神抚慰金 1 万元，吴勇单独赔偿张庆 17 年来垫付的子女抚养费 6 万余元。[①] 此判决一作出，立即在法律界引起反响，因为在缺乏直接证据的情况下，推定某人与某人存在亲缘关系的案件十分罕见。

这个案件包含两个推定，第一个是亲子关系的推定。在该推定的结构中，（1）基础事实是：重庆市计划生育科学研究所的亲子鉴定报告表明，欢欢与张庆的亲子率为零；（2）推定事实是：吴勇（第三者）是欢欢的生父。

至于推定的根据具有一定的代表性，值得进一步探索。我认为在本案中，亲子关系的推定之根据完全来自于主审法院的个人经验和主观想象。不仅如此，其经验也是比较抽象的。让我们逐一分析。

（1）维护程序的正当性，这是推定的根据之一。有人曾指出血缘关系不能推定。主审法官则认为，"法官首要的是维护程序的正当性。在本案中，如果我们不按有关证据进行推定，原告在被告拒绝做亲子鉴定的情况下，将永远无法证明两者有关系，最后案件结果的走向完全操纵在被告一人手里"。可见，在缺乏直接证据的情况下，法官具有强烈的推定欲望。

（2）法官所认定的社会公众的心理经验，这是推定的根据之二。吴勇自述不愿进行鉴定是担心造成不良社会影响，对此主审法官认为，从社会公众角度[②]分析，如果吴勇确实未与林燕发生过性关系，鉴定结论将证实其与欢欢不存在父女关系，那对其名誉不但没有影响，相反可证明其清白。如今其拒绝鉴定，则反证了其与欢欢存在父女关系的可能性极大。但法官完全忽略了司法解释的规定。最高法院在一项批复中明确指出，亲子鉴定须出于自愿，不可强迫。法院没有强制吴勇做亲子鉴定的权利。被告吴勇没有必须进行亲子鉴定的义务。法官不能因为他没有去鉴定，就推测该鉴定的结果必然对他不利。这就赋予了吴勇拒绝亲子鉴定的权利。可是法官完全无视此项合法的权利，当事人吴勇行使此项合法权利，反倒被法官认定为故意逃避责任，推定对其不利，这不是民事诉讼法上的"有罪推定"又是什么？

（3）如果在这里适用民事诉讼的法定举证原则，将无法确保公正，这是推定的根据之三。我国民事诉讼法明确规定"谁主张谁举证"。主审法官认为，无论张庆还是林燕，他们都是很难提供林燕和吴勇在 17 年前发生关

---

① 刘巧玲：《谁是生父，可以"推定"吗？》，http：//www. sina. com. cn 2005 - 03 - 21 - 08：08，来源：《法制日报》。

② 这不能归纳为社会公共政策，可归纳为一般的社会心理——作者注。

系的依据。按正常的心理和道德标准，男女关系不可能被大肆宣扬。同时林燕从怀孕到生育，再到现在诉讼，已长达 17 年，其在客观上也无法举证。"如果要求其对此举证，显属对原告举证要求过高。"那么试问：在这种一般的民事案件中，除了法定的举证原则，还有其他什么原则？如果法官不遵循法定的举证原则，还能依靠什么确保公正地处理案件？可见，法定的举证原则在这位法官看来已经变成了妨碍公正判案的绊脚石。这是多么危险的事情！

（4）法官一定要获得关于本案的事实真相，这是推定的根据之四。有人说："但不排除吴勇的确不是欢欢父亲，但又碍于面子不愿做鉴定的可能啊！这样的判决是否对吴勇不公平？"主审法官说："如果我不这样判，就意味着通过司法途径希望获得救济的张庆，在履行了应尽义务后，却无法获得救济；而拒绝履行自己义务的吴勇，却得到了有利于自己的结果，这才是不公平！"他认为，吴勇不愿提交有利于证明事实真相的证据，缘于任何人都有的趋利避害的想法。张庆提交了自己所能收集的证据，被告林燕也对事实供认不讳。这些都是对案件的必然性的一种印证。在这种情况下，法官要获取案件的真实情况，就必须得到吴勇的配合。"对于公民来讲，任何人都有义务提供能够证明事件真相的证据。"

从上面可以看到，本案亲子关系的推定中，其推定根据不具有客观性，是完全站不住脚的。首先，在所谓维护程序的正当性的旗号之下，在缺乏直接证据的情况下，法官具有强烈的推定欲望。其次，法官从自己所认定正确的社会公众的心理经验出发，无视最高人民法院有关亲子鉴定必须以当事人同意为要件、不得强制取证的批复，无视该批复赋予吴勇拒绝亲子鉴定的权利，当吴勇行使此项合法权利时，反倒被法官认定为故意逃避责任，推定对其不利。这其实是强制吴勇做亲子鉴定，是明显的违法行为。再次，法官如果在这里适用民事诉讼的法定举证原则，将无法确保公正。从轻一点说，这是糊涂的、有害的认识。其实质就是公然违法。最后，法官一定要获得关于本案的事实真相。而要获取案件的真实情况，就必须得到吴勇的配合。"对于公民来讲，任何人都有义务提供能够证明事件真相的证据。"在这种陈腐观念支配下，法官不顾一切从事推定。这种推定哪里具有客观性呢？

另一个推定是过错推定。在该推定的结构中，（1）基础事实是：吴勇是完全有能力提供基因样本，却断然拒绝提供；（2）推定事实是：吴勇有过错；（3）推定的根据是：最高人民法院《关于民事诉讼证据的若干规定》第 75 条，它规定："如果对方当事人证明或者法院根据相关证据或经验法则发现该证据掌握在其手里，在法院要求其提供的情况下，持有人无正当理由拒绝提供的，可推定一方当事人主张该证据的内容不利于持有人一方。"在本案中吴勇是完全有能力提供基因样本的，这个样本可能对他有利，也可能不利，但他在无充分理由下断然拒绝，完全可以推断对其不利（即他有过错）。

这里涉及证据法上的推定规则与民事实体法规则的冲突问题。因此要全面看待，不可以偏概全。这是运用推定的方法论问题。另外，从最高法院的有关规定来看，也不能运用推定。依据最高人民法院有关亲子鉴定必须以当事人同意为要件、不得强制取证的批复，法院无权强制吴勇做亲子鉴定。

因此，无论吴勇是在何种情况下拒绝做亲子鉴定，都不能完全可以推断鉴定的结果对其不利。如果作出这种推断，就构成民事诉讼上的"有错推定"，它是刑事诉讼中"有罪推定"在民事推定中的一种反映。

我认为，在涉及亲子关系认定这个有关人的身份的具体问题时，应该首先考虑实体法规则。我历来认为，推定，无论是民事推定，还是刑事推定，都必须慎重对待，何况我们对推定这门证据法技术的理论和运用，都仅仅处于起步阶段，有许多问题需要解决。我们不能走得太快，不能那么胆大。科学上有句格言，叫做"大胆假设，小心求证"。这句话用在推定上应该是"精神设想，小心求证"。

案例2：被告拒绝亲子鉴定，法官拒绝推定其为孩子的父亲

（案情）1983年，重庆市民刘新成（化名）与赵珊（化名）登记结婚，婚后赵珊先后生育了两个女儿，二女儿刘利（化名）于1988年8月24日出生。2004年1月4日，经重庆市计划生育科学研究所进行亲子鉴定，结论为赵珊于1988年8月24日所生女孩刘利与刘新成不是亲生父女关系。同年1月18日，刘新成与赵珊协议离婚。刘新成认为赵珊曾与一名叫张越明（化名）的男子发生过性关系，认为张越明就是刘利的生父。于是刘新成向人民法院提起诉讼，请求确认刘利与张越明、赵珊两被告之间系父母子女关系；判令两被告赔偿相应的损失费。张越明以刘新成在举证期限内未申请对他与刘利进行亲子鉴定为由，拒绝进行亲子鉴定。刘新成以张越明拒绝亲子鉴定为由，认为应推定其与刘利系亲生父女关系。

法官认为，公民的人身权应受法律保护。亲生父母子女关系是由血缘关系而形成的，人的身份关系，不能在没有科学依据的情况下随便推定；确认亲生父母子女关系，要有推断的基础事实与推定事实之间的逻辑关系上的证据，才可适用推定原则，否则不适用推定原则。本案刘新成只举证证明亲子鉴定证实与第三人刘利不具有父女关系，并没有举证证明张越明与赵珊在 1987 年底前有同居、发生性关系的证据，也不能仅凭赵珊的陈述与张越明有性关系，张越明拒绝作亲子鉴定，就推定张越明是刘利的亲生父亲。遂判决不适用推定原则，驳回了刘新成对张越明的诉讼请求。①

法院的判决是正确的。但亲子鉴定对家庭的显著破坏作用，早在判决之前就已经鲜明地表现出来了，这是一个正确判决所无法挽回的；也是判决所无法掩盖的。首先，如果亲子鉴定涉及的是一个已婚家庭，其中有父亲、母亲和一个孩子。母亲与孩子的血缘关系是固定的。而父亲怀疑这个孩子可能与自己没有血缘关系，因而申请亲子鉴定。如果具有鉴定资格的机构受理并且从事这样的鉴定，那么会造成严重的破坏性后果：一是导致夫妻离婚；二是孩子将失去父亲的抚养，处于无父亲的状态，对孩子的健康成长非常不利；三是丈夫将痛恨妻子，有可能对妻子使用暴力；四是妻子处于巨大的压力之下。除了被丈夫施以暴力之外，在社会上、熟人圈子中难以抬头。孩子长大之后，可能会抱怨她。总之，在身体和精神上，都会充满压力。

再来设想另一种情形。如果亲子鉴定涉及的是一个未婚家庭（未婚同居），这个家庭有父亲、母亲和·个孩子。母亲与孩子的血缘关系是固定的。而父亲怀疑这个孩子可能与自己没有血缘关系，因而申请亲子鉴定。如果具有鉴定资格的机构受理并且从事这样的鉴定，同样也会造成严重的破坏性后果：一是导致母亲与父亲分居；二是孩子将失去父亲的抚养，处于无父亲的状态，不利于孩子的健康成长；而且由于父亲与母亲并没有合法的夫妻关系，孩子会成为私生子，受到社会的歧视；三是父亲将痛恨母亲，有可能对母亲使用暴力；四是母亲处于巨大的压力之下，除了被父亲施以暴力之外，在社会上、熟人圈子中难以抬头；孩子长大之后，可能会抱怨她，总之，她在身体和精神上，都会充满压力。

试问这种亲子鉴定有什么好处？在这种所谓亲子鉴定中，首先能获得好处的是鉴定机构，它收取鉴定费用。其次是原来的丈夫或父亲，他由此可不再承担任何家庭责任，还会赢得一些人的廉价同情。

———————

① 方剑磊、黄豁：《重庆市法院判决一血缘关系案不适用推定原则》，http：//www. sina. com. cn 2005－01－24 11：38，来源：新华网。

九、通过法律推定界定亲子关系的原则和方法

目前，亲子关系显得比较复杂和困难。亲子关系的鉴定市场十分活跃。对于亲子关系，我国目前同时存在事实推定和法律推定两种状况。更多的是事实推定。一些有识之士对此表示担忧。我认为，从保护婴幼儿利益、维护家庭稳定的方针出发，通过立法手段严格限制亲子鉴定技术的滥用。建议根据我国婚姻法、未成年人保护法的精神，通过法律推定方式，采取如下原则和方法界定亲子关系。

其一，在婚姻关系存续期间受胎或出生的子女，以其母亲的丈夫为父亲，且为婚生子女。也就是说，在子女出生前的受胎期间有合法婚姻关系的存在，不论该婚姻关系存续时间的长短，也不论其起止时间是否与受胎期一致，所生子女应当具有婚生子女的身份。因为合法婚姻关系的存在与受胎时的合一是确定子女婚生身份的前提。

这应该成为一个法律推定。在该推定的结构中，（1）基础事实是：子女系在婚姻关系存续期间受胎或出生；（2）推定事实是：子女之母亲的丈夫为父亲；子女为婚生子女。

其二，非婚同居期间受胎或者出生的子女，以其与母亲同居的男子为父亲。

这应该成为一个事实推定。在该推定的结构中，（1）基础事实是：子女系在非婚同居期间受胎或者出生；（2）推定事实是：此期间与母亲同居的男子为子女之父亲。

其三，在子女出生时母亲的丈夫与受胎时母亲的丈夫之间，推定子女出生时母亲的丈夫为子女的父亲。

这应该成为一个法律推定。在该推定的结构中，（1）基础事实是：与母亲先后结婚的男子有两个或两个以上。其中，一个是在子女出生时与母亲结婚的男子，另一个是受胎时与母亲结婚的男子（可能有一个或一个以上）。（2）推定事实是：子女出生时母亲的丈夫为子女的父亲。这体现了保护婴儿以及未成年人子女的政策。

其四，在子女出生时与母亲非婚同居的男子，和受胎时与母亲非婚同居的男子之间，推定子女出生时与母亲非婚同居的男子为生父。

这应该成为一个法律推定。在该推定的结构中，（1）基础事实是：与母亲非婚同居的男子有两个或两个以上。其中，一个是在子女出生时与母亲

非婚同居的男子，另一个是受胎时与母亲非婚同居的男子（可能有一个或一个以上）。（2）推定事实是：子女出生时与母亲非婚同居的男子为子女的父亲。这体现了保护婴儿以及未成年人子女的政策。

其五，依法采用人工生殖技术生育的子女，以同意采取该方式生育子女的男女为父母。

这是一个法律推定。在该推定的结构中，（1）基础事实是：子女系通过依法采用人工生殖技术生育的。（2）推定事实是：孩子之父母是同意采取该方式生育子女的男女。

十、结论

其一，关于"推定的根据"之性质。推定的根据应该具有客观性，这是它的一项基本性质，但这项性质往往容易被忽视。此外，推定的根据应该具有相关性，这也是它的一项基本性质。由于这个问题比较容易理解，所以本章没有展开，但并不等于它不重要。合法性不是每一项推定都应当具备的性质。有的推定应该具有合法性，另一些则不一定具有合法性。有的推定应该具有强烈的合法性，另一些则不一定具有强烈的合法性。这是因为推定的种类繁多，这项性质不是每一项推定都必须具备的。比如，某些基于海上生活经验而得出的推定可能与合法性毫无关系。例如在海难事故中，渔民海难将按推定死亡理赔。这完全是基于人在大海的生理极限经验所作出的判断，与合法性毫无关系。[①]

其二，关于推定的根据之种类。推定的根据主要有四种，根据其重要性和使用的广泛性可以做如下排列：法律、公共政策、司法解释和经验。推定的根据具有两种功能：指导功能和检验功能。通过检验推定的根据，进而验证推定本身的正确性有多大。尤其在事实推定中，其推定的根据是否确实可

---

① 2006年2月27日凌晨，在广东省珠海万山群岛沉没的"粤阳东19054"渔船导致失踪7人，到3月3日为止，有关部门仍没有发现新的生还者，搜救告一段落。与此同时，广东渔船船东互保协会来到阳东县东平渔港会同广东省渔政总队等有关部门，共同研究"2·27"海难事故的善后处理。据悉，出事的渔船船东为10名船员共投保了最高补偿额为50万元的人身意外互助保险。根据协会章程和条款的规定，决定对7名失踪者先按"推定死亡"给予理赔。3月2日上午，协会通过银行电汇把互保补偿金和抚恤金共35万元汇至东平互保代办处。从发生海难事故之日起七天后，失踪者不可能再有生还的希望，故推定其已死亡。（戚耀琪、郭兴民：《七人落海后至今无人还　海难将按"推定死亡"理赔》，http：//gd. news. sina. com. cn，2006 - 03 - 04 18：21，来源：金羊网。）

靠，更是衡量事实推定本身之正确与否的标志。

其三，同一个案件中存在两个或两个以上的推定；他们之间可能互相矛盾，也可能互不干扰。在互不干扰的情况下，不需要作出特别处理。如果它们之间互相冲突，就需要确立一定的原则予以处理，以消除它们之间的冲突。应当遵循如下顺序来推定：先根据法律，后根据政策，最后根据经验。具体来说，在有法律的情况下，应当先根据法律；在没有法律而有政策依据的情况下，应当根据政策；在既无法律又无政策的情况下，可以根据经验来推定。

其四，有时在同一案件的两个推定中，一个推定的根据是传统的证据规则，另一个推定的根据是现代体育事业发展的要求。这两者之间存在显著的矛盾。这时需要法官站在历史发展的高度看问题，灵活处理。

其五，同一案件中两个并不矛盾的推定之合理顺序。有时在同一案件中存在两个并不矛盾的推定。由于它们之间不存在冲突，故无须规定冲突的处理原则。不过从推定的根据和诉讼效率原则来讲，仍要遵循一定的推定顺序。

其六，责任事故诉讼中过错推定的根据。在责任事故诉讼中，举证责任倒置和过错推定作为两种法律手段。过错推定的前提是：医院完不成自己的举证责任。过错推定是"医院完不成自己的举证责任"的必然结果。该过错推定的根据是最高人民法院的司法解释，具有法定性和强制性。过错推定的根据除了来源于司法解释之外，更多地来源于民事实体法的规定。在案件中是否使用过错推定，应该首先查看民事实体法和司法解释，而不能作扩张解释。

其七，DNA 鉴定技术在亲子关系推定中的使用必须受到严格限制。实际上，现代任何科学技术（不仅仅是指 DNA 鉴定技术）的运用都必须受到法律和道德的严格约束。

其八，从保护婴幼儿利益、维护家庭稳定的方针出发，通过立法手段严格限制亲子鉴定技术的滥用。建议根据我国婚姻法、未成年人保护法的精神，通过法律推定方式，按照一定的原则和方法比较准确地、合理地界定亲子关系。

附　　录

1. 德、法、日及我国澳门特区民事撤诉制度之比较研究

德国的撤诉制度

德意志联邦共和国民事诉讼法（以下简称德国民事诉讼法）规定了撤回起诉和撤回控诉制度。分述如下：

（一）德国的撤回起诉制度

德意志联邦共和国民事诉讼法（以下简称德国民事诉讼法）第 269 条规定：（1）原告只能在被告未就本案开始言词辩论前，可以不经被告同意而撤回诉讼。（2）撤回诉讼以及使撤回生效的必要的被告的同意，应向法院表示。未在言词辩论中表示的撤回诉讼，须提出书状而表示之。（3）诉经撤回后，视为未发生诉讼系属；如判决已经宣誓而尚未确定，判决失其效力，无须经过明白的撤销。关于诉讼费用，如未经判决确定，原告有负担费用的义务。没有减免诉讼费用的规定。前两种效力，依申请，以裁定宣誓之。此裁定不经言词辩论为之。对此裁定可以提起即时抗告。（4）诉（在撤回后）如重新提起时，被告在收到诉讼费用的偿付前，可以拒绝应诉。（法国、日本没有此规定。）[①] 该条款对撤回起诉的时间范围、要件、表达方式以及费用的承担都作出了规定。具体分析如下：

1. 撤诉的案件范围

由于第 269 条没有对案件的性质、类型作出限制性规定，因此可以理解为，无论案件的性质和范围如何，都应当允许撤回起诉。

2. 撤诉的时间范围

总的来说，在判决作出并宣誓之后，而尚未确定之前，原告都可以撤诉。然而，在上述撤诉的总的时间范围之内，还分为若干时间段，以下还要

[①] 谢怀栻译：《德意志联邦共和国民事诉讼法》，中国法制出版社 2001 年版，第 65 页。

详细叙述，此处不赘。

3. 撤诉的要件和表达方式

在法律所规定的不同时间段，撤回诉讼的要件和表达方式有所不同，具体如下：

（1）言词辩论之前撤回诉讼，不经被告同意。可以口头撤回诉讼。不必书面。应向法院表示。

（2）言词辩论之中撤回诉讼，要经被告同意。可以口头撤回诉讼。不必书面。应向法院表示。

（3）言词辩论结束之后，以及判决作出并宣誓之后，而尚未确定（未生效的），撤回诉讼，要经被告同意。不可以口头撤回诉讼。只能书面。应向法院表示。

4. 撤诉的后果

根据第 269 条的规定，撤回起诉具有如下后果：其一，撤回诉讼后，可以重新起诉。但是费用上，被告有发言权。其二，判决作出并宣誓之后，而尚未确定（未生效的），撤回诉讼，则判决无效。在形式上，无须法院作出明白的撤销。

5. 费用的承担

撤回诉讼，使该诉讼消灭的费用，显然由撤回诉讼的原告承担。

通过上述分析，我们可以对德国的撤回起诉制度作出如下小结：第一，无论案件的性质和范围如何，都应当允许撤诉；第二，撤诉，原则上要经过对方当事人同意；第三，在多数情况下，要用书面方式表示；第四，撤诉的意思表示要向法院作出；第五，撤诉后，可以重新起诉；第六，要由原告承担费用。

（二）德国的撤回控诉（它是控诉的一种手段。在德国民事诉讼法上，控诉的手段包括控诉、上告和法律抗告）制度

德国民事诉讼法不仅规定了撤回起诉制度，还规定了撤回控诉制度。《德国民事诉讼法》第 515 条规定：" （1）在被控诉人开始言词辩论之前撤回控诉，不须经被控诉人同意。（2）撤回控诉，应向法院说明。如不在言词辩论时说明，须提出书状为之。（3）撤回控诉使已提起的控诉失去效力，撤回的当事人应负担因控诉而生的费用。这种效力，以对方当事人的申请，以裁定宣誓之；对方当事人在控诉审未委任诉讼代理人时，申请可以由控诉法院所未许可的律师提出。这种裁定，不经言词辩论为之，对之不得

声明不服。"① 该条款对撤回控诉的要件、范围、表达方式、后果、费用的承担等都作出了规定。

1. 撤回控诉的案件范围

由于第515条没有对案件的性质、类型作出限制性规定，因此，可以理解为，无论案件的性质和范围如何，都应当允许撤回控诉。

2. 撤回控诉的时间范围

第515条第1款规定："在被控诉人开始言词辩论之前，控诉人可以撤回控诉，不须经被控诉人同意。"根据文义解释和反对解释，在被控诉人开始言词辩论之后，控诉人可以撤回控诉，须经被控诉人同意。因此，撤回控诉的时间范围，应当可推及控诉审终局判决作出之前的任何时间。由于二审判决一旦作出，即产生法律效力（确定力和执行力），因此，我们不可以想象二审判决作出之后还可以撤回控诉的情况出现。这与一审判决作出之后还允许撤回起诉的情况是完全不同的，因为一审判决作出并宣誓之后，还存在一个控诉期限，在此期限届满之前，判决尚未确定（未生效），此时原告撤回诉讼，经被告同意，是完全可以的。

3. 撤回控诉的要件和表达方式

根据515条规定，撤回控诉有如下几种方式：

（1）在第二审的言词辩论之前撤回诉讼，不须经被控诉人同意。可以口头撤回诉讼。不必书面。应向法院表示。

（2）言词辩论之中撤回诉讼，要经被控诉人同意。可以口头撤回诉讼。不必书面。应向法院表示。

（3）言词辩论之后撤回诉讼，要经被控诉人同意。不可以口头撤回诉讼。只能书面。应向法院表示。

（4）言词辩论之后，判决之前撤回诉讼，要经被控诉人同意。不可以口头撤回诉讼。只能书面。应向法院表示。

4. 撤回控诉的后果

一是，已经提起的控诉无效；二是，撤回控诉后，不可以重新提起控诉。

5. 费用的承担

撤回控诉，使该诉讼消灭的费用，显然由撤回控诉的人承担。

通过上述分析，我们可以对德国的撤回控诉制度得出如下几点结论：第

---

① 谢怀拭译：《德意志联邦共和国民事诉讼法》，第118页。

一，无论案件的性质和范围如何，都应当允许撤回控诉；第二，在大多数情况下，撤回控诉要经过被控诉人同意；第三，辩论之后撤回控诉，必须书面向法院表示；第四，撤回控诉之后，不可重新提起控诉；第五，费用由撤回控诉者承担。

（三）撤回起诉与撤回控诉的比较

1. 相同点

其一，无论案件的性质和范围如何，都应当允许撤回起诉或者控诉。其二，原则上，无论撤回起诉或者控诉，都要经过对方当事人同意，体现了尊重对方当事人的思想（而不是像法国的撤回控诉那样，从促进诉讼出发，体现了效率至上的思想）。其三，辩论之后撤回起诉或者控诉，都要向法院表示。这体现了尊重法院权威的思想，但是法院并不严格限制当事人的意志。这与我国法律有很大区别。其四，费用由撤诉的动议者承担。具体言之，一审阶段，撤回本诉的由原告承担费用；撤回反诉的，则由被告承担费用；上诉阶段，由撤回控诉的人承担费用。

2. 不同点

表现为撤诉效果的区别：撤回起诉之后，可重新起诉；但是撤回控诉之后，不可重新提起控诉，这意味着提起控诉者之诉权的消灭。这是两者之间唯一的区别。

法国的撤诉制度

（一）法国的撤回起诉制度

法国新民事诉讼法典对撤诉的要件、范围、表达方式、后果、费用的承担等都作出了规定。

1. 撤诉的范围

《法国新民事诉讼法典》第394条规定："原告得于任何案件中撤回起诉，以终止诉讼。"① 根据该条规定，无论案件的性质、类型如何，原告在提起诉讼之后，都可以撤回。

2. 撤诉的要件

《法国新民事诉讼法典》第395条规定："撤回起诉，仅在经被告接受

---

① 罗结珍译：《法国新民事诉讼法典》，中国法制出版社1999年10月第1版，第81页。

时，始为完全。但是，如在原告撤诉时，被告尚未提出任何实体上的辩护，或者未提出不受理的请求，被告只接受并非必要。"① 根据该条规定，一般来说，经被告同意是撤回起诉的要件之一。但是，如果在原告撤诉的时候，被告尚没有提出任何实体上的辩护，或者没有提出不受理的请求，在这种情况下，原告的撤诉不一定经过被告的同意，这就是说，可经过被告的同意，也可不经过被告的同意。无论是否经过被告的同意而撤诉，都是民事诉讼法所认可的行为，无须由法官来裁定，法官均应予以认可。

但是，这里必须指出，经被告同意是撤回起诉的要件之一，这仅仅是一般的要求。在另一些情况下，原告撤诉是不需要经被告同意的。因此，为了更好地理解这一条款，我们还需要根据撤回起诉的时间来进一步作出分析。

其一，在被告进行辩护之前，原告可以不经被告同意而撤回起诉。

其二，在被告进行辩护之后，原告必须经被告同意才能撤回起诉。

其三，在被告进行辩护之前，如果被告未提出不受理请求，则原告可以不经被告同意而撤回起诉。

其四，在被告进行辩护之后，如果被告未提出不受理请求，则原告可以不经被告同意而撤回起诉。

其五，在被告进行辩护后、法院判决之前，原告撤回起诉，必须经被告同意。

其六，原告在法院判决后，但该判决尚未确定时撤回起诉，必须经被告同意。

3. 被告拒绝原告的撤诉，要提出合法理由

《法国新民事诉讼法典》第 396 条规定："如被告并无任何合法理由为依据而不接受原告撤诉，法官得宣告撤诉为完全。"② 根据该规定，被告拒绝原告的撤诉，要有合法理由。如果没有合法的理由，或者理由虽然合法但不充分，则法官可作出裁定，准予原告撤回起诉。根据反对解释，假如原告请求撤诉，是不需要"合法理由"的，只要其作出撤诉的意思表示即可，以便促进诉讼的尽快解决。通过这一对比，我们可以推断，法律之所以规定被告拒绝原告的撤诉请求要有合法根据，显然是为了排除撤诉的阻力，促进诉讼的解决，这表明了法国新民事诉讼法典的一种加速诉讼解决的价值取向。

---

① 罗结珍译：《法国新民事诉讼法典》，第 81 页。
② 同上书，第 104 页。

4. 撤诉的表达方式

《法国新民事诉讼法典》第 397 条规定："撤诉得为明示，或为默示；接受撤诉，亦同。"根据该条规定，在任何阶段都可以采用明示和默示两种方式。明示的撤诉应当包括口头撤诉和书面撤诉两种。默示的撤诉是指被告缺席或退席。（这种规定与日本民事诉讼法的规定基本相同。）

5. 撤诉的后果

一是终止诉讼，使该诉讼消灭。《法国新民事诉讼法典》第 385 条规定："诉讼，因应当进行诉讼的期间已过、撤回诉讼、传唤失效而消灭。"①根据该条规定和第 394 条规定，撤诉的效果之一是终止诉讼；撤回诉讼是诉讼消灭的方式之一。原告放弃其诉讼请求或者放弃上诉，消灭相应的诉讼，一般情形，并不消灭原告的诉权，但撤回上诉则意味着对原判决（一审判决）的承认。

二是原告可以重新提起同一诉讼。《法国新民事诉讼法典》第 398 条规定："撤回诉讼，并不引起舍弃诉权，仅引起该诉讼消灭。"根据该规定，在终局判决作出之前，原告撤回诉讼的，引起该诉讼消灭，但并不意味着原告放弃诉权，因此，原告可以重新提起同一诉讼。（这与日本是相同的。）由于没有特别规定，我们可以推断，在终局判决作出之后，原告撤回诉讼的，引起该诉讼消灭，但并不意味着原告放弃诉权，因此，原告也可以重新提起同一诉讼。（这与日本是不同的。）

6. 费用的承担

第 399 条规定："除有相反协议外，撤回起诉即告同意支付已消灭的诉讼的费用。"②根据该规定，一般来说，原告必须承担撤回起诉、从而使该诉讼消灭的费用，除非原告与被告之间订立了与此相反的协议。

通过上述分析，可以得出如下几点结论：第一，在任何案件中，都可撤回起诉；第二，在大多数情况下，要经过对方当事人同意，方可撤诉；第三，撤诉，不需要经过法院的同意，但是必须向法院表达这个意思；第四，被告拒绝原告撤诉，要有合法理由，否则法官宣告准予撤诉。与此相反，原告申请撤诉，则不需要任何合法的理由；法官也不会因为原告缺乏合法理由而拒绝原告的撤诉请求。德国、日本等国家均没有此项规定。

---

① 罗结珍译：《法国新民事诉讼法典》，第 80 页。

② 同上书，第 81 页。

（二）法国的撤回上诉制度，以及撤回对缺席判决的异议制度

法国新民事诉讼法典对撤回上诉制度的要件、范围、表达方式、后果、费用的承担等都作出了规定。

1. 撤回上诉的范围

第 400 条规定："撤回上诉或撤回对缺席判决的异议，于任何案件均允许之，有相反规定者除外。"① 根据该规定，在任何案件（即不管案件属于哪一种类型和具有何种性质）中，上诉人都可以撤回上诉或撤回对缺席判决的异议，除非有相反的规定。

2. 撤回上诉的要件

第 401 条规定："撤回上诉，仅在其有所保留时，或者仅在对方当事人事先已提出附带上诉或某种附带请求时，始须经对方当事人接受。"② 这就是说，在一般情况下，撤回上诉不须经过对方当事人同意。相反，只有在特殊情况下（即仅在对方当事人事先已提出附带上诉或某种附带请求时），才需要经过对方当事人同意。这是撤回上诉与撤回起诉显著不同的地方。

第 402 条规定："撤回对缺席判决的异议，仅在如原告事先已提出追加之诉时，始须经接受。"③这就是说，一般情况下，撤回对缺席判决的异议，不须经过对方当事人同意。相反，只有在特殊情况下（即仅在原告事先已提出追加之诉时），才需要经过对方当事人同意。

3. 撤回上诉的后果

承认原判决是撤回上诉的主要后果。如原判决有执行内容，则同时产生执行的后果。

第 403 条规定："撤回上诉即告认诺（承认）原判决；如此后另一方当事人本身依照合法程序提起上诉，撤回上诉视为不曾发生。"④ 该规定的后半句所指的情况意味着，双方当事人都提起上诉，其中上诉人撤回自己的上诉，但是被上诉人没有撤回自己的上诉，在这种情况下，上诉人的撤回上诉等同于没有撤回上诉；如果被上诉人也撤回自己的上诉，那么上诉人的撤回上诉即产生"承认原判决"的效力。

---

① 罗结珍译：《法国新民事诉讼法典》，第 81 页。
② 同上。
③ 同上。
④ 同上。

在撤回对缺席判决的异议的情况下也是如此。第404条规定："不加保留条件撤回对缺席判决的异议，即告认诺（承认）原判决。"[①] 提出该异议的主体可能是本诉的原告（上诉案件中的上诉人），也可能是本诉的被告（上诉案件中的被上诉人）。无论哪一方撤回对缺席判决的异议，只要另一方没有相反的行为，即说明承认原判决。

4. 费用的承担

第405条规定："撤回上诉或撤回对缺席判决的异议，适用第396条及第399条之规定。"[②] 根据该规定，一般来说，上诉人必须承担撤回起诉、从而使该诉讼消灭的费用，除非上诉人与被上诉人之间订立了与此相反的协议。

通过对法国的撤回上诉制度，以及撤回对缺席判决的异议制度的分析，我们大致可得出如下结论：其一，在任何案件（不问案件的类型和性质）中，都可以撤回上诉或撤回对缺席判决的异议，除非有相反的规定。其二，一般不经过对方当事人的同意，除非法律另有规定。其三，如对方当事人本身合法上诉，则撤回上诉视为不曾发生。其四，其效果是承认原判决。

（三）撤回上诉与撤回起诉的比较

通过对法国的撤回上诉与撤回起诉制度的比较，我们可以看出如下区别：

一是要件上的区别。撤回上诉一般不须经对方同意，而撤回起诉的原则要经对方同意。

二是表达方式上的区别。《法国新民事诉讼法典》第405条规定："撤回上诉或撤回对缺席判决的异议，适用第396条及第399条之规定。"根据该规定，撤回上诉应该明示，不可默示，在两者之中仅可选择明示。而撤回起诉，可用明示或默示的方式，即可以任选一种。

三是诉权上的区别。由于第398条不适用于撤回上诉，这就意味着上诉人不再拥有上诉权。而撤回起诉后，原告仍可以重新提起同一诉讼。

撤回上诉意味着承认原判决，即一审判决合法有效，一审判决由此产生既判的效力。这一点，德国的民事诉讼法虽然没有明确规定，但它们实际上具有同样的性质。

---

① 罗结珍译：《法国新民事诉讼法典》，第81页。

② 同上。

日本的撤诉制度

（一）日本的撤回起诉制度

《日本民事诉讼法》第261条规定："（一）在判决确定之前，诉讼可以撤回其全部或一部分。（二）撤回诉讼，如果是在对方当事人对于本案已经提出准备书状或在辩论准备程序中已经陈述或者已经开始口头辩论后提出的，非经对方当事人的同意，不发生其效力。但是，在本诉撤回的情况下，撤回反诉，则不在此限。（三）撤回诉讼，应以书状进行。但是，在口头辩论、辩论准备程序或和解的期日，不妨以口头进行。（四）在本条第二款本文规定的情况下，应当向对方当事人送达以书面撤回诉讼的书状或在口头辩论等期日以口头撤回诉讼（对方当事人该期日出庭的除外）的笔录副本。（五）自受撤回诉讼的书状送达之日起两周以内，如果对方当事人不提出异议，则视为同意撤回诉讼。在口头辩论等期日以口头撤回诉讼的情况下，如果对方当事人出庭该期日，自撤回诉讼的当日起，视为同意；如果对方当事人未出庭该期日，从本条前款副本送达之日起两周以内对方当事人不提出异议时，亦同。"[1]

1. 撤回起诉的范围

日本民事诉讼法没有限制撤诉的案件的范围和性质，因此可以认为，无论案件的性质和范围如何，都允许撤回。

2. 撤回起诉的要件和表达形式

判决确定之前，分为几个不同的阶段：

（1）对方当事人对于本案提出准备书状（答辩状）之前；无须经过对方当事人同意，即可撤诉。采用书面形式。

（2）对方当事人对于本案已经提出准备书状（答辩状）；须经过对方当事人同意，方可撤诉。采用书面形式。

（3）对方当事人在辩论准备程序中已经陈述；须经过对方当事人同意，方可撤诉。采用书面形式，或者口头形式。（向对方当事人送达撤诉的书状；如果以口头形式撤诉，则送达该口头撤诉的笔录副本。）

（4）对方当事人在辩论程序中已经开始口头辩论；须经过对方当事人同意，方可撤诉。采用书面或者口头形式。（向对方当事人送达撤诉的书

---

[1]　白绿铉编译：《日本新民事诉讼法》，中国法制出版社2000年5月第1版，第97页。

状；如果以口头形式撤诉，则送达该口头撤诉的笔录副本。）

（5）辩论结束之后，判决之前；须经过对方当事人同意，方可撤诉。采用书面形式。

（6）判决之后，但尚未确定。须经过对方当事人同意，方可撤诉。采用书面形式。

（7）在判决之后，但尚未确定的任何阶段都可以和解，此时允许撤诉。但是须经过对方当事人同意，方可撤诉。采用书面或者口头形式。（向对方当事人送达撤诉的书状；如果以口头形式撤诉，则送达该口头撤诉的笔录副本。）

通过上述分析，可以对撤诉的要件和表达方式得出如下结论：

其一，在上述七个阶段中，除第一个阶段外，其余各个阶段都须经过对方当事人同意，方可撤诉，否则，撤诉无效。这是撤诉的必要条件。但也有个别例外，即在原告撤回本诉的同时，对方当事人撤回反诉，此时原告撤诉不必经过对方当事人同意。（日本民事诉讼法第 261 条第 2 款）对此，德国有所不同。言词辩论（口头辩论）之前，可不经对方当事人同意；但是日本把时间提前到对方当事人提出答辩状之前，在此之后，撤诉要经过对方当事人同意。

其二，就时间而言，原则上讲，在判决确定之前都可以撤诉。在判决确定之后，绝不允许。（德、日、法皆同）

其三，在撤诉的方式上，原则上以书状进行，口头为例外。（《日本民事诉讼法》第 261 条第 3 款）（德、日、法基本相同）

其四，原告撤诉，对方当事人可提出异议。异议期间为自书状送达之日起两周以内。（德、法无此项规定）

其五，送达时，如原告以书状撤诉，则向对方当事人送达撤回诉讼的书状；如原告以口头方式撤诉，应向对方当事人送达撤回诉讼的笔录副本。

3. 撤回起诉的效果及其与既判力的关系

《日本民事诉讼法》第 262 条规定："（一）诉讼，对撤回诉讼的部分，视为自始未系属。（二）对于本案已作出终局判决后撤回诉讼的，不得提起同一诉讼。"[①] 从本条第二款来看，就时间而言，撤回诉讼可以在判决宣告之前，或者判决宣告之后，但未确定的阶段。如判决已上诉，则为确定；已过上诉期限而产生执行力的，则为确定。这些条款足以说明，撤诉必须遵守

---

① 白绿铉编译：《日本新民事诉讼法》，第 97 页。

既判力原则。

　　根据上述规定，撤回诉讼的效果分为两种情况：一是终局判决作出之前；另一种是终局判决作出之后。在前一种情况下，视为诉讼从未开始，故可以提起同一诉讼。在后一种情况下，则视为本诉已经提起过，并作出了终局判决，要受到既判力的拘束，故双方不得提起同一诉讼。但是，值得注意的是，此终局判决只要经过宣布，不一定确定，即有此效力。也许可以上诉，但不得提起同一诉讼。

　　这里，可以就德国与日本在撤诉效果方面进行比较，可以发现两者存在十分微妙的差异。（1）两者的相同点。在终局判决作出之前，或者作出之后，但尚未确定的，都可以撤诉。一旦确定，则不能撤诉。（2）两者的不同点。在日本，在终局判决后撤诉的，以后不得提起同一诉讼。这是撤诉的效果之一。但是在德国，这种情况下是可以撤诉的。（《德国民事诉讼法》第269条第4款）法国与德国相同，法国从诉权的角度对此进行了解释，德国没有，日本也没有。

　　4. 诉之撤回的推定

　　《日本民事诉讼法》第263条规定："当事人双方在口头辩论或口头辩论准备程序的期日不出庭或者在辩论或辩论准备程序中不进行陈述而退庭或退席时，如果在一个月以内不提出指定期日的申请，则视为撤回诉讼。当事人双方连续两次在口头辩论或辩论准备程序的期日不出庭或者在辩论或辩论准备程序中不进行陈述而退庭或退席时，亦同。"① 该规定设立了诉之撤回的推定。但是，从文义上来说并不是很好理解。为了更好地弄清其意义，我们可以分为五种情形来进行讨论。

　　（1）原告不出庭、退庭或退席，同时，被告也不出庭、退庭或退席。这种情况下，应当视为撤回诉讼。

　　（2）原告出庭，但被告不出庭、退庭或退席。在这种情况下，我认为不应当视为撤诉。但从日本民事诉讼法的规定来看，可以"视为撤诉"，因为它没有作出限定。这是立法者的疏忽，还是另有其意？我们不得而知。

　　（3）原告不出庭、退庭或退席，但被告出庭。如果被告没有提出反诉，应当视为原告撤诉。

　　（4）原告提起本诉且出庭，被告提出反诉但不出庭、退庭或退席。在

① 白绿铉编译：《日本新民事诉讼法》，第98页。

这种情况下，我们认为，原告的本诉不能视为撤回，但被告的反诉可视为撤回。但从日本民事诉讼法的规定来看，原告的本诉可以"视为撤诉"，因为它没有作出限定。这是立法者的疏忽，还是另有其意？我们不得而知。

（5）原告提起本诉但不出庭，被告提出反诉但出庭、退庭或退席。在这种情况下，不应当视为撤诉。

（二）日本的撤回控诉制度（上诉是其中的一个手段，与德国相同）

第 292 条规定："（一）在控诉审作出终局判决之前，控诉可以撤回。（二）本法第 261 条第 3 款、第 262 条第 1 款以及第 263 条的规定，准用于撤回控诉。"①

根据上述规定，在撤回控诉的案件范围、撤回控诉的要件和表达方式、诉的撤回的推定等方面，与撤回起诉完全相同。

不同之处在于，其一，就时间范围而言，撤诉只能是在终局判决之前；因为控诉审的终局判决是具有执行力的判决。

其二，要件上的区别。在撤回起诉的阶段，除第一种情况外，其他各种情况都要经过对方当事人同意，方可撤回。但是在撤回控诉的情况下，日本民事诉讼法并未明确作出规定。根据第 292 条第 1、2 款和第 261 条第 2 款，可以作出如下解释：在控诉审终局判决作出之前，撤回控诉，不必经过对方当事人同意（与法国相同）。为什么会得出这个结论呢？因为根据第 261 条第 2 款，撤回诉讼，通常要经过对方当事人同意，否则不发生效力。但根据第 292 条第 2 款，该规定不适用于撤回控诉。依反面解释，可理解为：撤回控诉，原则上可不经对方同意，体现了促进诉讼的宗旨。这与法国相同，与德国不同。

其三，撤诉效果方面的区别。撤回控诉之后，将发生三方面的效果：（1）上诉无效；（2）视为未上诉；（3）可以提出上诉。

根据第 262 条第 2 款的规定，在一审程序中，如已经作出一审终局判决后，原告撤诉，那么，此后原告不得再提起同一诉讼。根据第 292 条第 2 款的规定，上诉的撤回不受此条的约束。第 262 条第 2 款不是撤回上诉的准用条款。因此，根据反对解释，在二审程序中，如果上诉人撤回其上诉，则仍可以再提起同一内容的上诉。不过，当二审终局判决作出之后，判决即被确定，那时是不能撤回上诉的。

---

① 白绿铉编译：《日本新民事诉讼法》，第 103 页。

应当特别注意的是，第 262 条第 2 款对终局判决看得很重。根据该条的规定，当一审终局判决作出之后，可以撤回起诉，但是，起诉一旦被撤回，即不得再提起同一诉讼。而在一审终局判决作出之前，不但可以撤回起诉，而且还允许再提起同一诉讼。

问题是：撤回控诉之后，视为未上诉。那么，一审判决是否应该生效呢？我们认为应该生效。既然生效，那么就不可再提出上诉，这是符合逻辑的结论。所以，就这一点来看，日本与德、法两国法条所包含的意义是一致的。

（三）主控诉的撤回对附带控诉的影响

第 293 条规定："（二）附带控诉在撤回控诉或因不合法而驳回控诉的情况下，失去其效力。但是，具备控诉要件的，则视为独立的控诉。"①

此条规定是有意义的。根据上述规定，附带控诉分为独立的控诉和非独立的控诉。如果具备控诉要件，则视为独立的控诉。在附带控诉独立的情况下，主控诉的撤回不能当然导致附带控诉的撤回。反之，如果不具有控诉要件，则视为非独立的控诉。在附带控诉不独立的情况下，主控诉的撤回当然导致附带控诉的撤回。

我国澳门特区的撤诉制度

澳门民事诉讼法典对撤诉的要件、方式、效果等作出了规定。具体分析如下：

1. 要件

《澳门民事诉讼法典》第 238 条第 1 款规定："诉之撤回与被告作出答辩（应该是指被告提出答辩状，而不是进行口头辩论——笔者注）后申请者，须经被告同意方得为之。"

根据该规定，在原告起诉之后、被告作出答辩之前，原告撤诉可不经被告同意。但是，在被告答辩之后，则必须经过被告同意。因此，在绝大多数情况下，经被告同意方可撤诉，这是一个必要条件。仅此而言，我国澳门特区的规定与日本的规定相同，而与德、法不同。

2. 撤诉的方式

《澳门民事诉讼法典》第 242 条规定："一、认诺、诉之撤回、请求之

_____

① 白绿铉编译：《日本新民事诉讼法》，第 104 页。

舍弃或和解得在符合实体法在形式上之要求下，以公文书或私文书作出，亦得在诉讼中以书录作出。二、只要利害关系人提出口头请求，办事处即须作出书录。三、作成书录或附具有关文件后，须根据认诺、诉之撤回、请求之舍弃或和解之标的及作出该等行为之人之资格，查核该等行为是否有效；如属有效，则以判决宣告有效，并完全按行为之内容作出判处或驳回有关请求。"

根据该条规定，撤诉原则上以书面方式进行，不论采用公文书、私文书或者法院的办事处的书录均可。

3. 法定代表人或者法定代理人的撤诉

《澳门民事诉讼法典》第 239 条规定："法人之代表又或无行为能力人、失踪人或不能作出行为之人之代理人仅在其职责之确切范围内或事先取得特别许可时，方得撤回诉讼、舍弃请求、作出认诺或和解。"根据该条规定，法定代表人或者法定代理人申请撤诉，必须事先取得权利人的特别许可，或者确实拥有其职责范围之内的权限。否则，他无权撤诉。

4. 共同诉讼中的撤诉

《澳门民事诉讼法典》第 240 条规定："一、如属普通共同诉讼，个人得自由作出个别之认诺、诉之撤回、请求之舍弃及和解，但以各人在案件中各自所占之利益为限。二、如属必要共同诉讼，任一共同诉讼人之认诺、诉之撤回、请求之舍弃或和解，仅在诉讼费用方面产生效力。"

根据该条规定，在共同诉讼中，撤诉分两种情况来处理：一是在普通的共同诉讼中，每个人都可以撤诉，但是他撤诉所涉及的利益是极其有限的，即仅涉及他本人在案件中所占的一份利益。如果其他人仍然保持自己的利益，并坚持不撤诉，那么这个案件便不能终止诉讼程序。而是在必要的共同诉讼中，只有全体共同诉讼人申请撤诉，本案才可终止诉讼程序。其中某个人的申请撤诉是不能终止诉讼程序的。

5. 撤回的时间范围

《澳门民事诉讼法典》第 237 条第 2 款规定："诉之撤回仅使已提起之诉讼程序终结。"

一般来说，一个完整的诉讼程序包括起诉、受理、开庭前的准备、开庭审理、法庭辩论、法庭评议和判决等阶段。在正常情况下，法庭作出判决意味着关于该案件的诉讼程序宣告终结。根据第 237 条第 2 款的规定，在作出判决之前，诉的撤回可使诉讼程序宣告终结，则意味着"判决之前"的任何阶段、任何时间，原告都可以申请撤诉。

6. 撤回诉讼的效果

撤诉之后，是否可以重新起诉呢？对此，法典没有作出明确规定。但我们可以比照澳门民事诉讼法典第 237 条第 1 款和第 2 款规定进行分析。

第 1 款规定："请求之舍弃使欲行使之权利消灭。"第 2 款规定："诉之撤回仅使已提起之诉讼程序终结。"由此可以看出，诉权的消灭与诉讼程序的终止是两个不同的概念，具有质的区别。只有舍弃请求，才能消灭诉权；而诉之撤回并不能使当事人的诉权消灭。因此，原告撤回诉讼之后，仅仅能够终止诉讼程序，其诉权仍然予以保留，此后还可以重新起诉。

7. 撤诉的无效及撤销

《澳门民事诉讼法典》第 243 条规定："一、认诺、诉之撤回、请求之舍弃及和解，得一如性质相同之其他行为般被宣告无效或予以撤销；《民法典》第 352 条第 2 款之规定，适用于认诺。二、就认诺、诉之撤回、请求之舍弃及和解所作之判决即使已确定，以不妨碍提起旨在宣告该等行为无效或旨在撤销该等行为之诉讼，只要撤销权仍未失效。三、如无效仅因诉讼代理人无权力或有关诉讼委任之不当所致，则须将作出认可之判决通知委任人本人，并告诫该人如无任何表示，则视有关行为已获追认及无效已获补正。"

根据该条规定，原告的撤诉行为可以被宣告无效或者被撤销；即使关于撤诉的判决已确定，对方当事人仍可以提起对这种撤诉行为无效的诉讼。

8. 辅助人参加的诉讼中的撤诉

第 281 条规定："辅助不影响主当事人之权利，主当事人得自由作出认诺、诉之撤回、请求之舍弃及和解；遇有上述任一情况，辅助参加即终结。"

根据该条规定，诉讼参加人可分为主当事人（原告和被告）和辅助参加人（如第三人）。在主辅关系上，严格遵循主当事人优先的原则。

9. 小结

从上面可以看到，澳门民事诉讼法典在以下几方面作出了独特的规定：法定代表人或代理人撤诉；共同诉讼中的撤诉；撤诉的无效及撤销；辅助人参加的诉讼中的撤诉。这些规定在德国、法国、日本等国家的民事诉讼法中都尚无规定。

尽管如此，我们应当看到澳门民事诉讼法典中关于撤诉制度的不足之处，表现在：一是，对撤诉的时间范围规定得不明确，须进行专门的精密的法律解释才可以理解。二是对撤诉的案件的范围未作出规定。三是关于撤诉的效果的规定不是十分明确。最后，关于撤回上诉的规定十分简单，而且从法条上看，不像日本民事诉讼法那样与撤回起诉形成周密的照应关系。因此，这不利于我们理解我国澳门特区的撤回上诉制度。

对德、法、日及我国澳门特区撤诉制度的比较与总结

（一）撤诉制度的基本内容

从上述国家和地区的撤诉制度中可以看到，撤诉制度一般应当包括如下六项内容：

（1）撤诉的案件范围。任何案件，不论其性质和种类如何，都可以作为撤诉的对象。

（2）撤诉的时间范围。不论是一审还是二审，在判决确定之前，都可以撤诉。

（3）须得到对方当事人的同意。原告撤诉，在大多数情况下都必须得到对方当事人的同意。

（4）撤诉的表达方式。在大多数情况下，撤诉应当采用书面形式。

（5）撤诉的效果。在一审中，撤诉并不消灭诉权。撤诉仅仅中止诉讼程序，因此，撤诉之后，可以重新起诉。但是在二审中，撤回上诉后，不准再提起上诉，同时承认一审判决，这意味着一审判决生效，产生既判力，也意味着该诉之诉权的消灭。

（6）费用的缴纳。撤诉后，诉讼费用由撤诉的申请人缴纳。

（二）撤诉制度的其他内容

除以上基本内容外，有的国家或地区根据自己的立法思想和价值取向，作了一些特别规定。比如，法国规定被告拒绝原告的撤诉，必须持有合法的理由，否则准予原告撤诉。目的在于促进诉讼，提高诉讼效率。又如我国澳门特区规定，共同诉讼中的撤诉分为两种情况来分别处理。此外，还就法定代表人或者代理人的撤诉，规定了基本条件。再如日本规定，诉的撤回在某些情况下是可以推定的。

2. 德、法、日及我国澳门特区放弃请求制度之比较研究

德国的放弃请求制度

（一）一审程序中的放弃诉讼请求

德意志联邦共和国民事诉讼法（以下简称德国民事诉讼法）第306条规定："原告在言词辩论中舍弃他所提出的请求时，如被告申请驳回，即应根据舍弃而驳回原告的请求。"① 该条款对放弃诉讼请求的时间范围和后果都作出了规定。具体分析如下：

1. 放弃诉讼请求的时间范围

根据上述规定，原告，而不是被告，在言词辩论之中可放弃诉讼请求。如被告申请驳回，则作出驳回请求的判决。

但是，如被告未申请驳回，则法院是否可以直接准予原告的舍弃？如果回答是肯定的，那么，如何处置该舍弃呢？对此法律未作出明确规定。这是需要进一步讨论的问题。另外，这里也提出了其他几个相联系的问题，对此我们一并予以讨论。

一是，在言词辩论之前是否可放弃诉讼请求？我认为这个问题值得研究。由于原告放弃诉讼请求时尚未展开言词辩论，故还未给予被告申请驳回的时机。对此，法院是否应该尊重原告的选择，直接准予其放弃诉讼请求的声明，作为判决的参考？我认为这样做实际意义不大。因为放弃诉讼请求的本质是放弃诉权，消灭诉讼。如果法院一方面直接准予其放弃诉讼请求的声明，另一方面却保留该诉讼，两者存在明显的矛盾，也没有真正尊重原告的诉讼意志。我认为较好的办法有两种：一是动员原告放弃诉讼请求。虽然这种做法也不完全符合原告的意志，因为放弃诉讼请求虽然能够结束本次诉讼，但由于保留了原告的诉权，所以无法保证原告不再开诉讼。

二是，法院直接作出驳回原告的判决，不必等到被告申请驳回的时机。这后一种办法比较简单，直截了当，但需要修改法律的规定。

三是，在言词辩论之后是否可以放弃诉讼请求？我认为可以。由于言词辩论期间已过，故被告已经错过了申请驳回的法定时机。对此，法院不可能

---

① 谢怀栻译：《德意志联邦共和国民事诉讼法》，第75页。

根据被告的要求（假如被告确实提出这样的要求的话），以原告的舍弃为依据而驳回他的请求。因为法院要维护法律的权威。但是，原告的舍弃发生在判决之前，这作为一个重要的诉讼法律事实已经存在，法院应该予以正视。我认为较好的办法是，法院应该直接准予原告的放弃诉讼请求的声明，并作出驳回原告的判决。

因此，就时间范围来看，原告在言词辩论之前、之中、之后，均可放弃诉讼请求，这充分体现了对当事人意志的尊重。

2. 舍弃的后果

如果被告向法庭提出驳回原告的申请，那么法庭应当以原告的舍弃作为根据，驳回他的请求。

（二）舍弃判决的宣判形式及其效力

所谓舍弃判决是指根据放弃诉讼请求所作出的判决。第 311 条第 2 款规定："宣誓判决时，朗读判决主文。缺席判决、根据认诺而为的判决以及因撤回诉讼或舍弃诉讼请求而为的判决，即使在判决主文未写成时，也可宣誓。"第 311 条第 2 款规定："宣誓判决时，如认为适当时，可以朗读裁判理由，或口述理由的主要内容。"[①] 第 312 条第 1 款规定："宣誓判决的效力，与当事人的出庭与否无关。判决的宣誓对于在期日未出庭的当事人，也生效力。"[②]

根据上述规定，第一，根据原告一方的舍弃行为而作出的判决，可以公开宣判。第二，在判决主文没有写成的情况下，也可以公开宣判。第三，在宣判后，无论当事人是否曾经出庭，该判决都具有法律效力。这无疑消除了人们对"当事人不出庭则宣读判决不生效"的担心。

（三）舍弃判决不需要事实和理由

第 313 条第 2 款规定："宣告缺席判决、认诺判决或舍弃判决，不需要事实和理由，判决中应表明其为缺席判决、认诺判决或舍弃判决。"[③] 这表明了两点意义：第一，与完整的诉讼程序下所作的判决相比，舍弃判决是一种简明的判决形式。第二，由于这种判决不需要事实和判决理由，仅仅根据

---

① 谢怀栻译：《德意志联邦共和国民事诉讼法》，第 76 页。

② 同上。

③ 同上书，第 77 页。

原告一方的放弃诉讼请求来作出判决,所以,正确运用这种形式,无疑可以减轻法官的工作负担,提高诉讼效率。

(四) 放弃诉讼请求的审判方式

根据德国民事诉讼法第 524 条第 3 款第 2 项的规定,在民事诉讼中,如果原告舍弃已经提出的请求,此种诉讼由独任法官、而不是合议庭法官作出裁判。①

(五) 控诉 (上诉) 的舍弃

《德国民事诉讼法》第 514 条规定:"在判决宣誓后,表明舍弃控诉权时,不论对方当事人承诺其控诉与否,都发生效力。"②

该规定包含如下内容:第一,舍弃控诉的效果。是指放弃控诉权,此权力一旦放弃,即不能再行使。这与撤回诉讼不同。在撤回诉讼的情况下,它还保留着诉权,还可以再次起诉。第二,规定了舍弃控诉权的时间范围。就是说,在判决宣誓前、宣誓后都可以舍弃控诉权。但是,这两个时间段的舍弃控诉权仍然存在一定区别。具体而言,宣誓前,如果对方当事人承诺其控诉,则一方的舍弃不发生法律效力。此承诺是舍弃控诉权不生效的要件。但在宣誓后,如果一方当事人舍弃控诉权,则对方当事人对其控诉的承诺不再是一个限制因素。第三,没有限制放弃诉讼请求的案件范围。这实际上暗示了放弃诉讼请求的案件范围,具体而言就是,无论案件属于何种性质和种类,都可以舍弃控诉权。

(六) 附带控诉的舍弃

《德国民事诉讼法》第 521 条第 1 款规定:"被控诉人即使在舍弃控诉或已逾控诉期间后,仍可提起附带控诉。"③

所谓附带控诉是相对于主控诉而言的。所谓主控诉是指在一审判决作出之后,一方当事人不服判决而向二审法院提出的控诉。该方当事人被称为控诉人,其对方当事人就是被控诉人。被控诉人所提起的控诉就是附带控诉。

根据上述规定,第一,这里的舍弃控诉是指上诉人 (控诉人) 舍弃控

---

① 谢怀栻译:《德意志联邦共和国民事诉讼法》,第 121 页。
② 同上书,第 118 页。
③ 同上书,第 120 页。

诉。第二，如果控诉人舍弃控诉，而被控诉人想提起控诉的，则被控诉人所提起的控诉成为附带控诉。被控诉人有提起此附带控诉的权利，因为他的诉权没有消灭，即使已经超过了控诉期间，他的诉权依然存在。与此相反，由于控诉人已经舍弃控诉，他的诉权已经消灭。

（七）异议的舍弃

《德国民事诉讼法》第346条规定："关于异议的舍弃与撤回，准用于关于舍弃上诉于撤回上诉的规定。"[①]

（八）舍弃起诉与舍弃控诉的比较

1. 相同点

其一，无论案件的性质和范围如何，都应当允许舍弃起诉或者控诉。其二，原则上，无论舍弃起诉或者控诉，都不需要经过对方当事人同意，体现了舍弃诉讼请求是当事人一方（原告）的个人行为和独立行为，体现了当事人意思自治的思想。其三，无论舍弃起诉还是舍弃控诉，在舍弃之后，都不可重新提起起诉或者控诉。其四，无论舍弃起诉还是舍弃控诉，都要向法院表示。这体现了尊重法院权威的思想，但是法院并不严格限制当事人的意志。其五，诉讼费用由舍弃的动议者承担。

2. 不同点

两者的区别表现为作出舍弃表示的时间不同。舍弃起诉必须是在言词辩论之中；舍弃控诉必须是在判决宣誓之后。

法国的放弃请求制度

法国民事诉讼法就舍弃诉权的效果、意义、和解、舍弃上诉等作出了详细规定。具体分析如下：

（一）舍弃诉权的效果

《法国民事诉讼法》第384条第1款规定："诉讼，除因判决之效力消灭外，亦因和解、认诺、舍弃诉权之效力，附随诉权而消灭，或者在诉权不能转移的情况下，诉权因一方当事人死亡而消灭。诉讼之消灭以法院终止管

---

① 谢怀拭译：《德意志联邦共和国民事诉讼法》，第85页。

辖裁定确认之。"①根据该规定,在法国民事诉讼中,舍弃诉权具有两种效果:

一是消灭诉权。一方当事人舍弃诉权,意味着该方当事人的诉权消灭,另一方当事人的诉权没有消灭。如果双方当事人舍弃诉权,意味着双方当事人的诉权消灭。

二是,舍弃诉权能够使诉讼消灭,它是诉讼消灭的一种方式或途径。如果双方当事人舍弃诉权,则该诉讼消灭。如果一方当事人舍弃诉权,另一方当事人对此明示或者默示同意,则该诉讼也消灭。

(二) 放弃诉讼请求与认诺的区别与联系

1. 认诺的含义、效果和条件

《法国民事诉讼法》第 408 条第 1 款规定:"认诺对方当事人之诉讼请求,即告承认其请求有依据并舍弃诉权。"②

《法国民事诉讼法》第 408 条第 2 款规定:"仅对当事人有自由处分的权利,始允许认诺。"③

上述规定说明了三层意思:其一,说明了认诺的基本意义和效果。它的本意是承认对方当事人的请求有依据。其二,说明了认诺的效果。这种承认的效果是舍弃诉权。因此,我们可以对此作出相反的推断:当一方当事人舍弃诉权时,就意味着承认对方当事人的请求有依据。其三,说明了认诺的条件。任何认诺都是具体的,都是对对方当事人的一个或者几个请求的认诺。只有在当事人有自由处分的权利的情况下,才有权作出这种认诺;否则就是无效的。

2. 认诺判决的含义、效果和条件

《法国民事诉讼法》第 409 条第 1 款规定:"对判决的认诺,即告服从判决的各项理由并舍弃上诉;但如此后另一当事人依照合法程序提出上诉,不在此限。"④

《法国民事诉讼法》第 409 条第 2 款规定:"对判决的认诺,得允许之,有相反规定者除外。"⑤

---

① 罗结珍译:《法国新民事诉讼法典》,第 79 页。
② 同上书,第 82 页。
③ 同上。
④ 同上。
⑤ 同上。

上述规定说明了三层意思：其一，说明了认诺判决的基本意义和效果。意味着服从判决的各项理由；舍弃上诉。因此，从这个意义上说，舍弃上诉也意味着承认和服从判决。其二，如果另一方当事人在上诉期间没有提出上诉，则对判决的认诺就发生效力。反之，如果另一方当事人在上诉期间依法定程序提出上诉，则对判决的认诺就不发生效力。其三，一般来说，应当允许一方或者双方当事人认诺判决，除非法律有相反的规定。

3. 认诺的方式可以是明示，也可以是默示，这与放弃诉讼请求完全相同

《法国民事诉讼法》第 410 条第 1 款规定：“认诺得为明示，或为默示。”①

第 410 条第 2 款规定：“对未产生执行力的判决无保留地执行，等于认诺，不允许认诺之情形除外。”②

（三）舍弃上诉

《法国民事诉讼法》第 546 条规定：“于其中有利益的任何当事人，如未舍弃上诉权利，均享有上诉权。非讼案件，受到判决通知的第三人亦可对此判决向上诉法院提出上诉。”③

根据该规定，第一，凡是享有诉讼利益的当事人，都有上诉的权利。第二，任何享有上诉利益的当事人，都可以放弃上诉权利，这是他的自由和权利，任何其他人都无权干涉。第三，在非讼案件中，受到判决通知的第三人也可以提出上诉，这就暗示着该第三人也享有上诉利益，无论这个利益是程序上的利益还是实体上的利益。

（四）和解与舍弃上诉的选择

《法国民事诉讼法》第 556 条规定：“有能力进行和解的人，得舍弃上诉；但舍弃上诉仅得对其可以自由处分的权利为之。”④

该规定显示了和解与舍弃上诉请求的区别。它们是两种不同的处理诉权的方式。根据该规定，与和解相比，舍弃上诉权对当事人来说，并非最佳的解决

---

① 罗结珍译：《法国新民事诉讼法典》，第 82 页。
② 同上。
③ 同上书，第 111 页。
④ 同上。

问题的方式。如果当事人有能力进行和解，就应该优先选择和解的方式，这种方式更有利于保护自己的诉权；反之，如果没有能力进行和解，舍弃上诉就成为一种不得已的选择。显然，法国民事诉讼法并不倡导弃权的方式。如果在有其他更好的行使诉权的方式的情况下，法律希望人们去优先选择。这符合法国人民的传统的重视人权（诉权是实现人权的一种重要方式）的理念。

（五）舍弃上诉的时间

《法国民事诉讼法》第 557 条规定："不得在争议产生之前即舍弃上诉。"①

根据该规定，只有在争议产生之后，才可以舍弃上诉。

（六）舍弃上诉的方式

《法国民事诉讼法》第 558 条第 1 款规定："舍弃上诉得为明示，或者由无保留的执行未产生执行力的判决而发生。"②

根据该规定，舍弃上诉可分为明示和默示两种。所谓明示舍弃上诉，是指一方当事人明确地向法院表示不上诉，无条件地服从法院的一审判决。所谓默示舍弃上诉，是指当一审判决作出之后，还没有产生执行力之前，一方当事人已经在无条件地执行该判决。

（七）舍弃上诉的无效

《法国民事诉讼法》第 558 条第 2 款规定："此后如有另一当事人本人符合规定地提出上诉，舍弃上诉不生效力。"③

根据该规定，即便一方当事人已经明示或默示地舍弃上诉，如果另一方仍然拥有上诉权，并且依法提出上诉，那么一方当事人的舍弃上诉也是无效的。因此，只有在另一方当事人明示认可一方当事人舍弃上诉的情况下，或者在另一方当事人虽未明确表示认可，但超过法定上诉期间未提出上诉的情况下，一方当事人的舍弃上诉才是有效的。

（八）舍弃与附带上诉的联系

《法国民事诉讼法》第 546 条规定，如果当事人一方舍弃上诉权利，他

---

① 罗结珍译：《法国新民事诉讼法典》，第 111 页。
② 同上。
③ 同上。

便不再享有上诉权。这时，如果另一方没有放弃上诉权利，则仍然享有上诉权。《法国民事诉讼法》第 548 条规定："上诉，得由被上诉人针对上诉人与其他被上诉人附带提出。"

根据上述规定，在民事诉讼中，当一审判决作出之后，任何不服该判决的人都可以提出上诉。提出上诉的人称为上诉人。在当事人为多个主体的情况下，上诉人可能不止一人，因而上诉可能不止一个。同样，被上诉人也可以提出上诉，他所提出的上诉称为附带上诉，这是相对于上诉而言的。在当事人为多个主体的情况下，被上诉人可能不止一人，因而附带上诉可能不止一个。可见，附带上诉的本质仍是上诉，只是为了区分方便起见，我们才根据上诉人与被上诉人的身份差异和不同的诉讼地位，划分为上诉人与附带上诉人、上诉与附带上诉。但这对上诉的后果并没什么影响。

应当指出的是，附带上诉具有独立性，可以不依赖于上诉而单独存在。这种情况是指，当上诉人舍弃上诉的情况下，附带上诉并不必然消灭，它享有独立存在的权利，除非被上诉人也舍弃附带上诉。

（九）舍弃上诉与舍弃起诉的比较

通过对法国的舍弃上诉与舍弃起诉制度的比较，我们可以看出如下相同点：一是要件相同。无论舍弃起诉还是上诉，都不需要经对方同意。二是表达方式相同。无论舍弃起诉还是上诉，都可用明示或默示的方式。三是消灭诉权。舍弃起诉意味着起诉权的消灭；舍弃上诉意味着上诉人不再拥有上诉权。

区别在于，在舍弃上诉制度中，规定了有能力进行和解的人，得舍弃上诉，这是一种强制和解的制度。该制度在舍弃起诉的情况下是没有的，在德国、日本和我国澳门特区的同类制度中也没有，是一项较为独特的规定。

日本的放弃请求制度

（一）舍弃诉讼请求

《日本民事诉讼法》第 266 条规定："第一款　放弃或承诺请求，应在口头辩论等期日进行。第二款　以书状提出放弃或承诺请求的当事人在口头辩论期日未出庭，法院或受命法官或受托法官，可以视其为进行该旨意的陈述。"[①] 上述条款对放弃诉讼请求的时间范围、方式、效果作出了规定。具

---

① 白绿铉编译：《日本新民事诉讼法》，第 98 页。

体分析如下：

1. 放弃诉讼请求的时间范围

专指口头辩论等期日，对此不得进行扩张解释，比如不能指提交辩论状的期日。为什么作出这样强硬的规定呢？可能为了防止反悔。因为在口头辩论期日，在法官主持下，有双方当事人或者其代理人在场，并有法院书记官做法庭笔录，当事人一旦作出放弃诉讼请求的表示，其后是很难改动的。

2. 放弃诉讼请求的推定

要件有四：一是当事人以书面方式提出放弃请求；二是当事人在口头辩论期日未出庭；三是法院或受命法官或受托法官作出判断；四是审判主体可以推定当事人提出了放弃请求的意思表示。上述四个要件缺一不可。

3. 放弃的方式

可以是口头的，也可以是书面的，但是都必须向法院提出。

4. 放弃诉讼请求的效果

日本民事诉讼法第五章的标题是："不经裁判而中了诉讼。"在这一章中，放弃诉讼请求与承认请求、和解、撤回诉讼一样，都具有不经裁判而终结诉讼的功能。

5. 放弃诉讼请求的笔录及其效力

日本民事诉讼法第267条规定："将和解或者放弃或承诺请求记载于笔录时，该记录具有与确定判决同等的效力。"[①]

根据上述规定，法院书记官对放弃诉讼请求应作出笔录。该笔录与判决具有同等效力。这与德国不同。德国法要求法官作出舍弃判决，并公开宣判，在处理方式上更为正规化。

《日本民事诉讼法》第254条规定："第一款　在下面所列的情况下，承认原告的请求时，不拘泥于本法第252条的规定，宣布判决可以不基于判决书的原本：（一）在口头辩论中，被告不争诉原告所主张的事实，也不提出任何防御方法；（二）被告尽管受到公告送达的传唤，却在口头辩论的期日没有出庭（被告所提出的准备书状，视为其在口头辩论中陈述的情况除外）。第二款　根据本条前款规定宣布判决时，法院已宣布判决的口头辩论期日的笔录代替判决书，应当是法院书记官在口头辩论期日的笔录上记载当事人及法定代理人、主文、请求以及理由的要点。"[②]

[①]　白绿铉编译：《日本新民事诉讼法》，第98页。
[②]　同上书，第94页。

上述规定列明了在被告承认原告请求的情况下，法院可以采用笔录方式代替判决书。这是为了简化宣布判决书的方式。

同样，在原告放弃诉讼请求的情况下，也可以采用这种替代方式。据说这是日本民事诉讼法 20 世纪 90 年代的一项改革成果。

（二）舍弃控诉

《日本民事诉讼法》第 284 条规定："提起控诉的权利，可以放弃。"该条规定与放弃诉讼请求的基本含义结合在一起，表明了如下几层意思：第一，提起控诉是一项诉讼权利；第二，此项权利可以放弃；第三，放弃此项权利的后果是消灭诉权，并结束该项诉讼。第四；放弃控诉的时间范围。上诉人在控诉（上诉）期间就可以放弃控诉。根据日本民事诉讼法第 285 条规定，自受送达判决书或笔录之日起两周内的不变期间，为控诉期间。控诉应当在这期间提起；否则视为放弃控诉。①

（三）附带控诉

根据日本民事诉讼法第 284 条第一款的规定，被控诉人在口头辩论终结之前，仍可以提出附带控诉。附带控诉必须在口头辩论终结之前提出，这是就时间范围所作出的规定。与德国等国家的同类条款相比，日本的规定明显宽一些。这是日本的附带控诉制度比较独特的地方。

（四）关于票据诉讼判决的异议

《日本民事诉讼法》第 284 条规定："得放弃申请异议的权利，限于在提出该申请之前，可以放弃。"② 根据该规定，就票据诉讼的判决申请异议是一项申请权（广义的诉权的一种）；这项权利给予当事人本人的意志，是可以放弃的；在放弃的时间上，只能在提出申请之前；不须经对方同意。放弃此项申请权利的后果是：此后不得再提起此项申请。这是就票据诉讼所作出的特别规定。

（五）舍弃诉讼请求与舍弃控诉的区别

两者的区别主要表现在时间范围上。上诉人在控诉（上诉）期间就可

---

① 白绿铉编译：《日本新民事诉讼法》，第 102 页。
② 同上书，第 118 页。

以放弃，不一定等到二审的口头辩论期日。而放弃诉讼请求只能在法定的一审口头辩论期日。

总的看来，日本民事诉讼法对放弃请求制度规定得比较全面，但内容简略。较为独特的方面有：关于放弃诉讼请求的推定、关于票据诉讼判决的异议申请的舍弃、放弃诉讼请求的笔录及其效力等，可供我们参考。

我国澳门特区的放弃请求制度

我国澳门特区民事诉讼法典对放弃诉讼请求的要件、方式、效果等作出了规定。具体分析如下：

（一）放弃诉讼请求的要件

《澳门民事诉讼法典》第 238 条第 2 款规定："请求的舍弃得自由作出，而不影响反诉，但反诉取决于原告提出之请求除外。"①

根据该规定，第一，原告对请求的舍弃可以自由作出，一般不受限制。第二，原告放弃诉讼请求不影响被告的反诉。即使原告放弃诉讼请求，被告仍可以提出反诉，法院仍应受理该反诉。第三，如果反诉取决于原告提出的请求，那么，当原告放弃诉讼请求时，被告的反诉会受到限制。具体来说，如果原告放弃诉讼请求，则被告的反诉不成立，法院不会支持该反诉。

（二）放弃诉讼请求的方式

《澳门民事诉讼法典》第 242 条规定："一、认诺、诉之撤回、请求之舍弃或和解得在符合实体法在形式上之要求下，以公文书或私文书作出，亦得在诉讼中以书录作出。二、只要利害关系人提出口头请求，办事处即须作出书录。三、作成书录或附具有关文件后，须根据认诺、诉之撤回、请求之舍弃或和解之标的及作出该等行为之人之资格，查核该等行为是否有效；如属有效，则以判决宣告有效，并完全按行为之内容作出判处或驳回有关请求。"②

根据该条规定，诉的舍弃原则上以书面方式进行，不论采用公文书、私

---

① 中国政法大学澳门研究中心、澳门特区政府法律翻译办公室编：《澳门民事诉讼法典》，中国政法大学出版社 1999 年版，第 78 页。

② 同上书，第 79 页。

文书或者法院的办事处的书录均可。

（三）　法定代表人或者法定代理人的放弃诉讼请求

《澳门民事诉讼法典》第 239 条规定："法人之代表又或无行为能力人、失踪人或不能作出行为之人之代理人仅在其职责之确切范围内或事先取得特别许可时，方得撤回诉讼、放弃诉讼请求、作出认诺或和解。"[①]　根据该条规定，法定代表人或者法定代理人申请诉的舍弃，必须事先取得权利人的特别许可，或者确实拥有其职责范围之内的权限。否则，他无权为诉的舍弃。

（四）　共同诉讼中的放弃诉讼请求

《澳门民事诉讼法典》第 240 条规定："一、如属普通共同诉讼，个人得自由作出个别之认诺、诉之撤回、请求之舍弃及和解，但以各人在案件中各自所占之利益为限。二、如属必要共同诉讼，任一共同诉讼人之认诺、诉之撤回、请求之舍弃或和解，仅在诉讼费用方面产生效力。"[②]

根据该条规定，在共同诉讼中，诉的舍弃分两种情况来处理：一是在普通的共同诉讼中，每个人都可以放弃诉讼请求，但是他放弃诉讼请求所涉及的利益是极其有限的，即仅涉及他本人在案件中所占的一份利益。如果其他人仍然保持自己的利益，并坚持不放弃诉讼请求，那么这个案件便不能终止诉讼程序。而在必要的共同诉讼中，只有全体共同诉讼人申请放弃诉讼请求，本案才可终止诉讼程序。其中某个人的申请放弃诉讼请求是不能终止诉讼程序的。

（五）　放弃诉讼请求的时间范围

《澳门民事诉讼法典》第 235 条第 1 款规定："原告得于诉讼程序之任何时刻舍弃全部或部分请求，而被告亦得就请求作出全部或部分认诺。"

一般来说，一个完整的诉讼程序包括起诉、受理、开庭前的准备、开庭审理、法庭辩论、法庭评议和判决等阶段。在正常情况下，法庭作出判决意味着关于该案件的诉讼程序宣告终结。根据第 237 条第 1 款的规定，在作出判决之前，放弃诉讼请求可使诉讼程序宣告终结，则意味着"判决之前"

---

① 中国政法大学澳门研究中心、澳门特区政府法律翻译办公室编：《澳门民事诉讼法典》，第 78 页。

② 同上。

的任何阶段、任何时间，原告都可以申请放弃诉讼请求。

（六）放弃诉讼请求的效果

放弃诉讼请求之后，是否可以重新起诉呢？对此，法典没有作出明确规定。但我们可以比照澳门民事诉讼法典第 237 条第 1 款和第 2 款规定进行分析。

第 1 款规定："请求之舍弃使欲行使之权利消灭。"[①] 第 2 款规定："诉之撤回仅使已提起之诉讼程序终结。"[②] 由此可以看出，诉权的消灭与诉讼程序的终止是两个不同的概念，具有质的区别。只有放弃诉讼请求，才能消灭诉权；而诉之撤回并不能使当事人的诉权消灭。因此，原告撤回诉讼之后，仅仅能够终止诉讼程序，其诉权仍然予以保留，此后还可以重新起诉。但是，一旦原告放弃诉讼请求之后，不仅能够终止诉讼程序，而且其诉权不可予以保留，此后还不可以重新起诉。

（七）放弃诉讼请求的无效及撤销

《澳门民事诉讼法典》第 243 条规定："一、认诺、诉之撤回、请求之舍弃及和解，得一如性质相同之其他行为般被宣告无效或予以撤销；《民法典》第 352 条第 2 款之规定，适用于认诺。二、就认诺、诉之撤回、请求之舍弃及和解所作之判决即使已确定，以不妨碍提起旨在宣告该等行为无效或旨在撤销该等行为之诉讼，只要撤销权仍未失效。三、如无效仅因诉讼代理人无权力或有关诉讼委任之不当所致，则须将作出认可之判决通知委任人本人，并告诫该人如无任何表示，则视有关行为已获追认及无效已获补正。"[③]

根据该条规定，原告的放弃诉讼请求行为可以被宣告无效或者被撤销；即使关于放弃诉讼请求的判决已确定，对方当事人仍可以提起使这种放弃诉讼请求行为无效的诉讼。

（八）辅助人参加的诉讼中的放弃诉讼请求

《澳门民事诉讼法典》第 281 条规定："辅助不影响主当事人之权利，

---

① 中国政法大学澳门研究中心、澳门特区政府法律翻译办公室编：《澳门民事诉讼法典》，第 78 页。
② 同上。
③ 同上书，第 79 页。

主当事人得自由作出认诺、诉之撤回、请求之舍弃及和解；遇有上述任一情况，辅助参加即终结。"①

根据该条规定，诉讼参加人可分为主当事人（原告和被告）和辅助参加人（如第三人）。在主辅关系上，严格遵循主当事人优先的原则。

（九）舍弃上诉权

《澳门民事诉讼法典》第 586 条第 1 款规定："当事人得舍弃上诉权；但预先舍弃上诉权仅仅在双方当事人均舍弃时方产生效力。"② 根据该规定，第一，上诉权可以舍弃。第二，在一审判决作出之后、二审受理本案之前，当事人双方可以同时舍弃上诉权，只有这样，对上诉权的舍弃才产生效力；否则，如果只是一方舍弃上诉权，则舍弃行为是无效的。

《澳门民事诉讼法典》第 586 条第 2 款规定："裁判作出后，明示或默示接纳该裁判之当事人不得提起上诉；从该人作出任何与上诉意愿不相容之行为显示出其接纳裁判者，视为默示接纳。"③ 根据该规定，第一，当一审判决作出之后，如果一方当事人明确表示接受该判决的，该当事人不得提起上诉；第二，当一审判决作出之后，如果一方当事人虽没有作出明确表示，但事实上已默认该判决的，该当事人也不得提起上诉；默认的判断标准是，他作出了任何与上诉意愿不相容之行为，如通过给付金钱或财产来履行判决。

（十）附带上诉与放弃诉讼请求

《澳门民事诉讼法典》第 587 条第 4 款规定："一方当事人舍弃上诉权或明示或默示接纳裁判时，只要他方当事人对该裁判提起上诉，其亦得提起附带上诉，但其明示声明不提起附带上诉者除外。"④ 根据该规定，第一，当一审判决作出之后，如果一方当事人明确表示接受该判决的，该当事人不得提起上诉；但是，如果另一方当事人对该裁判提起上诉，则此方亦得提起附带上诉，这是一般情况。第二，如果此方当事人明确表示不提起附带上诉的，视为放弃附带上诉，但这并不影响另一方上诉的进行。

---

① 中国政法大学澳门研究中心、澳门特区政府法律翻译办公室编：《澳门民事诉讼法典》，第90 页。

② 同上书，第 183 页。

③ 同上书，第 184 页。

④ 同上。

（十一）诉讼费用的承担

《澳门民事诉讼法典》第 380 条第 1 款规定："如诉讼因诉之撤回、请求之舍弃或认诺而终结，则由撤回诉讼、放弃诉讼请求或作认诺之当事人负担诉讼费用；如属部分撤回、舍弃或认诺，则有关当事人须按撤回、舍弃或认诺部分之比例负担诉讼费用。"① 根据该规定，第一，在民事诉讼中，如果一方当事人放弃诉讼请求，导致诉讼程序终结，那么该当事人应当负担全部诉讼费用。第二，如果一方当事人仅仅部分放弃诉讼请求，从而导致部分请求的诉讼程序终结，那么该当事人应当负担该部分诉讼费用。

（十二）小结

从上面可以看到，澳门民事诉讼法典在以下几方面作出了独特的规定：法定代表人或代理人放弃诉讼请求；共同诉讼中的放弃诉讼请求；放弃诉讼请求的无效及撤销；辅助人参加的诉讼中的放弃诉讼请求。这些规定在德国、法国、日本等国家的民事诉讼法中都尚无规定。

尽管如此，澳门民事诉讼法典中关于诉的舍弃制度仍存在不足之处，表现在：一是对诉的舍弃的时间范围规定得不明确，须进行专门的精密的法律解释才可以理解。二是对诉的舍弃的案件的范围未作出规定。

对德、法、日及我国澳门特区放弃请求制度的比较与总结

（一）放弃请求制度的基本内容

以上分别研究了德国、法国、日本和我国澳门特区的放弃请求制度，从中不难看出，它是一项具有普遍性的制度，对于提高诉讼效率具有重要意义。它一般应当包括如下内容：

（1）放弃请求的案件范围。任何案件，不论其性质和种类如何，都可以作为放弃诉讼请求的对象。

（2）放弃请求的时间范围。在法庭言词辩论中，都可以放弃诉讼请求。

（3）放弃诉讼请求，不必得到对方当事人的同意。

（4）放弃诉讼请求的方式。放弃诉讼请求可以是明示，也可以是默示。

---

① 中国政法大学澳门研究中心、澳门特区政府法律翻译办公室编：《澳门民事诉讼法典》，第122 页。

（5）放弃诉讼请求的效果。放弃诉讼请求后，诉权就被消灭。不可以重新起诉。

（6）费用的缴纳。放弃诉讼请求后，诉讼费用由放弃诉讼请求的申请人缴纳。

（二）放弃请求制度的其他内容

除以上基本内容外，有的国家或地区根据自己的立法思想和价值取向，作了一些特别规定。比如，法国民事诉讼法规定，在舍弃上诉制度中，规定了有能力进行和解的人，得舍弃上诉，这是一种强制和解的制度。该制度在舍弃起诉的情况下是没有的，在德国、日本和我国澳门特区的同类制度中也没有，是一项较为独特的规定。又如日本规定了放弃诉讼请求的推定，且详细规定了四个要件。再如我国澳门特区民事诉讼法规定了放弃诉讼请求的无效及撤销；辅助人参加的诉讼中的放弃诉讼请求等。

3. 德、日、意、法、美及我国澳门特区撤回公诉制度之比较研究

德国刑事诉讼中的撤诉制度

德国刑事诉讼中的撤诉制度大致由三部分构成：公诉的撤回、法律救济的撤回和刑事自诉的撤回。

（一）公诉的撤回

1. 撤回公诉的时间范围

《德国刑事诉讼法》第156条规定："审判程序开始后，对公诉不能撤回。"① 根据上述规定，在审判程序开始之前，检察机关可以撤回公诉。这与日本有着明显的区别。根据日本刑事诉讼法的规定，检察官在提起公诉之后，可以在一审判决之前撤回公诉，因此，与我国和日本相比，德国刑事诉讼法对时间范围的掌握是比较严格的。

2. 撤回公诉的案件范围

原则上，审判程序开始后，对公诉不能撤回。但是，在特殊情况下可以撤回诉讼，而且不受审判阶段的限制。所谓"特殊情况"是指对于涉及国

---

① 李昌珂译：《德国刑事诉讼法典》，中国政法大学出版社1995年4月版，第78页。

家行为和政治原因的特殊案件。

根据德国法，国家行为不追诉。《德国刑事诉讼法》第 153 条 c 规定："（三）业已起诉的，在前款的一、二项以及第二款情形中，如果启动程序将给联邦德国造成严重的不利情况或者有其他的重大公众利益与追溯相抵触的，检察院可以在程序的任何一个阶段撤回起诉，停止程序。"① 根据上述规定，对于以下两类案件，可以不受审判阶段的限制而撤回诉讼：一是涉及德国国家利益的刑事案件；二是涉及其他的重大公众利益的刑事案件。这体现了国家利益和重大的公共利益至上的原则。

此外，出于政治原因不追诉。《德国刑事诉讼法》第 153 条 d 规定，对于政治性质的案件，"（三）业已起诉时，在前款所述前提条件下联邦最高检察官可以在程序的任何一个阶段撤回起诉，停止程序"。② 这条规定确实意味深长，体现了立法者的良苦用心。因为，现代政治是政党政治。各个党派之间既存在共同的利益，又存在不同的各党派自身的利益。政治生活的复杂性说明，运用司法手段，特别是刑事司法手段解决具有政治性质的案件，是不合时宜的，有时是极其危险的。鉴于德国近代和现代史上曾经有过这样的惨痛教训，因此，德国刑事诉讼法严格恪守司法中立的原则，规定了上述条款。这对于保持国家的政治生活的稳定性、政党和政治家的人身安全，保持国家政权工具的正确运用，都具有极大的政治意义和法律意义。

（二）法律救济的撤回

德国刑事诉讼法对法律救济案件中的撤诉作出了一些规定。所谓法律救济活动，实际上是指公益诉讼活动，它与公诉和自诉都存在一定的区别。分析德国刑事诉讼法上的有关规定，对于我国公益诉讼的立法或许有一定的意义。

1. 法律救济活动的种类和检察院的撤诉权

《德国刑事诉讼法》第 302 条规定："（一）在提起法律救济活动期限届满之前，也可以有效地撤回、舍弃提起法律救济。但是，如果检察院为了被指控人的利益所提起的法律救济活动，未经被指控人同意不得撤回。（二）撤回时，辩护人须有明确的授权。"③ 上述规定意味着，第一，法律救

---

① 李昌珂译：《德国刑事诉讼法典》，第 74 页。
② 同上书，第 75 页。
③ 同上书，第 117 页。

济活动至少可以分为两种：一是为了被指控人的利益所提起的法律救济活动；二是为了其他人的利益（如国家利益或者某个企业的利益）所提起的法律救济活动。第二，检察院是提起法律救济活动的主体。第三，在法律救济活动中，检察院享有撤诉权。第四，检察院撤诉受到一定的限制，这与它代表国家行使公诉权时存在一定区别。在提起法律救济活动的案件中，检察院代表被指控人的利益，辩护人则代表对方的利益。根据第 302 条规定，检察院为了被指控人的利益所提起的法律救济活动，未经被指控人同意不得撤回。与此相对应，辩护人代表对方撤回诉讼时，也须有其明确的授权。

2. 撤诉的时间范围

《德国刑事诉讼法》第 303 条规定："要经过言词审理才能对法律救济是否可准作裁定的时候，在审判开始后要撤回时须经对方当事人同意。但是，撤回被告人提起的法律救济诉讼活动时，不必经附带诉讼原告人同意。"①（这与日本是相同的。）根据上述规定，对法律救济案件来说，检察院可以在审判开始前和审判期间撤回诉讼。这与撤回公诉有着原则上的区别。如前所述，在德国刑事诉讼中，原则上，审判程序开始后，对公诉是不能撤回的。可见，德国刑事诉讼法对于检察院提起法律救济活动，至少在撤诉这个问题上，是拟制民事诉讼的方法来对待的。

3. 要经过对方当事人同意

《根据德国刑事诉讼法》第 303 条规定，对于法律救济案件来说，在审判开始后，检察院要撤回诉讼时，须经对方当事人同意。

4. 撤回被告人提起的法律救济诉讼活动时，不必经附带诉讼原告人同意

《根据德国刑事诉讼法》第 303 条规定，撤回被告人提起的法律救济诉讼活动时，不必经附带诉讼原告人同意。被告人提起的法律救济诉讼活动意味着他在反诉。如果被告撤回反诉，意味着反诉的终止，但他仍然保留着反诉权。从单纯的诉讼程序上来说，意味着程序的简化，诉讼时间可能缩短。此时，法律规定不必经附带诉讼原告人同意，可能更多考虑到诉讼效率，从诉讼公平的角度看，被告人的撤诉行为更多的是利于原告。

（三）刑事自诉的撤回

德国刑事诉讼法对撤回自诉的时间范围、撤回自诉的推定及其后果等作

---

① 李昌珂译：《德国刑事诉讼法典》，第 117 页。

出了规定。

1. 撤回自诉的时间范围

《德国刑事诉讼法》第 391 条规定:"(一)在程序的任何阶段都可以撤回自诉。在第一审审理中开始对被告人就案件予以讯问后,撤回自诉时须经被告人同意。(二)在第一审程序以及在被告人提起上告时的第二审程序中,如果自诉人审理时缺席,也未由律师代理,或者尽管法院已经命令自诉人亲自到庭,他仍然缺席,或者自诉人没有遵守已言明未遵守时就要停止程序的期限的,视为撤回自诉。"①

根据上述规定,尽管原则上允许在程序的任何阶段可以撤诉,但不是无条件的。刑事自诉的撤回需要具备的条件是,在一审程序中开始对被告人进行讯问之后,撤回自诉就需要经过被告人同意,因为在被告人看来,这时官司已经找上门来,如果允许自诉人撤回自诉,尽管自诉人不能以同样的理由再起诉,但是,就此弄个水落石出是被告人的一种权利,是否放弃这项权利完全取决于他本人。可见,对刑事自诉的撤回的处理类似于民事诉讼的撤回。

2. 撤回自诉的推定

《根据德国刑事诉讼法》第 391 条第 2 款的规定,在第一审程序以及在被告人提起上告时的第二审程序中,在如下情况下,视为自诉人撤回自诉:(1)如果自诉人审理时缺席,也未由律师代理;(2)尽管法院已经命令自诉人亲自到庭,他仍然缺席;(3)或者自诉人没有遵守已言明未遵守时就要停止程序的期限。

3. 撤回自诉的后果

《德国刑事诉讼法》第 392 条规定:"对撤回的自诉不得再重新提起。"②该条款的规定与民事诉讼是有很大区别的。根据德国民事诉讼法,在民事诉讼中,撤回起诉后,一般允许重新起诉。另外,该内容与日本刑事诉讼法关于公诉的撤回也存在很大区别,因为在公诉被撤回之后,如果公诉人又发现了有关犯罪事实的重要证据,则可以依法再提起公诉。

总的看来,在德国,无论是公诉还是刑事自诉,一旦撤回,是不得再重新提起的。这未免显得有些绝对化。

4. 通知被指控人

《德国刑事诉讼法》第 394 条规定:"撤回自诉,自诉人死亡以及继续

---

① 李昌珂译:《德国刑事诉讼法典》,第 142 页。
② 同上书,第 143 页。

进行自诉程序时，对此要通知被指控人。"① 这意味着被指控人的知情权受到法律的保障。

日本刑事诉讼中的撤诉制度

（一）公诉的撤回

日本刑事诉讼法对撤回公诉的时间范围、方式和要件、检察官的告知义务，以及撤回公诉的后果等都作出了明确规定。

1. 撤回公诉的时间范围

《日本刑事诉讼法》第 257 条规定："公诉，可以在作出的一审判决前撤回。"② 根据该规定，公诉人在提起公诉之后，可以在一审判决之前的任何阶段撤回其公诉。

2. 方式和要件

日本最高法院制定的《刑事诉讼规则》第 168 条规定："撤回公诉，应当以记载理由的书面提出。"③ 根据该规定，撤回公诉必须用书面方式提出，并且要在书面文件上记载撤回公诉的理由。如果仅以书面方式撤回公诉而缺乏撤诉的理由或者撤诉理由不充分，都是不允许的。此外，法院应当作出公诉不受理的裁定。根据日本刑事诉讼法第 339 条的规定，撤回公诉时，法院应当通过裁定的方式宣告公诉不受理。④

3. 检察官的迅速告知义务

《日本刑事诉讼法》第 259 条规定："检察官对案件作出不提起公诉的处分时，如果被疑人提出请求，应当迅速告知不起诉的旨意。"⑤

《日本刑事诉讼法》第 260 条规定："检察官对经告诉、告发或者请求的案件，在作出提起公诉或者不提起公诉的处分时，应当迅速将其旨意通知告诉人、告发人或者请求人。在撤回公诉或者将案件移送其他检察厅的检察官时，亦同。"⑥

《日本刑事诉讼法》第 260 条规定："检察官对经告诉、告发或者请求

---

① 李昌珂译：《德国刑事诉讼法典》，第 143 页。
② 宋英辉译：《日本刑事诉讼法》，第 60 页。
③ 同上书，第 166 页。
④ 同上书，第 77 页。
⑤ 同上书，第 60 页。
⑥ 同上。

的案件，在作出不提起公诉的处分时，如果告诉人、告发人或者请求人提出请求，应当迅速告知告诉人、告发人或者请求人不提起公诉的理由。"①

《日本刑事诉讼法》第 312 条规定："法院在检察官提出请求时，以不妨碍公诉事实的同一性为限，应当准许追加、撤回或者变更记载于起诉书的诉因或者罚条。"（第 1 款）"法院在已经追加、撤回或者变更诉因或者罚条时，应当迅速将追加、撤回或者变更的部分通知被告人。"（第 3 款）②

从上面可以看到，日本刑事诉讼法对检察官的迅速告知义务作出了详细的规定。这意味着立法者非常重视用法律的手段，抑制检察官可能滥用职权进行拖延，要求他们尊重被告知人的要求迅速断案的权利。同时也明确地向被告知人表明，他们拥有被告知的权利，这实际上赋予了被告知人与检察官相抗衡的一种手段。

4. 法院准许权和审查权

日本刑事诉讼法第 312 条规定还赋予法院准许权和审查权。就是说，作为审判者，法院应当就检察官提出的准许追加、撤回或者变更的请求进行认真审查；如果认为合理即给予认可。

5. 撤回公诉的后果

根据日本刑事诉讼法的规定，撤回公诉后一般不可以再起诉，除非又发现了有关犯罪事实的重要证据。《日本刑事诉讼法》第 340 条规定："因撤回公诉而作出的公诉不受理的裁定已经确定时，以在撤回公诉后对犯罪事实重新发现重要证据时为限，可以就同一案件再提起公诉。"③ 根据该规定，撤回公诉后可以再起诉，但是这必须满足两项条件：第一，因撤回公诉而作出的公诉不受理的裁定已经确定。如果该裁定尚未作出，或者作出之后尚未生效，那么都不可以重新起诉；第二，撤回公诉后又发现了有关犯罪事实的重要证据。日本刑事诉讼法要求发现了有关犯罪事实的重要证据，作为撤回公诉之后再起诉的要件，这是比较特殊的，它反映了刑事诉讼与民事诉讼的重要区别。实际上这是对公诉机关的一条重要限制，反过来可以解释为对犯罪嫌疑人的一种强制性的法律保护。在民事诉讼中，一般说来撤诉后都可以再起诉，这是基本原则，而这正是民事诉讼中当事人意思自治的必然要求。

---

① 宋英辉译：《日本刑事诉讼法》第 60 页。
② 同上书，第 71 页。
③ 同上书，第 78 页。

（二）上诉的撤回

日本刑事诉讼法对撤回上诉的主体、要件和后果等都作出了明确规定。

1. 撤回上诉的主体

《日本刑事诉讼法》第 359 条规定："检察官、被告人或者第 352 条规定的人，可以放弃或者撤回上诉。"[①] 根据日本刑事诉讼法的规定，检察官或者被告人具有上诉权。（第 351 条）被告人的法定代理人或者保佐人，可以为被告人的利益提起上诉。（第 353 条）另外，检察官和被告人之外的人受到裁定的，可以提起抗告。（第 352 条）关于羁押，在已经告知羁押理由时，曾经提出该项告知请求的人，也可以为被告人的利益提起上诉。对该上诉不受理的裁定，亦同。（第 354 条）

2. 撤回上诉的要件

《日本刑事诉讼法》第 360 条规定："第 353 条或者第 354 条规定的人，经被告人书面同意后，可以放弃或者撤回上诉。"[②] 根据该条规定，对于被告人的法定代理人或者保佐人，以及在已经告知羁押理由时曾经提出该项告知请求的人，这些人撤回上诉必须具备两个要件：一是被告人主观上表示同意；二是被告的同意要采用书面方式，而不是口头同意的方式。

根据文义解释和相反解释，如果检察官、被告人或者第 352 条规定的人撤回上诉，则不需要采用书面方式，也就是说，他可以采用书面方式，也可以采用口头方式，但无论采用何种方式，都必须将其意思表示向法官作出。这一点与放弃上诉有重要区别。根据日本刑事诉讼法第 360 条第 3 款的规定，无论何人，其"放弃上诉的声明，应当以书面提出"。

3. 撤回上诉的效果

撤回上诉将产生两个效果：一是不能再上诉。"放弃或者撤回上诉的人，不得对该案件再行上诉。同意放弃或者撤回上诉的被告人，亦同。"[③] 根据该规定，无论是检察官还是被告人，或者是其他人撤回上诉，均不得对该案件再行上诉。这与撤回起诉是有区别的。首先，虽然检察官撤回起诉后一般不得重新起诉，但是，如果发现了有关犯罪嫌疑人的犯罪事实的重要证据，仍可以再起诉。其次，被告人或其他为被告利益的人在刑事诉讼中不具

[①] 宋英辉译：《日本刑事诉讼法》，第 82 页。
[②] 同上。
[③] 同上。

有起诉权。

撤回上诉的另一效果是，使得第一审法院的裁判重新生效，并应得到执行。《日本刑事诉讼法》第 372 条第 2 款规定："上诉法院的裁判或者因撤回上诉而执行下级法院的裁判时，由与上诉法院相对应的检察厅的检察官指挥。但诉讼记录在下级法院或者在与该法院相对应的检察厅时，由与该法院相对应的检察厅的检察官指挥。"①

4. 上诉的推定和撤回上诉的推定

《日本刑事诉讼法》第 366 条规定："在监狱的被告人，在上诉期间向监狱长或者他的代理人提出上诉申请书时，视为已在上诉期间内提起上诉。被告人不能自行书写上诉申请书时，监狱长或者他的代理人应当代为书写，或者使其所属的职员代为书写。"② 第 367 条规定："前条的规定，准用于在监狱的被告人放弃或撤回上诉，或者请求恢复上诉权。"③ 根据上述规定，被告人在上诉期间向监狱长或者他的代理人提出上诉申请书时，推定其已在上诉期间内提起上诉；被告人在上诉期间向监狱长或者他的代理人提出撤回上诉申请书时，推定其已在上诉期间内撤回上诉。

（三）再审请求的撤回

1. 撤回再审请求的效果

《日本刑事诉讼法》第 443 条规定："再审的请求，可以撤回。撤回再审请求的人，不得以同一理由再行提出再审的请求。"④ 这意味着，第一，对于再审请求，请求人有撤回的权利；第二，撤回再审请求的人，不得以同一理由再行提出再审的请求；第三，如果出现了新的理由，撤回再审请求的人有权再行提出再审的请求。就是说，在撤回再审请求之后，其请求权并未消灭，仅仅是终结再审程序。这与撤回上诉是不同的。对于后者来说，撤回上诉不仅意味着上诉程序的终结和对一审判决的承认并生效，而且意味着上诉权的消灭。

2. 受理再审请求的要件及处理方式

《日本刑事诉讼法》第 446 条规定："再审的请求违反法令上的方式，

---

① 宋英辉译：《日本刑事诉讼法》，第 106 页。
② 同上书，第 98 页。
③ 同上。
④ 同上。

或者在请求权消灭后提出时，应当作出不受理的裁定。"① 第 447 条规定：
"再审请求没有理由时，应当作出不受理的裁定。已经作出前款的裁定时，
任何人不得以同一理由再行提出再审的请求。"② 根据上述规定，第一，再
审的请求应采用法令所规定的方式；第二，并且在请求权消灭之前提出，否
则法院将作出不受理的裁定；第三，再审请求必须有理由，否则也不被受
理；第四，如果一项再审请求曾经被法院拒绝受理，再审请求人必须找到新
的理由才能向法院提出，否则也会被法院拒绝。

　　3. 再审请求的推定和撤回再审请求的推定

　　《日本刑事诉讼法》第 444 条规定："第 366 条的规定，准用于再审的
请求及其撤回。"③ 根据第 366 条规定，第一，在监狱的再审请求人，在上
诉期间向监狱长或者他的代理人提出再审请求申请书时，推定为已在再审请
求期间内提起再审请求。再审请求人不能自行书写再审请求申请书时，监狱
长或者他的代理人应当代为书写，或者使其所属的职员代为书写。第二，在
监狱的再审请求人，在上诉期间向监狱长或者他的代理人提出撤回再审请求
申请书时，推定为已在再审请求期间内提起撤回再审请求。

（四）简易程序中的撤诉

　　在日本刑事诉讼法第六篇简易程序中，规定了"撤回正式审判的请求"
的条款。《日本刑事诉讼法》第 466 条规定："正式审判的请求，可以在第
一审判决前撤回。"④ 日本刑事诉讼法第 467 条规定："第 353 条、第 355 条
至第 357 条、第 359 条、第 360 条及第 365 条的规定，准用于正式审判的请
求或者该项请求的撤回。"⑤ 上述规定说明，第一，就撤诉的时间范围来说，
原告有权在第一审判决前的任何阶段撤回其正式审判的请求。第二，通常程
序中的撤诉规定适用于简易程序。

　　在简易程序中，关于撤诉采用简易命令的方式而不是裁定，至于该命令
的效力，《日本刑事诉讼法》第 470 条规定："简易命令，因经过请求正式
审判的期间，或者因撤回其请求，而产生与确定判决同等的效力。对请求正

---

① 宋英辉译：《日本刑事诉讼法》，第 98 页。
② 同上。
③ 同上。
④ 同上书，第 83 页。
⑤ 同上。

式审判不受理的裁判已经确定时，亦同。"①

（五）日本与德国撤诉制度的简要比较

1. 撤诉的种类

德国分为公诉的撤回、自诉的撤回和法律救济的撤回。日本除规定撤回公诉、撤回上诉之外，还规定了再审请求的撤回和简易程序中的撤诉。

2. 撤回公诉的比较

德国规定了国家行为不起诉和出于政治原因不起诉，明确摒弃了刑事诉讼中的政治色彩。日本则没有这方面的规定。

3. 撤回上诉的比较

在德国，原则上，审判程序开始后，对公诉不能撤回。因此，在公诉案件中不存在撤回上诉的问题。但是在刑事自诉案件中，则允许撤回上诉。与德国不同，日本在公诉案件中允许撤回上诉，并作出了较详细的规定，但是没有关于撤回自诉的规定。

4. 撤回自诉的比较

德国规定了撤回自诉制度，但日本没有。

意大利刑事诉讼法中的撤诉制度

（一）撤回告诉的条件和后果

《意大利刑事诉讼法》第 380 条第 3 款规定："如果属于告诉才追诉的犯罪，只有当提出告诉，包括向在现场的司法警官或警员提出口头告诉时，才执行当场逮捕。如果享有告诉权的人宣布撤回告诉，则将被逮捕人立即释放。"② 该规定就撤回告诉的主体、撤回犯罪的类型和撤回告诉的后果作出了规定，具体如下：

1. 撤回告诉的主体

是指享有告诉权的人。

2. 犯罪的类型

此种犯罪显然是指自诉案件或者轻微的犯罪。

---

① 宋英辉译：《日本刑事诉讼法》，第 105 页。
② 黄风译：《意大利刑事诉讼法典》，中国政法大学出版社 1994 年 11 月版，第 135 页。

3. 撤回告诉的后果

如果享有告诉权的人宣布撤回告诉，则将被逮捕人立即释放。

（二）公诉案件撤销的主体和理由

《意大利刑事诉讼法》第 408 条规定：在刑事诉讼法规定的期限内，"如果犯罪消息是不属实的，公诉人向法官提出撤销案件的要求。在提出要求时，传递有关的卷宗，其中包括犯罪消息、关于已进行的侦查工作的材料以及在负责初期侦查的法官面前实施的行为的记录"。"公诉人负责向被害人通知上述要求，如果被害人在报案时或者报案后宣布希望了解关于撤销案件的情况。"[1] 该条款就公诉案件撤销的主体、理由作出了规定。

1. 撤销的主体

公诉人有撤销案件的动议权。

2. 撤诉的理由

要求撤销案件的理由是：犯罪消息不属实。

（三）法官有审查权和决定权

《意大利刑事诉讼法》第 409 条规定："1. 除根据第 410 条规定提出异议的情况外，如果法官接受撤销案件的要求，他宣告附理由的命令并将有关文书退给公诉人。2. 如果法官不接受撤案要求，他确定合议讨论的日期，并通知公诉人、被调查人和犯罪被害人。有关程序依照第 127 条的规定进行。在讨论日之前，文书储存在法官的文书室。3. 法官还将合议讨论的日期通知驻上诉法院的检察长。在进行讨论后，如果法官认为需要进一步的侦查，他以裁定的形式告知公诉人，为实施新的侦查活动确定必要的期限。4. 除第 4 款规定的情况外，当法官不接受撤销案件的要求时，裁定公诉人应在10 日内提出指控。在提出指控后的两日内，法官以命令的形式确定初步庭审的时间。在可适用的范围内，遵守第 418 条和第 419 条的规定。5. 只有在第 127 条第 5 款规定的无效情况下，才能针对撤销案件的裁定向最高法院上诉。"[2]

（四）被害人对撤案要求的异议

被害人与刑事案件具有直接的联系，因此对案件的进程特别关注。第

---

[1]　黄风译：《意大利刑事诉讼法法典》，第 146 页。
[2]　同上。

409 条规定："1. 在对撤案要求提出异议时，犯罪被害人要求继续进行侦查，指出补充侦查的事项和有关的证据材料，否则其要求不可接受。2. 如果意义是不可接受的并且犯罪消息没有根据，法官以附理由命令的形式决定撤销案件，并将文书退给公诉人。3. 除第 2 款规定的情况外，法官依照第 409 条第 3 款、第 4 款和第 5 款的规定处理，但是，如果存在数名被害人，关于庭审的通知只向提出异议者送达。"① 与德、日相比，意大利的该条规定充分照顾到被害人的利益，是比较独特的。

法国刑事诉讼中的撤诉

在法国刑事诉讼法典中，有关撤诉的条文很少。但运用法律解释学予以分析，基本上可以勾画出大体的轮廓。

关于撤回公诉，第 6 条第 3 款规定："……如起诉是追诉的必要条件，当控告人撤诉时刑事诉讼同样可以结案。"② 可见，在法国刑事诉讼中，存在撤诉的规定。撤诉的主体是控告人，既可以是检察官，也可以是刑事自诉中的原告。此外，撤诉的效果是结案。此外，没有作出进一步的规定。然而，由于"民事诉讼可以与公诉同时进行，并有统一管辖法院审判"（《法国刑事诉讼法典》第 3 条），加上法国新民事诉讼法典对撤诉规定得十分详细，③ 因此可以推断，民事诉讼中的撤诉规则基本上适用于刑事诉讼。

法国刑事诉讼法规定了撤回上诉制度。在轻罪案件方面，当事人个人撤回上诉，便使法院放弃审理，直到开出撤诉证明之前都还可以收回这一决定。向最高法院提起上诉也同样，提起上诉者可以主动撤诉。对于检察官来说，情况则相反，不许撤回上诉，也不能撤回向最高法院提出的上诉，因为检察官没有公诉的控制权。④

美国刑事诉讼中的撤诉

《美国联邦刑事诉讼规则》第 48 条第 1 款规定："总检察长或联邦检察官经法庭许可可以撤销大陪审团起诉书或者控告书，终止起诉。在审判期间，未经被告人同意，不可以撤销。"第 48 条第 1 款规定："如果在向被告

---

① 黄风译：《意大利刑事诉讼法典》，第 1147 页。

② 余叔通、谢朝华译：《法国刑事诉讼法典》，中国政法大学出版社 1997 年版，第 6 页。

③ 参见罗结珍译《法国新民事诉讼法典》，第 81 页。

④ ［法］皮埃尔·尚邦著，陈春龙、王海燕译：《法国诉讼制度的理论与实践》，中国检察出版社 1991 年 4 月第 1 版，第 107 页。

人发出检察官起诉书时存在不必要的迟延，或者如果在将被告人交付审判时存在不必要的迟延，法庭可以撤销大陪审团起诉书、检察官起诉书或控告书。"上述条款就刑事撤诉的时间范围、要件、被撤销的文书类型和撤诉的后果作出了规定。

1. 刑事撤诉的时间范围

根据上述规定，检察官在判决作出之前（审判前和审判期间），可以撤诉。

2. 撤诉的要件

根据《美国联邦刑事诉讼规则》第 48 条第 1 款规定，撤诉的要件包括两个方面：一是审判期间撤诉，必须经过被告同意。根据相反解释，审判前撤诉可不必经被告同意。二是撤诉的申请一般须经检察官提出，而不是法官提出。只有在特殊情况下，即公诉人在向被告人发出检察官起诉书时存在不必要的迟延，或者如果在将被告人交付审判时存在不必要的迟延，法庭才可以撤销诉讼。三是须经法庭许可。四是撤诉必须有正当理由。①

3. 被撤销的文书类型

根据《美国联邦刑事诉讼规则》第 48 条第 1 款规定，被撤销的文书包括大陪审团起诉书、检察官起诉书或控告书。

4. 撤诉的后果

根据《美国联邦刑事诉讼规则》第 48 条第 1 款规定，撤诉的后果是终止起诉程序。

从上面可以看到，美国联邦刑事诉讼规则对撤诉作出了基本规定，但很不细致。美国是判例法国家。要深入了解美国的刑事撤诉制度，不能不考察其审判实践。

2003 年 6 月，美国丹佛市发生了一起严重的性侵犯案件。这就是著名的科比案。被告人科比被控犯有性侵犯罪，且情节严重。主审大法官鲁克雷

---

① 撤诉必须有正当理由，尽管美国刑事诉讼规则没有作出规定，但是美国刑事审判实践已经给出了答案。2004 年 7 月，中国天津籍女子赵燕到美国洽商，在水牛城无故遭到海关警员洛德斯的野蛮殴打，身上多处受伤，此案当时在美国造成轰动。在该案件中，2005 年 2 月 11 日，被告人洛德斯以同性恋受歧视为由要求撤诉，被告提出的动议已遭法官否决。法官认为，洛德斯遭逮捕时，办案人员并不知道他是同性恋者，所以没有歧视他的理由。法官否决被告的动议，意味着洛德斯必须找出证明自己确实受到歧视的证据，才能进一步反驳法庭的决定。在刑事诉讼中，撤诉必须有正当理由。这与民事诉讼中的撤诉是有很大区别的。民事诉讼中，撤诉不存在严格限制，特别是撤诉的理由限制。（齐跃斌：《美国法官证实已驳回殴打赵燕的美警员撤诉请求》，中安网 2005 - 02 - 12 10：27。）

格在受理本案后，发出一纸封口禁令，严禁与本案有关的公职人员（包括检察官）对外透露本案的细节。然而，就在陪审团遴选接近尾声，科比案马上就要正式开庭审理的时候，那位神秘的 20 岁女原告突然撤销了对科比的指控。是什么样的原因能令她在已经足足忍受了 14 个月曝光在媒体和被告律师的穷追猛打后却偏偏在审判前夜临阵退缩？①

根据有关媒体的报道，在这起案件中，当事人撤诉受到某些案外因素的重要影响。

其一，严重的疾病。女原告因为不堪忍受这桩旷日持久的案子而"身染疾病"，根本无法出现在法庭之上。女检察官唐纳 – 易斯特说："假如当初案件能够如期审理，那么将有专家出庭作证证明女原告身上的伤痕绝对是因'暴力的侵犯所致'"。"那是一个非常野蛮的侵犯，"易斯特说，"那显然是被某个自以为他有某种特权的人暴力所致。"

其二，科比案调查官的问询以及媒体捕风捉影式的围攻。这位"已经成为公众瞩目焦点的年轻女士"咬牙坚持了超过一年的折磨，不停地在接受科比案调查官的问询以及媒体捕风捉影式的围攻。长期生活在忧虑的环境中已经令她对法庭上有可能发生的事情感到恐惧。"一想到法庭上将会对采取或者被允许采取什么形式的逼问，她就感到非常害怕。我想，我们中的任何一个人没有经历过这种耗人心神的忧虑。"这实际上表明，美国式的控辩式诉讼模式对受害人的精神心理有重大影响。

在陈文英间谍案②中，可以看出美国的辩诉交易制度对撤诉的重要影响。

陈文英，女，现年 50 岁，祖籍福建，生于广州，长于香港；在美国接受教育，曾为洛杉矶著名侨领。2003 年 4 月 9 日被 FBI 正式逮捕，罪名为非法获取有利于他国的秘密文件。根据洛杉矶联邦检察官的指控和 FBI 的材料：从 20 世纪 80 年代早期起，陈文英便被 FBI 洛杉矶分局中国情报工作组特工史密斯秘密发展为线人。陈文英利用身份之便，向 FBI 提供有关中国的情报，并从美国政府那里获得了 170 万美元的活动经费。但是，1983 年以来，已婚的陈文英和同样已婚的史密斯保持了相当长时间的性

---

① 《检察官解开科比案撤诉谜团 女原告因染病临阵退缩》，http：//sports. anhuinews. com 2004 – 09 – 09 11：19。

② 《"情色双面女间谍案"撤诉》，载《重庆晚报》2005 年 1 月 15 日，转引自美国《国际先驱导报》2005 年 1 月 14 日。

关系。由于史密斯的疏忽，陈文英有机会接触美国的一些国防机密，并将这些情报转交给中国。据 FBI 披露，FBI 对陈文英和史密斯卷入的间谍案进行的秘密调查持续了 13 个月。其间，调查人员秘密搜查了两人的住所，监视两人的电话、传真和电子邮件，对包括两人会面的一个饭店房间在内的多个地点进行严密监控。

为什么检察官提出撤诉呢？据陈文英的律师透露，史密斯在当年早些时候同检方达成一项认罪协议。该协议规定，史密斯若承认未向 FBI 报告与陈文英保持 20 年性关系这项罪名，便可获得减刑。陈文英的辩护律师说，史密斯是联邦政府对陈文英提出的每一项指控的最关键证人，只有他才能证明陈文英无罪。但联邦检控人员却禁止史密斯同辩方律师交谈，这已违反了公平审判中辩护方的基本权利。两个月后，法官根据这一指控宣布陈文英案撤销。

我国澳门特区刑事诉讼法中的撤诉制度

（一）告诉或自诉的撤回

《澳门刑事诉讼法典》第 40 条规定："一、在第 38 条及第 39 条所指之情况下，检察院在诉讼程序中之参与随告诉或自诉之撤回被认可而终止。二、如该撤回在侦查期间知悉，则由检察员认可之；如在预审或审判期间知悉，则分别由预审法官或主持审判之法官认可之。三、如该撤回系在预审或审判期间知悉，则有权限作出认可之法官须通知嫌犯，以便其于三日内，在无须说明理由下，声明是否反对撤回；不作出声明等同于不反对撤回。"①上述条款规定了检察官在撤诉中的地位、撤诉的认可权、撤诉的后果等问题，分述如下：

1. 检察官在撤诉中的地位

在我国澳门特区刑事诉讼中，诉的撤回分为告诉的撤回和自诉的撤回。然而，这种区别似乎没有意义，因为，无论告诉或者自诉，检察官都有权参与，而且检察官是作为撤诉的主体进行活动的。

2. 撤诉的认可权

根据《澳门刑事诉讼法典》第 40 条规定，在澳门刑事诉讼中，撤诉的

---

① 中国政法大学澳门研究中心、澳门特区政府法律翻译办公室合编：《澳门刑事诉讼法典》，法律出版社 1997 年 9 月版，第 148 页。

认可权分属于检察官或者法官。如该诉的撤回在侦查期间知悉，则由检察员认可之；如在预审或审判期间知悉，则分别由预审法官或主持审判的法官认可之。

3. 嫌疑犯的知情权

根据澳门刑事诉讼法的规定，关于告诉或者自诉的撤回决定要通知嫌疑犯。如该撤回系在预审或审判期间知悉，则有权限作出认可之法官须通知嫌犯，以便其于三日内，在无须说明理由下，声明是否反对撤回；不作出声明等同于不反对撤回。

4. 撤诉的后果

根据《澳门刑事诉讼法》第40条第1款规定，检察官撤回告诉或自诉后，立即终止诉讼程序。

从上面可以看到，在澳门刑事诉讼法典中有一些令人费解的规定，如它没有区分公诉与自诉；撤诉的认可权分属于检察官或者法官。

（二）上诉的撤回

《澳门刑事诉讼法典》第40条规定："一、将卷宗送交裁判书制作人以作初步审查前，检察院、嫌犯、辅助人及民事当事人撤回已提起之上诉。二、撤回系透过声请或卷宗内之书录为之，并在评议会中判定。"① 根据该规定，其一，无论刑事诉讼或者刑事附带民事诉讼中，都可以撤回上诉；其二，撤回上诉的主体是检察院、嫌犯、辅助人（刑事诉讼）及民事当事人（刑事附带民事诉讼）；其三，撤回上诉的时间范围是将卷宗送交裁判书制作人（法官）以作初步审查前，此后即失去撤回上诉的机会；其四，撤回上诉可采用口头形式或者书面方式；其五，在法院评议会上，由法官集体评议决定。

由此可见，与撤回告诉或自诉相比，撤回上诉的规定要清晰一些。

对德、日、意、法、美及我国澳门特区刑事撤诉制度的比较与总结

（一）撤诉的种类

1. 撤诉的一般种类

撤诉是与诉紧密联系在一起的。所以，撤诉的种类一般应当与诉的种类

---

① 中国政法大学澳门研究中心、澳门特区政府法律翻译办公室合编：《澳门刑事诉讼法典》，第287页。

相对应。在刑事诉讼中，一般分为公诉和自诉，相应的应当分为公诉的撤回和自诉的撤回。不论公诉还是自诉，一般存在上诉的可能性，因此在程序设计上，便规定上诉的撤回。我们认为，以上三类撤回制度是大多数国家都存在的法例。

2. 撤诉的特殊种类

除上述三类诉的撤回制度外，其他撤回制度可以因本国情形而定。例如，有的国家除规定普通程序外，还规定了简易程序，因此，在简易程序中也存在公诉的撤回和自诉的撤回，以及上诉的撤回等问题。如果对简易判决或裁定不容许上诉，则不存在上诉的撤回问题。

在实行三审终审制的国家（如日本），还规定了再审制度，因此就存在再审请求的撤回问题，故需要作出相应的规定。

德国规定了法律救济的撤回制度，那是由于他们要利用刑事诉讼的国家力量从事公益救济活动。

在上述总的框架下，我们来分别探讨撤回公诉与上诉、撤回自诉等内容。

（二）撤回公诉的基本内容

在刑事诉讼中，撤回公诉制度一般应当包括如下内容：

（1）撤诉的案件范围。任何案件，不论其性质和种类如何，都可以作为撤诉的对象。

（2）撤诉的时间范围。一般来说，在判决确定之前，都可以撤诉，包括撤回起诉和撤回上诉。

（3）公诉方撤诉，原则上不必得到对方当事人的同意。但是自诉人撤诉，一般须得到对方当事人同意。这是撤回公诉与撤回自诉的一个重要区别。

（4）撤诉的表达方式。在大多数情况下，撤诉应当采用书面形式。

（5）撤诉的效果。一般来说，撤回起诉并不消灭诉权，仅仅终止诉讼程序，因此，撤回起诉之后，如果有新的证据，可以重新起诉。

（6）对于撤诉的准许或拒绝，法院采用裁定的方式。

在刑事诉讼中，从程序完备的角度来说，撤诉制度不仅包括起诉和上诉的撤回，还应当包括再审请求的撤回。这方面日本刑事诉讼法规定的较为完备，值得我们在立法上借鉴。

（三）撤回上诉的基本内容

与撤回公诉相比，撤回上诉在案件范围、时间范围、撤回方式、表达方式等方面，是一致的。唯一的区别是撤诉的效果。如前所述，撤回起诉并不消灭诉权，仅仅终止诉讼程序，因此，撤回起诉之后，如果有新的证据，可以重新起诉。但是，对于撤回上诉或再审请求这两种情况来说，意味着消灭诉权，撤回上诉或再审请求之后，是不允许重新上诉或者重新提起再审请求的。

（四）撤回自诉的基本内容

一般来说，与撤回公诉相比，撤回自诉在案件范围、时间范围、撤回方式、表达方式和撤诉后果等方面，基本上是一致的。最主要的区别是撤诉主体不同。撤回公诉的主体是检察官，而撤回自诉的主体则是刑事自诉中的原告。其次是要件不同，撤回自诉应当征得对方当事人同意。撤回公诉则可不必征得被告同意。

（五）撤诉制度的其他内容

除以上基本内容外，有的国家或地区根据自己的立法思想和价值取向，作了一些特别规定。比如，法国规定在轻罪案件方面，当事人个人可以撤回上诉，但对于检察官来说，却不许撤回上诉，因为检察官没有公诉的控制权。此规定与多数国家（如我国和日本）相比，显然更激进。按照我国和日本的规定，公诉方有权撤回上诉，但撤回上诉之后，便意味着上诉权的消灭，不得重新上诉。而法国的规定意味着，第一，公诉的控制权主要还是由法院控制的，虽然公诉方具有撤诉的动议权。第二，为了保持公诉方的司法威望，要求公诉方在提出撤回起诉的动议之前，必须十分谨慎，否则就可能失去撤回上诉的权利。因此，该规定的目的在于抑制公诉方的司法专横，更倾向于保护作为当事人的公民个人的撤诉权。

又如美国联邦刑事诉讼法规定，审判期间撤诉，必须经过被告同意。这意味着在美国刑事诉讼中，体现着尊重被告的思想。这是由美国刑事诉讼的构造来决定的。在美国刑事诉讼中，公诉方与辩护方在法律上处于对等地位，既然法律赋予公诉方撤诉权，而撤诉的后果并不意味着消灭公诉方的诉权，即撤诉之后还有重新起诉的可能，在这种情况下，为了避免重新起诉的遭遇，使刑事被告一劳永逸地摆脱不利处境，刑事被告就应当获得认可撤诉的权利。从法律上来说，赋予被告的同意权，一方面体现了司法民主，避免了司法专横，体现了诉讼双方当事人地位平等，能够得到广大民众对司法制度的拥护；另一方面也使法院处于中立地位，当被告同意公诉方的撤诉请求之后，如果遭到再次起诉，法院就可以免除来自被告的直接抨击，而由被告直接承担这种不利的责任。

　　此外，德国规定国家行为不起诉，出于政治原因不追诉。如果检察官对这些法定的事项提起公诉，就应当无条件撤回，无论诉讼处于哪一个阶段。这项规定实际上体现了一条重要的政治原则，即司法机关应恪守"政治中立"原则，避免卷入政治冲突，避免执政的行政当局利用政治手段打击政治对手的可能性，确保国家政治生活的健康发展。